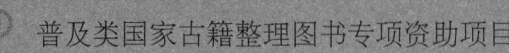
普及类国家古籍整理图书专项资助项目

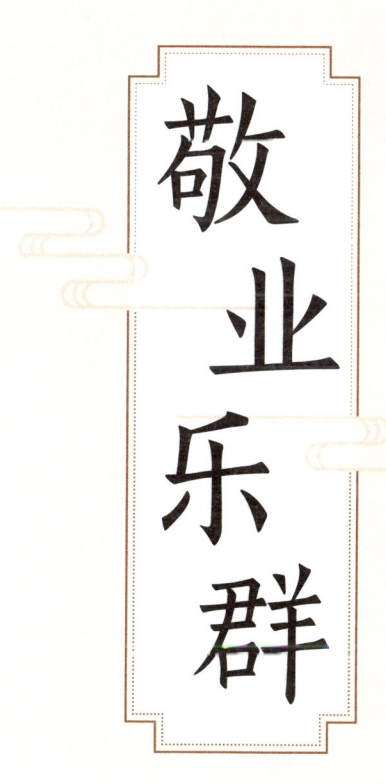

中华传统价值观丛书

张涛 编注

敬业乐群

人民文学出版社

图书在版编目(CIP)数据

敬业乐群/张涛编注.—北京：人民文学出版社，2017
(中华传统价值观丛书)
ISBN 978-7-02-013430-4

Ⅰ.①敬… Ⅱ.①张… Ⅲ.①社会主义建设—价值论—中国—通俗读物 Ⅳ.①D616-49

中国版本图书馆CIP数据核字(2017)第251585号

责任编辑　高宏洲　李　俊
装帧设计　黄云香
责任印制　徐　冉

出版发行　人民文学出版社
社　　址　北京市朝内大街166号
邮政编码　100705
网　　址　http://www.rw-cn.com

印　　刷　三河市西华印务有限公司
经　　销　全国新华书店等

字　　数　285千字
开　　本　880毫米×1230毫米　1/32
印　　张　10.75　插页3
印　　数　1—5000
版　　次　2018年11月北京第1版
印　　次　2018年11月第1次印刷

书　　号　978-7-02-013430-4
定　　价　38.00元

如有印装质量问题，请与本社图书销售中心调换。电话：010-65233595

目 录

前言 ·· 1

敬业乐群

专注事业,以友辅仁 ······························《礼记》3
恭以交际,道以仕官 ······························《孟子》9
鲁恭治中牟 ··· 范 晔 12
得贤之术 ··· 孔 融 14
辅相之责 ··· 韩 愈 16
官者,民之役 ··· 柳宗元 20
县令挽纤 ······································· 宋祁 欧阳修 22
为国而官,为民而书 ··································· 茅 坤 23
治安疏 ··· 海 瑞 25
曾国藩诫子书 ··· 曾国藩 35

敬 业

古之善为道者 ··《老子》41
知其所止 ··· 《礼记》43
以责人之心责己以尽道 ····························· 《礼记》44
凡事豫则立,不豫则废 ····························· 《礼记》45
居上不骄,为下不倍 ································· 《礼记》46

有德有位	《礼记》	47
敬事而信	《论语》	48
就有道而正焉	《论语》	49
慎行其余	《论语》	50
士志于道	《论语》	51
为君子儒	《论语》	52
诲人不倦	《论语》	53
不在其位,不谋其政	《论语》	54
不俟驾行矣	《论语》	55
以道事君	《论语》	56
行之以忠	《论语》	57
为政以正	《论语》	58
先之劳之	《论语》	59
先有司,赦小过	《论语》	60
行己有耻	《论语》	61
修己以敬	《论语》	62
为政以直	《论语》	63
敬其事,而后其食	《论语》	64
直道而事人	《论语》	65
道不同不相为谋	《论语》	66
不仕无义	《论语》	67
信而后劳其民	《论语》	68
君子之道,焉可诬也	《论语》	69
事君	《孝经》	70
在位谋政	《孟子》	71
食志不食功	《孟子》	72
仕非为贫	《孟子》	74

规矩	《孟子》 76
敬业修德	司马迁 77
禹之敬业	司马迁 79
君臣之道	司马迁 83
六军之业	司马迁 89
太甲悔过自责	司马迁 91
细柳营	司马迁 93
管晏列传	司马迁 96
将相和	司马迁 103
屈原列传	司马迁 110
壮士篇	张 华 116
画工弃市	葛 洪 118
张衡传	范 晔 120
贤君如一	刘义庆 126
从军行	卢思道 128
人君十思	魏 徵 131
各司其职	韩 愈 135
进学解	韩 愈 138
圬者王承福传	韩 愈 145
得职得言	韩 愈 149
符读书城南	韩 愈 151
唐临为官	刘 昫 154
社稷之臣	欧阳修 156
学习以增才略	司马光 159
田家	刘 基 161
读书之趣	于 谦 163
夜读	唐 寅 165

今日诗	文 嘉	166
庸医治驼	江盈科	167
巧破杀人案	冯梦龙	169
文事	程登吉	171
科第	程登吉	180
口技	林嗣环	184
核舟记	魏学洢	187
促织	蒲松龄	190
圣祖仁皇帝实录三则	《清实录》	197

乐 群

欣悦群伦	《周易》	203
处善无尤	《老子》	206
以德化民	《老子》	208
相处之道	《论语》	210
为政以德	《论语》	211
周而不比	《论语》	212
举直错诸枉	《论语》	213
临庄举善	《论语》	214
君臣之礼	《论语》	215
事君友朋	《论语》	216
君子之道	《论语》	217
不念旧恶	《论语》	218
吾无隐乎	《论语》	219
己所不欲,勿施于人	《论语》	220
子善则民善	《论语》	221
忠告善道	《论语》	222

以文会友，以友辅仁	《论语》	223
切切偲偲	《论语》	224
友其士之仁者	《论语》	225
群居以义	《论语》	226
群而不党	《论语》	227
益友损友	《论语》	228
孝以睦群	《孝经》	229
与民偕乐	《孟子》	230
推恩于百姓	《孟子》	232
与人为善	《孟子》	234
身正则天下归	《孟子》	235
亲亲长长	《孟子》	236
至诚而动	《孟子》	237
君正而国定	《孟子》	238
君臣相处之道	《孟子》	239
君子存心	《孟子》	241
友其德	《孟子》	243
友善士	《孟子》	245
修天爵，而人爵从之	《孟子》	246
仁之胜不仁	《孟子》	247
穷则独善其身，达则兼善天下	《孟子》	248
仁义	《孟子》	249
君子所性	《孟子》	250
亲亲而仁民，仁民而爱物	《孟子》	251
仁义不可胜用	《孟子》	252
乡原，德之贼	《孟子》	253
上下相和	司马迁	256

魏公子列传	司马迁	258
高帝求贤	刘　邦	266
景帝戒官以安民	刘　启	268
短歌行	曹　操	270
蒿里行	曹　操	272
怨歌行	曹　植	274
兰亭集序	王羲之	276
群乐而安	陶渊明	279
慕贤	颜之推	280
原毁	韩　愈	284
利剑	韩　愈	288
朋党论	欧阳修	289
远小人近忠臣	欧阳修	292
义田记	钱公辅	295
安贫乐道	苏　轼	298
陈谏议偿直取马	《能改斋漫录》	300
爱之民,民爱之	陈　亮	302
过零丁洋	文天祥	304
石灰吟	于　谦	306
立春日感怀	于　谦	307
上下相交	王　鏊	309
送江陵薛侯入觐序	袁宏道	314
朋友宾主	程登吉	317
张孝基仁爱	《山堂肆考》	323
金缕曲词(二首)	顾贞观	325
新竹	郑　燮	329
潍县署中画竹呈年伯包大中丞括	郑　燮	330
关键词		331

前　言

"敬业乐群"这个成语,见于《礼记·学记》,本义是老师考核学生的一个指标,即指学生对学业的专注及学生乐于与人交往、协作。引而伸之,即可指人们对学业、职业的专注及对集体的认同。宋朝大儒朱子说:"敬业者,专心致志,以事其业也;乐群者,乐于取益,以辅其仁也。"意即是对事业、对集体的责任感。从某种程度上来说,敬业乐群是人类生存与发展中的强大推动力。通过对古哲先贤敬业乐群精神的解读,及古人身上的敬业、乐群事迹的挖掘,可以让我们更好地理解敬业乐群的重要意义,可以让我们更好地践行社会主义核心价值观中"敬业""友善"的具体要求,可以让我们更好地推进学业、事业的顺利发展。所以本书的撰写,正是立足于弘扬古人敬业乐群的精神,共享人类历史之中的"敬业乐群"文化。

在我们古代,敬业精神的体现有多个方面。体现在君臣的治国理政上,即君主、臣子在各自的岗位要兢兢业业,施行廉政、明政、仁政,使君臣关系井然有序,使臣民关系稳定和顺,使邦交、经济、国防及民生等各方面错综复杂的关系皆有条有理。如此,可使国富民强,人们安居乐业。敬业而又乐业,此将更有利人们在各自的职位励精图治,有利于人们推进各自事业的发展,有利于人们快乐地实现人生的价值。敬业精神体现在"士、农、工、商"等方面,即是老师能因材施教、谆谆善诱,学生执经问难能勤学苦练、学思并进,有手艺者能精益求精、锦上添花,农人能不违农时、勤于劳作,商人能童叟无欺、生财有道。简而言之,在我们古代,敬业精神体现在君主、百官、百工、百艺等各行各业中专注事业的人们身上。本书《敬业乐群》《敬业》两部分正是古人敬业理念及事迹的展现。

"乐群",顾名思义,即在群体之中能获得快乐。古人说:"兽三为群,人三为众。"(《国语·周语上》)所以"群"的意义是指"群体、集体"。乐群,实质上说的是个体与集体的关系。个体能和乐地融入集体之中,并在集体之中发挥应有的作用,而不是成为害群之马,这是乐群的一个体现。个体能顺利地加入团队,并在其中协作攻关,而不是滥竽充数,这也是乐群的一个体现。孔子说:"三人行,必有我师焉。"(《论语·述而》)即在集体之中,要善于学习别人的优点,从中获得教益,最终使学业、事业得到新的拓展,此是从集体之中获得的快乐与进步,也是与人为善、摆脱孤陋寡闻的一个体现。但值得指出的是,"乐群"并不是沆瀣一气、同流合污,也不是结党营私、朋比为奸,更不是进行权力寻租、坠入塌方式腐败的深渊。乐群是一种健康的生活态度,也是一种互助协作的工作方式,更是一种宽广的情怀。它为人们的生活、工作提供一种积极的入世态度,从而使人们入乡随俗,尊重不同地方的文化差异;使人们能自觉地提高自身素养,融入集体。"《诗》可以群",学习共同的文化知识,坚持相同的理想信念,可以让我们在集体中获得进步,得到快乐的正能量。而那些脱离群众、孤芳自赏的人,常常在自命清高的泥潭中无法自拔,最终走向自我埋没。

敬业、乐群是人们工作取得成绩、生活获得幸福的两大法宝。本书所精选的一些古人的故事,有的堪称敬业乐群的典型。这些或正面或反面的形象,自天子至平民,涉及社会的各行各业,皆指出了敬业、乐群对人们工作与生活的重大意义。这些鲜明的敬业、乐群的形象,告诉我们只有专注学业、事业的人们,才有可能取得成功；只有敬业而又谦和处世、善于群居的人们，才会获得来自集体的快乐源泉。显然，敬业乐群的精神，不分国度，不分时代，一直在推动"人的历史"与"历史的人"的前进。我们国家将"敬业""友善"写进社会主义核心价值观，体现了敬业乐群精神的恒久性。与人为友，与友为善，是乐群的基本要求，从这个角度上说，"友善"与"乐群"的精神是一脉相承的。

在本书材料收集、初稿撰写、校注工作进行之时，谢炳军、张玲莉、李筱艺、周毅、李小依等诸位积极配合，为本书的撰作和出版做了大量工作，多费心力，在此深表谢意。

最后，我们希望这本书的出版，能给读者一点心灵的启迪，能给人们一些工作、生活上的正能量，能让人们在品味历史文化的同时，更好地敬业乐业、乐群爱群。

限于本人的学识和能力，书中肯定会有不少疏漏和错误之处，恳请各位读者不吝赐正！

张涛

2016 年 10 月

于北京师范大学中国易学文化研究院

敬业乐群

专注事业,以友辅仁

[解题] 题目据正文拟。此为《礼记》中的一篇,篇题为《学记》,汉代学者郑玄对篇名的解释是:"《学记》者,以其记人学教之义。"该篇系"敬业乐群"词源所本,因此置于本书开头,一则阐明敬业乐群本意,二则体现求学、问学之道。关于敬业乐群,唐代经学家孔颖达解释说:"敬业,谓艺业长者,敬而亲之;乐群,谓群居朋友善者,愿而乐之。"宋代理学家朱熹解释说:"敬业者,专心致志,以事其业也;乐群者,乐于取益,以辅其仁也。"即敬业是对学业、事业的专注和诚敬,而乐群是仁人爱人、以友辅仁的意思。

发虑宪[1],求善良,足以謏闻[2],不足以动众。就贤体远[3],足以动众,未足以化民。君子如欲化民成俗,其必由学乎!

玉不琢,不成器;人不学,不知道。是故古之王者建国君民,教学为先。《兑命》曰[4]:"念终始典于学。"其此之谓乎!

虽有佳肴,弗食,不知其旨也[5];虽有至道,弗学,不知其善也。是故学然后知不足,教然后知困。知不足,然后能自反也;知困,然后能自强也。故曰:教学相长也。《兑命》曰:"学学半[6]。"其此之谓乎?

古之教者,家有塾[7],党有庠[8],术有序[9],国有学。比年入学[10],中年考校。一年视离经辨志[11],三年视敬业乐群,五年视博习亲师,七年视论学取友,谓之小成。九年知类通达,强立而不反,谓之大成。夫然后足以化民易俗,近者说服而远者怀之[12],此大学之道也。《记》曰:"蛾子时术之[13]。"其此之谓乎!

大学始教,皮弁祭菜[14],示敬道也。《宵雅》肄三[15],官其始也。入学鼓箧[16],孙其业也[17]。夏楚二物[18],收其威也。未卜禘不视学[19],游其志也。时观而弗语,存其心也。幼者听而弗问,学不躐等也[20]。此七者,教之大伦也。记曰:"凡学,官先事,士先志。"其此之谓乎!

大学之教也,时教必有正业[21],退息必有居。学,不学操缦[22],不能安弦;不学博依,不能安诗;不学杂服,不能安礼。不兴其艺,不能乐学。故君子之于学也,藏焉修焉,息焉游焉。夫然,故安其学而亲其师,乐其友而信其道,是以虽离师辅而不反也。《兑命》曰:"敬孙务时敏,厥修乃来。"其此之谓乎!

今之教者,呻其占毕[23],多其讯[24],言及于数,进而不顾其安[25]。使人不由其诚,教人不尽其材。其施之也悖,其求之也佛[26]。夫然,故隐其学而疾其师[27],苦其难而不知其益也。虽终其业,其去之必速[28]。教之不刑[29],其此之由乎!

大学之法,禁于未发之谓豫[30],当其可之谓时,不陵节而施之谓孙[31],相观而善之谓摩。此四者,教之所由兴也。

发然后禁,则扞格而不胜[32];时过然后学,则勤苦而难成;杂施而不孙,则坏乱而不修;独学而无友,则孤陋而寡闻。燕朋逆其师[33],燕辟废其学[34]。此六者,教之所由废也。

君子既知教之所由兴,又知教之所由废,然后可以为人师也。故君子之教,喻也[35]。道而弗牵[36],强而弗抑[37],开而弗达[38]。道而弗牵则和,强而弗抑则易,开而弗达则思。

4

和易以思,可谓善喻矣。

学者有四失,教者必知之。人之学也,或失则多,或失则寡,或失则易,或失则止。此四者,心之莫同也。知其心,然后能救其失也。教也者,长善而救其失者也[39]。善歌者使人继其声,善教者使人继其志。其言也,约而达,微而臧[40],罕譬而喻,可谓继志矣。

君子知至学之难易[41],而知其美恶[42],然后能博喻。能博喻然后能为师,能为师然后能为长,能为长然后能为君。故师也者,所以学为君也。是故择师不可不慎也。记曰:"三王四代唯其师[43]。"其此之谓乎!

凡学之道,严师为难[44]。师严然后道尊,道尊然后民知敬学。是故君之所以不臣于其臣者二[45]:当其为尸[46],则弗臣也;当其为师,则弗臣也。大学之礼,虽诏于天子无北面,所以尊师也。

善学者,师逸而功倍,又从而庸之[47]。不善学者,师勤而功半,又从而怨之。善问者如攻坚木[48],先其易者,后其节目[49],及其久也,相说以解。不善问者反此。善待问者如撞钟,叩之以小者则小鸣,叩之以大者则大鸣,待其从容,然后尽其声。不善答问者反此。此皆进学之道也。

记问之学[50],不足以为人师,必也听语乎[51]!力不能问,然后语之,语之而不知,虽舍之可也。

良冶之子,必学为裘;良弓之子,必学为箕;始驾马者反之,车在马前[52]。君子察于此三者,可以有志于学矣。

古之学者,比物丑类[53]。鼓无当于五声[54],五声弗得不和;水无当于五色,五色弗得不章;学无当于五官,五官弗得不治;师无当于五服[55],五服弗得不亲。

君子曰:大德不官[56],大道不器[57],大信不约[58],大时不齐[59]。察于此四者,可以有志于本矣。三王之祭川也,皆先河而后海。或源也,或委也[60],此之谓务本!

——《礼记·学记》

[1] 发虑宪:虑,思考、思虑。宪,法令、法度。

[2] 谀(xiǎo 小)闻:谀,小。闻,声誉。小小的荣誉。

[3] 就贤体远:就贤,接近贤人。体远,体恤与自己疏远的人。

[4] 《兑命》:即《说命》,《礼记》均作《兑命》,《古文尚书》篇名,有上、中、下三篇。《说命》(上)是君臣的进谏及王、傅说的答辞与武丁的文告。《说命》(中)是傅说向武丁的进言。《说命》(下)是《说命》(中)的延续。

[5] 旨:美味。

[6] 学(xiào 效)学半:学(xiào),即"敩(xiào)",教导,使觉悟,后作"教"。"教"占"学"的一半,意思是教别人自己也能收到一半的成效。

[7] 家有塾:孔颖达《礼记正义》:"百里之内,二十五家为间,共同一巷,巷首有门,门边有塾。民在家之时,朝夕出入,恒就教于塾。"所以这里的"家"应为二十五家的间。塾:古代指门内东西两侧的堂屋,也是旧时私人设立的教学的地方。

[8] 党有庠:古时五百家为一党,党的学校叫庠。

[9] 术有序:术,即"遂",古时一万二千五百家为一遂,遂的学校叫序。

[10] 比年:每一年。

[11] 离经辨志:离经,明句读。辨志,辨析经义。

[12] 说(yuè 悦)服:信服。

[13] 蛾(yǐ 蚁)子时术之:蛾,蚂蚁。应学习蚂蚁积土成山的精神。

[14] 皮弁:皮弁服,礼服。

[15] 《宵雅》肄三:《宵雅》,即《诗经》中的《小雅》。肄,习也。习《小雅》之三,即《小雅》中的《鹿鸣》《四牡》《皇皇者华》。

[16] 鼓箧(qiè 怯):击鼓开箧,古时入学的一种仪式。

[17] 孙:同"逊",恭敬。

[18] 夏(jiǎ 假)楚:夏,同"榎"。楚,荆条。夏楚,古代学校两种体罚越礼犯规者的用具。后亦泛指体罚学童的工具。

[19]禘(dì弟):古代帝王或诸侯在始祖庙里对祖先的一种盛大祭祀。

[20]学不躐(liè列)等:躐,超越。教学要遵循学生的心理发展特点,不能超越次第,要循序渐进。

[21]时教:因时施教。

[22]操缦(màn慢):缦,琴弦。拨弄琴弦。

[23]呻其占(zhàn站)毕:呻,朗读。占,同"苫",竹简。毕,竹简。占毕:这里指课本。

[24]多其讯:一味灌输知识。讯,告知。

[25]及:急于,追求。数:同"速"。安:适应。

[26]佛:同"拂",违背。

[27]隐:感到沉苦。疾:怨恨。

[28]去:忘记,忘掉。

[29]卅:成,成功。

[30]豫:预防。

[31]陵:超过。陵节:超越等级。孙:通"逊",顺,循序渐进。

[32]扞(hàn汉)格:抵触抗拒。

[33]燕朋:轻慢而不庄重的朋友。

[34]燕辟:轻慢邪辟的言行。

[35]喻:晓喻,开导。

[36]道:同"导",引导。牵:强拉。

[37]强(qiǎng抢):勉励。

[38]开而弗达:开,启发。达,通达。启发而不是全部讲解。

[39]长善:发扬优点。

[40]微而臧:臧,善。意思指道理深奥而解说精妙。

[41]至学:求学

[42]美恶:这里指天资的高下。

[43]三王:指夏禹、商汤、周文王和周武王,夏、殷、周三代之王。四代:指虞、夏、商、周四个朝代。

[44]严:尊敬。

[45]不臣于其臣:不用对待臣下的礼节来对待其臣。

7

［46］尸:古代代表死者受祭祀的人,一般由王族中人或者死者晚辈充当。

［47］庸之:庸,功劳。这里指归功于老师的意思。

［48］攻:治,指加工处理木材。

［49］节:树的枝干交接处。目:纹理不顺处。

［50］记问:凭记忆力掌握知识。

［51］听语:听取学生的问题并解答。

［52］车在马前:意思是说小马跟在车后,习惯之后才到前面开始驾车。

［53］比物丑类:丑,比。比较同类事物,以做到触类旁通。

［54］当:比得上。

［55］五服:斩衰(cuī崔)、齐衰(zī cuī资崔)、大功、小功、缌(sī思)麻五种丧服。它们分别用以表示血缘关系的亲疏远近。

［56］大德不官:大德,最崇高的道德,多指圣人的德行。最崇高的德行,不局限于任何一种官职。

［57］大道不器:大道,事物的普遍规律。器:具体的事物。宇宙万物的普遍规律,不拘泥于任何具体的器物。

［58］大信不约:最讲诚信的人不必靠立约来约束。

［59］大时不齐:大时,天时。大的天时,如同四季的变化,无须整齐划一,却是最准确的守时。

［60］委:众水汇集之处。

恭以交际,道以仕官

〔解题〕 题目据正文拟。中国是个伦理社会,十分重视人际关系。先贤孟子告诉我们,与人交际,最重要的原则就是"恭"。恭敬尊重,也一直贯穿于中国的传统礼仪之中。赠送礼物是人际交往中的一个重要手段,但并非所有的馈赠都体现了"恭",若所赠之物是不义之财,或是有不正当的目的,那对于被馈赠的人,不仅不是恭敬尊重,反而会是害人的毒药。所以,无论古今,人情往来是增进感情途径之一,而若把握不好,性质便会改变。

万章曰:"敢问交际何心也[1]?"孟子曰:"恭也。"

曰:"却之却之为不恭[2],何哉?"曰:"尊者赐之,曰'其所取之者,义乎,不义乎',而后受之,以是为不恭,故弗却也。"

曰:"请无以辞却之,以心却之,曰'其取诸民之不义也',而以他辞无受,不可乎?"曰:"其交也以道,其接也以礼,斯孔子受之矣。"

万章曰:"今有御人于国门之外者[3],其交也以道,其馈也以礼,斯可受御与?"曰:"不可。《康诰》曰[4]:'杀越人于货,闵不畏死[5],凡民罔不譈[6]。'是不待教而诛者也。殷受夏,周受殷,所不辞也。于今为烈,如之何其受之?"

曰:"今之诸侯取之于民也,犹御也。苟善其礼际矣,斯君子受之,敢问何说也?"曰:"子以为有王者作,将比今之诸侯而诛之乎[7]？其教之不改而后诛之乎？夫谓非其有而取之者盗也，充类至义之尽也[8]。孔子之仕于鲁也，鲁人猎较[9]，孔子亦猎较。猎较犹可，而况受其赐乎？"

曰："然则孔子之仕也，非事道与[10]？"曰："事道也。"

"事道奚猎较也？"曰："孔子先簿正祭器[11]，不以四方之食供簿正。"曰："奚不去也？"

曰："为之兆也[12]。兆足以行矣，而不行，而后去，是以未尝有所终三年淹也[13]。孔子有见行可之仕，有际可之仕，有公养之仕也。于季桓子，见行可之仕也[14]；于卫灵公，际可之仕也[15]；于卫孝公，公养之仕也[16]。"

——《孟子·万章下》

[1] 际：这里用为交合、会合之意。

[2] 却之却之：一再拒绝。

[3] 御：阻止、防御。这里指拦路抢劫的意思。

[4]《康诰》：是《尚书》中的一篇，《康诰》是周公封康叔时作的文告。周公在平定三监（管叔、蔡叔、霍叔）和武庚所发动的叛乱后，便封康叔于殷地。这个文告就是康叔上任之前，周公对他所作的训辞。

[5] 闵：通"暋（mǐn 敏）"，强横。

[6] 譈（duì 对）：同"憝（duì 对）"，怨恨。

[7] 比：并列、挨着，即一个个的意思。

[8] 充类：类推。

[9] 猎较：争夺猎物。打猎时争夺猎物，用于祭祀，这是古人的一种风俗。

[10] 非事道与：不是为了发扬道吗？事，动词，从事，即为了推行道而工作。

[11] 簿正：按照登记的书目检验祭品是否齐全。簿，登记。

[12] 兆：征兆、迹象。

[13] 淹：停留。

［14］行可：可行其道。
［15］际：接。指对自己的礼节待遇等。
［16］公养：指对一般贤者的礼节待遇等。

鲁恭治中牟

范 晔

〔解题〕题目据正文拟。为南朝史学家范晔所作。鲁恭任中牟县令,重德化不任刑罚,使得当地民众相安,人心唯仁,官得其职,民得其乐。治理国家不仅要重视法制,更要重视德治。

（鲁恭）拜中牟令[1]。恭专以德化为理,不任刑罚[2]。讼人许伯等争田,累守令不能决,恭为平理曲直,皆退而自责,辍耕相让。亭长从人借牛而不肯还之[3],牛主讼于恭。恭召亭长,敕令归牛者再三,犹不从。恭叹曰:"是教化不行也。"欲解印绶去,掾史泣涕共留之。亭长乃惭悔,还牛。诣狱受罪,恭贳不问[4]。于是吏人信服。建初七年,郡国螟伤稼,犬牙缘界,不入中牟。河南尹袁安闻之,疑其不实[5],使仁恕掾肥亲往廉之[6]。恭随行阡陌,俱坐桑下,有雉过,止其傍。傍有童儿,亲曰:"儿何不捕之？"儿言:"雉方将雏。"亲瞿然而起,与恭诀曰:"所以来者,欲察君之政迹耳。今虫不犯境,此一异也；化及鸟兽,此二异也；竖子有仁心,此三异也。久留,徒扰贤者耳。"还府,具以状白安。

——《后汉书·卓鲁魏刘列传》

[1] 鲁恭:字仲康,扶风平陵(今陕西省兴平市东北)人。鲁恭于东汉

章帝时任中牟(河南省郑州市辖县)县令,他注重以道德风尚感化人,不依靠刑罚命令惩治人。

[2] 任:任凭使用。

[3] 亭长:古代官名。

[4] 贳(shì 世):宽纵,赦免。

[5] 寔(shí 实):通"实",真实。

[6] 仁恕掾:汉代官吏,主狱。肥亲:人名。廉:检查。

得贤之术

孔 融

[**解题**] 题目据正文拟。盛孝章曾任吴郡太守,因病辞官归家,但有着很高的名望。孙策担心盛孝章不利于自己的统治,十分忌恨,孙权继位后亦是如此。好友孔融担心盛孝章将遭遇不测,所以写了《论盛孝章书》,向曹操推荐盛孝章。曹操接信后,即征盛孝章为都尉,可惜征命未至,盛孝章已为孙权所害。此为选段,集中论述了君主得贤的重要性,认为君主应该网罗一批优秀人才在自己周围,以治理天下。

今之少年,喜谤前辈,或能讥评孝章[1]。孝章要为有天下大名[2],九牧之人所共称叹[3]。燕君市骏马之骨[4],非欲以骋道里[5],乃当以招绝足也[6]。惟公匡复汉室,宗社将绝,又能正之。正之之术,实须得贤。珠玉无胫而自至者,以人好之也,况贤者之有足乎!昭王筑台以尊郭隗[7],隗虽小才,而逢大遇,竟能发明主之至心,故乐毅自魏往[8],剧辛自赵往[9],邹衍自齐往[10]。向使郭隗倒悬而王不解[11],临溺而王不拯,则士亦将高翔远引,莫有北首燕路者矣[12]。凡所称引[13],自公所知,而复有云者,欲公崇笃斯义也。因表不悉[14]。

——《昭明文选·论盛孝章书》

[1] 孝章:盛孝章,名宪,字孝章。会稽(今浙江绍兴)人,是东汉末年名士。

[2] 要:总的来说的意思。

[3] 九牧:传说古代中国分为九州,州的长官名牧。这里九牧指九牧所辖之地,泛指天下。

[4] 燕君:燕昭王。市:买来。

[5] 骋道里:驰骋在路上。

[6] 绝足:绝尘之足,指奔跑飞快的千里马。

[7] 郭隗:战国时燕国人,曾为燕昭王求贤出谋划策。

[8] 乐毅:战国时著名军事家,因燕昭王求贤而从魏来燕。

[9] 剧辛:赵国人,因燕昭王求贤来到燕国,跟乐毅一起打败齐国。

[10] 邹衍:齐国人,因燕昭王求贤来到燕国,曾著书论述国家强盛的原因。

[11] 向使:假如。倒悬:倒挂,比如处境极度困难。

[12] 北首燕路:面朝北往燕国而来。

[13] 称引:援引,称述。

[14] 因表不悉:旧时信末套语,意思是说依据此事而表明自己的意思,却不能详尽地说出所要说的。

辅 相 之 责

韩 愈

〔**解题**〕题目据正文拟。《后廿九日复上宰相书》是韩愈两次上书宰相之后又上书的第三封。这封信与第二封信(《后十九日复上宰相书》)的平铺直叙、苦苦陈情有了很大的不同。通篇将周公与当时宰相两两作对照,不畏犯颜,不畏嫌忌。末述再三上书之故,表明诚恳的心迹。文章将周公与当朝宰相对待人才的态度进行对比,指出当今辅相应该尽其职责,为天下网罗人才,热忱对待人才,表达了韩愈兼济天下的抱负。

三月十六日[1],前乡贡进士韩愈,谨再拜言相公阁下。

愈闻周公之为辅相,其急于见贤也,方一食,三吐其哺[2];方一沐[3],三握其发。当是时,天下之贤才皆已举用,奸邪谗佞欺负之徒皆已除去[4],四海皆已无虞,九夷八蛮之在荒服之外者皆已宾贡[5],天灾时变、昆虫草木之妖皆已销息,天下之所谓礼、乐、刑、政教化之具皆已修理[6],风俗皆已敦厚,动植之物、风雨霜露之所沾被者皆已得宜,休征嘉瑞、麟凤龟龙之属皆已备至[7]。而周公以圣人之才,凭叔父之亲[8],其所辅理承化之功又尽章章如是[9]。其所求进见之士,岂复有贤于周公者哉?不惟不贤于周公而已,岂复有贤于时百执事者哉[10]?岂复有所计议、能补于周公之化者哉?

然而周公求之如此其急,惟恐耳目有所不闻见,思虑有所未及,以负成王托周公之意,不得于天下之心。如周公之心,设使其时辅理承化之功未尽章章如是[11],而非圣人之才,而无叔父之亲,则将不暇食与沐矣,岂特吐哺握发为勤而止哉[12]?维其如是[13],故于今颂成王之德,而称周公之功不衰。

今阁下为辅相亦近耳[14]。天下之贤才岂尽举用?奸邪谗佞欺负之徒岂尽除去?四海岂尽无虞?九夷、八蛮之在荒服之外者岂尽宾贡?天灾时变、昆虫草木之妖岂尽销息?天下之所谓礼、乐、刑、政教化之具岂尽修理?风俗岂尽敦厚?动植之物、风雨霜露之所沾被者岂尽得宜?休征嘉瑞、麟凤龟龙之属岂尽备至?其所求进见之士,虽不足以希望盛德,至比于百执事,岂尽出其下哉?其所称说[15],岂尽无所补哉?今虽不能如周公吐哺握发,亦宜引而进之,察其所以而去就之[16],不宜默默而已也。

愈之待命[17],四十余日矣。书再上,而志不得通。足三及门,而阍人辞焉[18]。惟其昏愚,不知逃遁,故复有周公之说焉。阁下其亦察之。古之士三月不仕则相吊[19],故出疆必载质[20]。然所以重于自进者,以其于周不可则去之鲁[21],于鲁不可则去之齐,于齐不可则去之宋,之郑,之秦,之楚也。今天下一君,四海一国,舍乎此则夷狄矣,去父母之邦矣。故士之行道者,不得于朝,则山林而已矣。山林者,士之所独善自养,而不忧天下者之所能安也。如有忧天下之心,则不能矣。故愈每自进而不知愧焉,书亟上[22],足数及门,而不知止焉。宁独如此而已[23],惴惴焉惟不得出大贤之门下是惧[24]。亦惟少垂察焉[25]。渎冒威尊[26],惶恐无已。

愈再拜。

——《昌黎先生集·后廿九日复上宰相书》

［1］三月十六日:指唐德宗贞元十一年(795)三月十六日。

［2］哺:指口中所含的食物。

［3］沐:洗头发。

［4］欺负:欺诈背负,不守信义。

［5］荒服:古代以王畿为中心,由近及远分为甸服、侯服、绥服、要服、荒服,合称五服。服,服事天子之意。荒服是离京畿最远的区域。宾贡:入朝进贡。宾,服从,归顺。

［6］具:法令,方针。修理:修订整顿整齐。

［7］休征嘉瑞:休,美好,吉祥美好的征兆,古人认为天下清平便会出现吉祥之物,下文所称的麟凤龟龙皆属此类。

［8］叔父之亲:周公是成王的叔父。

［9］辅理承化:辅佐治理、承继教化。章章:显明、昭著。

［10］百执事:犹言百官。执事指朝廷中各部门官员。百,指众多。

［11］设使:设、使都是"假设"的意思。

［12］特:只是。

［13］维其:正因为,现在通常写做"唯其"。

［14］近:指与周公的地位相近。

［15］称说:建议,主张。

［16］去就:或去或就。去,使……离开,指不任用;就,就近,指任用。

［17］待命:等待回音。

［18］阍(hūn昏)人:阍本义为日落时皇宫关门,黄昏关门。引申义为守门人。辞:谢绝。

［19］吊:安慰。

［20］出疆必载质:离开故国一定带上见面礼。质,通"贽",初次求见尊者时所带的礼品。

［21］去:离开(周)。之:往……去。

［22］亟(qì气):屡次。

［23］宁独:岂止。

［24］惴(zhuì 坠)惴焉:惶恐不安的样子。

［25］惟:希望。少:稍微。垂:敬辞,用于别人(多是长辈或上级)对自己的行动,如垂爱。

［26］渎(dú 读)冒:亵渎冒犯。渎,没有礼貌。冒,冒犯。

官者,民之役

柳宗元

[**解题**] 题目据正文拟。柳宗元(773—819)在送别友人薛存义时,告之应当明白为官的职责所在,就是为百姓服务。柳宗元提出了"官为民役"的观念,这种进步的思想虽然在当时只能是一种超越时代且无法实现的理想,但提倡官员要做"公仆",对于今天的官员从政无疑有着重要的现实意义。

河东薛存义将行[1],柳子载肉于俎[2],崇酒于觞[3],追而送之江浒[4],饮食之[5]。且告曰:"凡吏于土者[6],若知其职乎[7]?盖民之役,非以役民而已也。凡民之食于土者,出其什一佣乎吏,使司平于我也[8]。今我受其直[9],怠其事者,天下皆然。岂惟怠之[10],又从而盗之[11]。向使佣一夫于家[12],受若值,怠若事,又盗若货器,则必甚怒而黜罚之矣。以今天下多类此,而民莫敢肆其怒与黜罚,何哉?势不同也。势不同而理同,如吾民何?有达于理者,得不恐而畏乎!"

存义假令零陵二年矣[13]。早作而夜思,勤力而劳心;讼者平,赋者均,老弱无怀诈暴憎。其为不虚取直也的矣,其知恐而畏也审矣[14]。

吾贱且辱,不得与考绩幽明之说[15];于其往也,故赏以酒肉[16],而重之以辞。

——《柳河东集·送薛存义序》

[1] 薛存义:唐代河东(今山西永济)人,曾任零陵(今属湖南省)代理县令,为柳宗元同乡好友。

[2] 柳子:作者柳宗元自称。载肉于俎(zǔ祖):把肉放在器物里。载,承。俎,古代祭祀时盛肉的礼器。这里指放肉的器物。

[3] 崇:充实,充满,这里作动词用。

[4] 浒(hǔ虎):水边。

[5] 饮(yìn印)食(sì伺):使之饮食,使动用法。

[6] 吏:做官,作动词用。

[7] 若:你。其:指代"凡吏于土者"。

[8] 使司平于我也:让官吏给我们百姓办事。司,官吏。平,治理。我,指代"民"、百姓。

[9] 我受其直:我(官吏)接受了他们(百姓)的报酬。这里的"我"指代"吏"。直,同"值",指官吏所得的俸禄。

[10] 岂惟怠之:还不仅仅是玩忽职守。岂,语气助词,难道。惟,只。之,指代"其事",即"民之事"。

[11] 盗:这里指贪污和敲诈勒索。

[12] 向:假如。

[13] 假令:代理县令。假,代理。

[14] 审:明白。

[15] 幽明:善恶,此处指政绩优劣。

[16] 赏:赠送。

县令挽纤

宋 祁 欧阳修

〔解题〕题目据正文拟。此文原为唐代孙樵所作,《新唐书》对孙文进行了压缩,本段主要讲县令在面对讨好上级和保证百姓安心生产之间,选择了后者,且运用了极其巧妙的办法。我们如今从中应该学习的恐怕不仅仅是他的聪明才智,更应该是他的为官原则。怎么样才能是一名好官?是做上级眼中的好官,还是做百姓眼中的好官?从道理上说,二者并不矛盾,也不应该矛盾。但有的官员却将二者对立起来。当前社会,为了升迁大搞形象工程、政绩工程而置百姓利益于不顾的事情并不少见。这告诉我们,一方面官员自身要加强修养,另一方面也要使官员的考核制度更加合理化。

何易于[1],不详何所人及所以进。为益昌令。县距州四十里,刺史崔朴常乘春与宾属泛舟出益昌旁,索民挽縴[2],易于身引舟。朴惊问状,易于曰:"方春[3],百姓耕且蚕,惟令不事,可任其劳。"朴愧,与宾客疾驱去。

——《新唐书·循吏·何易于》

[1] 何易于:唐文宗太和年间益昌(今四川广元市南)县令,为官清正廉洁,勤政爱民。

[2] 縴(lù绿):粗绳子。此指纤。

[3] 方:正当。

为国而官,为民而书

茅　坤

[解题] 题目据正文拟。明代茅坤(1512—1601)为《青霞集》所作序言,本选段主要是对沈青霞个人经历的概述。沈青霞在职期间以直谏闻名,敢于直接上疏揭发贪官污吏行迹,以"十罪疏"弹劾严嵩,被贬职塞上之后,痛感百姓之遭遇,发愤著文,以另一种方式尽士大夫治国平天下的职责。

青霞沈君[1],由锦衣经历上书诋宰执[2],宰执深疾之。方力构其罪,赖明天子仁圣,特薄其谴,徙之塞上。当是时,君之直谏之名满天下。已而[3],君累然携妻子[4],出家塞上。会北敌数内犯[5],而帅府以下,束手闭垒,以恣寇之出没[6],不及飞一镞以相抗。甚且及寇之退[7],则割中土之战没者与野行者之馘以为功[8]。而父之哭其子,妻之哭其夫,兄之哭其弟者,往往而是[9],无所控吁[10]。君既上愤疆场之日弛,而又下痛诸将士之日菅刈我人民以蒙国家也[11],数呜咽欷歔[12],而以其所忧郁发之于诗歌文章,以泄其怀,即集中所载诸什是也[13]。

君故以直谏为重于时,而其所著为诗歌文章,又多所讥刺,稍稍传播,上下震恐。始出死力相煽构[14],而君之祸作矣。君既没,而中朝之上虽不敢讼言其事,而一时阃寄所相与谗君者^[15],寻且坐罪罢去^[16]。又未几,故宰执之仇君者亦报罢。而君之故人俞君,于是裒辑其生平所著若干卷^[17],刻而传之。而其子襄来请予序之首简。

——《青霞集·青霞先生文集序》

［1］青霞:沈炼(1507—1557),字纯甫,号青霞,会稽(今浙江绍兴)人。明嘉靖十七年进士,因为弹劾奸臣严嵩而被杀害,因此受到天下士人推崇,将他的作品汇编成《青霞先生文集》。

［2］锦衣经历:锦衣,即锦衣卫。经历,官职名,掌管文牍的小官。

［3］已而:不久,后来。

［4］累(léi 雷):通"缧",囚禁。

［5］会:刚巧,正好。

［6］恣(zì 自)放纵、无拘束,这里是听凭、任凭。

［7］甚且:甚至。

［8］馘(guó 国):被杀者的左耳。古时作战凭割取敌人的左耳来计功。

［9］往往而是:到处都是这样。是,如此,这样。

［10］所:场所,地方。

［11］菅刈(jiān yì 尖义):菅,通"蕑",兰草。刈,割草。这里指像割草一样残害百姓。

［12］欷歔(xī xū 希虚):同"唏嘘",本意是哭泣后不由自主地急促呼吸;现在通常指感慨、叹息的意思。

［13］什:篇章。

［14］煽构:煽动捏造。

［15］阃(kǔn 捆)寄:统兵在外的人。阃,特指部门的门槛;寄,托付。

［16］坐罪:获罪。

［17］裒(póu 抔)辑:搜集、编辑。裒,聚。

治 安 疏

海 瑞

〔解题〕海瑞(1514—1587)是中国历史上著名的清官,他一生清廉正直、节俭朴素、言行一致,关心人民疾苦,不屈不挠地和权贵势力进行斗争,敢犯龙颜。此篇谏言是海瑞担任云南清吏司主事期间,为了匡正君道,明确臣下的职责,求得万世治安所呈。海瑞敢于直言,在谏言中明确地指出君主所应当履行的职责,对嘉靖皇帝沉溺于修道成仙,不理朝政进行了直接有力的批驳。

户部云南清吏司主事臣海瑞谨奏,为直言天下第一事,以正君道、明臣职,求万世治安事:

君者,天下臣民、万物之主也。惟其为天下臣民、万物之主,责任至重。凡民生利瘼,一有所不闻,将一有所不得知,而行其任,为不称。是故事君之道宜无不备,而以其责寄臣工,使之尽言焉;臣工尽言,而君道斯称矣。昔之务为容悦,谀顺曲从,致使实祸蔽塞、主上不闻焉,无足言矣。

过为计者则又曰[1]:"君子危明主,忧治世。"夫世则治矣,以不治忧之;主则明矣,以不明危之:毋乃使之反求眩瞀[2],失趋舍矣乎!非迪论也。

臣受国厚恩矣,请执有犯无隐之义[3],美曰美,不一毫虚美;过曰过,不一毫讳过。不为悦,不过计,披肝胆为陛下言之。

汉贾谊陈政事于文帝曰："进言者皆曰：天下已安已治矣，臣独以为未也。曰安且治者，非愚则谀。"夫文帝，汉贤君也，贾谊非苛责备也。文帝性仁类柔，慈恕恭俭，虽有近民之美；优游退逊，尚多怠废之政。不究其弊所不免，概以安且治当之，愚也；不究其才所不能，概以安且治颂之，谀也。

陛下自视于汉文帝何如？陛下天资英断，睿识绝人，可为尧、舜，可为禹、汤、文、武，下之如汉宣之励精，光武之大度，唐太宗之英武无敌，宪宗之志平僭乱，宋仁宗之仁恕，举一节可取者，陛下优为之。即位初年，划除积弊，焕然与天下更始。举其大略如：箴敬一以养心[4]，定冠履以辨分，除圣贤土木之像[5]，夺宦官内外之权，元世祖毁不与祀，祀孔子推及所生。天下忻忻然[6]，以大有作为仰之。识者谓辅相得人，太平指日可期也。非虚语也，高汉文帝远甚。然文帝能充其仁顺之性，节用爱人，吕祖谦称其不尽人之财力，诚是也。一时天下虽未可尽以治安予之，然贯朽粟陈[7]，民少康阜[8]，三代后称贤君焉。

陛下则锐精未久，妄念牵之而去矣。反刚明而错用之[9]，谓遐举可得，而一意玄修[10]。富有四海，不曰民之脂膏在是也，而侈兴土木。二十余年不视朝，纲纪驰矣；数行推广事例[11]，名爵滥矣。二王不相见[12]，人以为薄于父子。以猜疑诽谤戮辱臣下，人以为薄于君臣。乐西苑而不返宫，人以为薄于夫妇。天下吏贪将弱，民不聊生，水旱靡时[13]，盗贼滋炽。自陛下登极初年亦有之，而未甚也。今赋役增常，万方则效。陛下破产礼佛日甚，室如悬磬[14]，十余年来极矣。天下因即陛下改元之号而臆之曰："嘉靖者，言家家皆净而无财用也。"

迩者[15]，严嵩罢黜，世蕃极刑，差快人意，一时称清时焉。然严嵩罢相之后，犹之严嵩未相之先而已，非大光明世界也。也不及汉文帝远甚。天下之人不直陛下久矣[16]，内外臣工之所知也。知之，不可谓愚。《诗》云："衮职有阙[17]，惟仲山甫补之[18]。"今日所赖以弼棐匡救[19]，格非而归之正[20]，诸臣责也。岂以圣人绝无过举哉[21]？古昔设官，亮采惠畴足矣[22]，不必责之以谏[23]。保氏掌谏王恶[24]，不必设也。木绳金砺[25]，圣贤不必言之也。乃修斋建醮[26]，相率进香，天桃天药[27]，相率表贺。兴宫筑室，工部极力经营；取香觅宝，户部差求四出。陛下误举，诸臣误顺，无一人为陛下正言焉。都俞吁咈之风[28]，陈善闭邪之义，邈无闻矣，谀之甚也。然愧心馁气[29]，退有后言[30]，以从陛下；昧没本心，以歌颂陛下，欺君之罪何如？

夫天下者，陛下之家也，人未有不顾其家者。内外臣工有官守、有言责[31]，皆所以奠陛下之家而磐石之也[32]。一意玄修，是陛下心之惑也。过于苛断，是陛下情之偏也。而谓陛下不顾其家，人情乎？诸臣顾身念重，得一官多以欺败、贿败、不事事败，有不足以当陛下之心者。其不然者，君心臣心偶不相值也，遂谓陛下为贱薄臣工。诸臣正心之学微，所言或不免己私，或失详审，诚如胡寅扰乱政事之说[33]，有不足以当陛下之心者。其不然者，君意臣言偶不相值也，遂谓陛下为是己拒谏。执陛下一二事不当之形迹，亿陛下千百事之尽然[34]，陷陛下误终不复，诸臣欺君之罪大矣。《记》曰："上人疑则百姓惑，下难知则君长劳。"今日之谓也。

为身家心与惧心合，臣职不明，执一二事形迹说，既为诸臣解之矣。求长生心与惑心合，有辞于臣，君道不正，臣请再为陛下开之。

陛下之误多矣,大端在修醮。修醮所以求长生也。自古圣贤止说修身立命,止说顺受其正。盖天地赋予于人而为性命者,此尽之矣[35]。尧、舜、禹、汤、文、武之君,圣之盛也,未能久世不终。下之亦未见方外士,汉、唐、宋存至今日,使陛下得以访其术者。陶仲文[36],陛下以师呼之,仲文则既死矣。仲文尚不能长生,而陛下独何求之?至谓天赐仙桃药丸,怪妄尤甚。昔伏羲氏王天下[37],龙马出河,因则其文以画八卦[38]。禹治水时,神龟负文而列于背,因而第之[39],以成九畴[40]。河图、洛书,实有此瑞物,泄此万古不传之秘。天不爱道而显之圣人,藉圣人以开示天下,犹之日月星辰之布列,而历数成焉,非虚妄事也。宋真宗获天书于乾佑山,孙奭谏曰[41]:"天何言哉?岂有书也?"桃必采而得,药必工捣合以成者也。无因而至,桃药是有足行耶?天赐之者,有手执而付之耶?陛下玄修多年矣,一无所得。至今日,左右奸人逆陛下玄修妄念[42],区区桃药之长生,理之所无,而玄修之无益可知矣。

陛下又将谓悬刑赏以督率臣下,分理有人,天下无不可治,而玄修无害矣乎?夫人幼而学[43],无致君泽民异事之学[44],壮而行,亦无致君泽民殊用之心。《太甲》曰:"有言逆于汝心,必求诸道;有言逊于汝志,必求诸非道。"[45]言顺者之未必为道也。即近事观:严嵩有一不顺陛下者乎?昔为贪窃,今为逆本[46]。梁材守官守道[47],陛下以为逆者也,历任有声,官户部者至今首称之。虽近日严嵩抄没、百官有惕心焉,无用于积贿求迁,稍自洗涤。然严嵩罢相之后,犹严嵩未相之前而已。诸臣宁为严嵩之顺,不为梁材之执。今甚者贪求,未甚者挨日。见称于人者,亦廊庙山林,交战热中,鹘突依违[48],苟举故事。洁己格物,任天下重,使社稷灵长终必赖之者[49]，未见其人焉。得非有所牵制其心，未能纯然精白使然乎？陛下欲诸臣惟予行而莫违也[50]，而责之效忠；付之以翼为明听也[51]，又欲其顺吾玄修土木之误：是股肱耳目不为腹心卫也，而自为视听持行之用。有臣如仪、衍焉[52]，可以成"得志与民由之"之业[53]，无是理也。

陛下诚知玄修无益，臣之改行[54]，民之效尤，天下之不安不治由之，翻然悟悔，日视正朝[55]，与宰辅、九卿、侍从、言官讲求天下利害，洗数十年君道之误，置其身于尧、舜、禹、汤、文、武之上，使其臣亦得洗数十年阿君之耻，置其身于皋、夔、伊、傅[56]，相为后先[57]，明良喜起[58]，都俞吁咈。内之宦官宫妾，外之光禄寺厨役[59]，锦衣卫恩荫[60]，诸衙门带俸[61]，举凡无事而官者亦多矣，上之内仓内库，下之户、工部，光禄寺诸厂，段绢、粮料、珠宝、器用、木材诸物[62]，多而积于无用，用之非所宜用亦多矣，诸臣必有为陛下言者。诸臣言之，陛下行之，此则在陛下一节省间而已。京师之一金，田野之百金也。一节省而国有余用，民有盖藏[63]，不知其几也。而陛下何不为之？

官有职掌，先年职守之正、职守之全而未之行，今日职守之废、职守之苟且因循，不认真、不尽法而自以为是。敦本行以端上习[64]，止上纳以清仕途[65]，久仕吏将以责成功，练选军士以免召募，驱缁黄、游食以归四民[66]，责府州县兼举富教[67]，使成礼俗，复屯盐本色以裕边储[68]，均田赋丁差以苏困敝[69]，举天下官之侵渔[70]，将之怯懦，吏之为奸，刑之无少姑息焉[71]。必世之仁[72]，博厚高明悠远之业，诸臣必有为陛卜言者。诸臣言之，陛下行之，此则在陛下一振作间而已。一振作而百废具举，百弊划绝，唐、虞三代之治，粲然复兴矣，而陛下何不行之？

节省之，振作之，又非有所劳于陛下也。九卿总其纲，百职分其绪，抚按科道纠率肃清之于其间[73]，陛下持大纲、稽治要而责成焉[74]。劳于求贤，逸于任用，如天运于上，而四时六气各得其序[75]，恭己无为之道也[76]。天地万物为一体，固有之性也。民物熙洽[77]，薰为太和[78]，而陛下性分中自有真乐矣。可以赞天地之化育[79]，则可与天地参[80]。道与天通，命由我立，而陛下性分中自有真寿矣。此理之所有者，可旋至而立有效者也。若夫服食不终之药[81]，遥兴轻举，理之所无者也。理之所无，而切切然散爵禄[82]，竦精神[83]，玄修求之，悬思凿想[84]，系风捕影，终其身如斯而已矣，求之其可得乎？

　　夫君道不正，臣职不明，此天下第一事也。于此不言，更复何言？大臣持禄而外为诶，小臣畏罪而面为顺，陛下诚有不得知而改之行之者，臣每恨焉。是以昧死竭惓惓为陛下一言之[85]。一反情易向之间[86]，而天下之治与不治，民物之安与不安，于焉决焉。伏惟陛下留神，宗社幸甚，天下幸甚。臣不胜战栗恐惧之至，为此具本亲赍，谨具奏闻。

——《海瑞集·治安疏》

［1］过为计者：过分担忧的人。

［2］眩瞀(mào帽)：眼睛昏花不明。

［3］请执有犯无隐之义：请允许我遵循宁可直言冒犯，也不隐讳欺瞒的原则。

［4］箴敬一：箴，劝告，规劝。箴也是一种用于规劝劝诫的文体。敬，恭敬端肃。一，指内心纯一不杂。

［5］除圣贤：明世宗曾下令撤除孔庙中孔子的塑像，只供奉孔子的牌位。

［6］忻(xīn心)忻：同"欣欣"，喜悦的样子。

〔7〕贯朽粟陈:形容府库充实。贯朽,指钱存放过久,连穿钱的绳子都烂掉了。粟陈,指粮食因吃不完存放过久而腐烂。

〔8〕阜:丰盛。

〔9〕刚明:刚强圣明。

〔10〕玄修:修道,指明世宗迷信修炼长生不老之道。

〔11〕推广事例:明代有向政府缴纳财务以换取官爵或荣典的规定,起初控制较严,后援用此规定愈发泛滥,所以说"推广事例"。

〔12〕二王不相见:明世宗与方士炼丹,听信与亲人见面丹药就会失效的说法,就不和皇子见面。

〔13〕靡时:不时。

〔14〕室如悬磬:磬,古代矩形乐器。室如悬磬指居室空无所有,比喻非常贫穷。

〔15〕迩(ěr 耳)者:近来。

〔16〕不直陛下:不以陛下为直,意思是不赞成、不称赞陛下。

〔17〕衮(gǔn 滚)职有阙:衮,君王的礼服,借指皇帝。衮职,皇帝的职责。阙,同"缺",过失。

〔18〕仲山甫:周朝的大臣。

〔19〕弼棐(fěi 匪):弼、棐,都是辅助的意思。

〔20〕格非:纠正错误。

〔21〕过举:错误的举动。

〔22〕亮采惠畴:出自《尚书·舜典》,做官办事的意思。

〔23〕责之以谏:要求大臣尽到劝谏的责任。

〔24〕保氏:《周礼》中的一个官职名,负责贵族子弟的教育。

〔25〕木绳金砺:木绳,木匠用的墨线。金砺,磨刀石。古人多以这两件事物比喻纠正错误。

〔26〕修斋建醮(jiào 叫):修建祭坛设置道场。醮,打醮,道士设坛念经做法事。

〔27〕天桃天药:天赐的仙桃和仙药。

〔28〕都俞吁咈(yù fú 郁浮):都俞,表示赞成。吁咈,表示否定。《尚书》中尧舜对话所用的词语,表示君臣之间能推心置腹地交换意见,关系

融洽。

［29］愧心馁气:不敢之言,不免感到惭愧,势弱气短。

［30］退有后言:在背后议论是非。

［31］官守:行政职务。言责:进谏的职责。

［32］奠:安置。

［33］胡寅:字明仲,学者称致堂先生,宋建州崇安(今福建武夷山市)人,宋徽宗时进士。宋高宗时曾上书主张北伐,反对议和,遭秦桧陷害。胡寅上书主战是正确之举,海瑞在这里说他"扰乱政事",是一种反语。

［34］亿:同"忆",猜测。

［35］此尽之矣:不过就是这些罢了。

［36］陶仲文:明世宗最信任的方士。

［37］伏羲氏:古代传说中的部落联盟首领,是我们华夏文明的始祖,传说他的形象是人首龙身,他智勇双全、力大无比。他始画八卦,造书契,并教民结网,从事渔猎畜牧。

［38］龙马出河,因则其文以画八卦:相传伏羲时,有龙马出现于黄河,背上有"河图"的图案,伏羲据此图案画成八卦图。

［39］第之:排列起来。

［40］九畴:畴,品类。九畴,传说是禹治理天下的九类大法。

［41］孙奭(shì式):字宗古,今山东茌平人。北宋经学家、教育家。他以经学成名,一生坚守儒家之道。

［42］逆:迎合。

［43］夫人:那些人。夫,在这里不是发语词,当"彼"讲。

［44］致君:辅佐国君。

［45］《太甲》:《尚书》中的一篇。《太甲》四句的意思是:不合自己心意的话,一定要从道义的角度去考虑这句话是否有道理。而对迎合自己心意的话,也要考虑这句话是否合乎道义。

［46］逆本:祸害的根源。

［47］梁材:字大用,号俭庵,南京金吾右卫人。明弘治进士,嘉靖时曾任户部尚书,砥节守公,因得罪权臣而失去皇帝信任,被贬官。

［48］鹘(hú胡)突依违:鹘突,糊涂。依违,没有一定的主张。

[49] 灵长:灵,命运。指国运长久。

[50] 惟予行而莫违:听从自己的旨意,不准违抗。

[51] 翼为明听:做自己的助手和耳目。

[52] 仪、衍:张仪和公孙衍,都是战国时代能言善辩的政客。

[53] 得志与民由之:语出《孟子·滕文公下》,意思是有机会施展自己的抱负,就与百姓一起循着仁义的大道前进。

[54] 臣之改行:大臣的转变。

[55] 日视正朝:每日上朝理政。

[56] 皋、夔、伊、傅:即虞舜的贤臣皋陶(gāo yáo 高摇)、夔,商汤的贤相伊尹,殷高宗的贤傅傅说(yuè 悦)。

[57] 后先:先后,辅助之意。

[58] 明良喜起:意思指君臣相互尊重勉励。

[59] 光禄寺厨役:光禄寺,承办皇帝膳食的机构。当时挂名充厨役的极多。

[60] 锦衣卫恩荫:锦衣卫,明朝独有的武职机构,贵族子弟多在其中挂名。恩荫,因先辈官爵受封。

[61] 带俸:额外的编制。

[62] 段:即"缎"。

[63] 盖藏:储蓄。

[64] 敦本行:敦,督促。本行,基本的道德。

[65] 上纳:出钱买官。

[66] 缁黄:指代和尚、道士。因和尚穿缁(黑)衣,道士穿黄衣。归四民:回到士、农、工、商的行列中。

[67] 兼举富教:同时照顾到生计和教化。

[68] 复屯盐本色:明屯田运盐本做边防军需之用,后将屯民应交盐粮实物折成银钱缴纳。海瑞主张恢复实物征收。

[69] 苏困敝:恢复百姓元气。

[70] 侵渔:贪污勒索。

[71] 少:稍微。

[72] 必世之仁:语出《论语·子路》"必世而后仁",意思是几十年后才

能收到成效的仁政。世,三十年为一世。

〔73〕抚按科道:巡抚、巡按、六科给事中、十三道御史,都是明朝所设官职。

〔74〕稽治要:考核政纲的实施情况。

〔75〕四时六气:四时,四季。六气,阴、阳、风、雨、晦、明。

〔76〕恭己无为:语出《论语·卫灵公》,意思是君主只要自己有德,感化臣民,不必自己亲自管理一切。

〔77〕熙浃:和睦。

〔78〕薰为太和:形成一片和平气氛。

〔79〕赞:帮助。

〔80〕则可与天地参:参即为叁,三。与天地配合成三,即人可与天地并列为三。

〔81〕若夫:至于。不终之药:不死之药。

〔82〕切切然:急急忙忙的样子。

〔83〕竦(sǒng耸):紧张。

〔84〕悬思凿想:发空想。

〔85〕昧死:不怕犯死罪。惓(quán权)惓:忠诚。

〔86〕反情易向:改变心思、转移方向。

曾国藩诫子书

曾国藩

〔**解题**〕题目据正文拟。选文中曾国藩将自己生平所总结的经验告诉儿子,以此教育后代,即独处之时要严于律己、问心无愧,处世要恭敬严肃,待人要仁人爱人,学业、事业上要勤勤恳恳、不求安逸。

同治十年手书日课四条示二子。

一曰慎独则心安:

自修之道莫难于养心。心既知有善知有恶而不能实用其力,以为善去恶,则谓之自欺。方寸之自欺与否,盖他人所不及知,而己独知之,故大学之诚意章,两言慎独。果能"好善如好好色,恶恶如恶恶臭",力去人欲以存天理,则大学之所谓"自慊",中庸之所谓"戒慎恐惧",皆能切实行之,即曾子之所谓"自反而缩",孟子所谓"仰不愧,俯不怍",所谓"养心莫善于寡欲",皆不外乎是。故能慎独,则内省不疚,可以对天地,质鬼神,断无"行有不慊于心则馁"之时。人无一内愧之事,则天君泰然,此心常快足宽平,是人生第一自强之道,第一寻乐之方,守身之先务也。

二曰主敬则身强:

"敬"之一字,孔门持以教人,春秋士大夫亦常言之。至程朱则千言万语,不离此旨。内而专静纯一,外而整齐严肃,敬之工夫也。出门如见大宾,使民如承大祭,敬之气象也。修己以安百姓,笃恭而天下平,敬之效验也。程子谓:"上下一于恭敬,则天地自位,万物自育,气无不和,四灵毕至,聪明睿智,皆由此出,以此事天飨帝。"盖谓敬则无美不备也。吾谓"敬"字切近之效,尤在能固人肌肤之会,筋骸之束。庄敬日强,安肆日偷[1],皆自然之征应。虽有衰年病躯,一遇坛庙祭献之时,战阵危急之际,亦不觉神为之悚,气为之振。斯足知敬能使人身强矣。若人无众寡,事无大小,一一恭敬,不能懈慢,则身体之强健,又何疑乎?

三曰求仁则人悦:

凡人之生,皆得天地之理以成性,得天地之气以成形。我与民物,其大本乃同出一源。若但知私己而不知仁民爱物,是于大本一源之道,已悖而失之矣。至于尊官厚禄,高居人上,则有拯民溺救民饥之责;读书学古,粗知大义,即有觉后知觉后觉之责。若但知自了,而不知教养庶汇,是于天之所以厚我者,辜负甚大矣。孔门教人,莫大于求仁,而其最切者,莫要于"欲立立人,欲达达人"数语。立者,自立不惧,如富人百物有余,不假外求。达者,四达不悖,如贵人登高一呼,群山四应。人孰不欲己立己达,若能推以立人达人[2],则与物同春矣。后世论求仁者,莫精于张子之《西铭》,彼其视民胞物与,宏济群伦,皆事天者性分当然之事,必如此,乃可谓之人;不如此,则曰悖德,曰贼。诚如其说,则虽尽立天下之人,尽达天下之人,而曾无善劳之足言,人有不悦而归之者乎?

四曰习劳则神钦:

凡人之情莫不好逸而恶劳。无论贵贱智愚老少,皆贪于逸而惮于劳,古今之所同也。人一日所着之衣,所进之食,与一日所行之事,所用之力相称,则旁人赸之[3],鬼神许之,以为彼自食其力也。若农夫织妇终岁勤动,以成数石之粟,数尺之布;而富贵之家,终岁逸乐,不管一业,而食必珍羞,衣必锦绣,酣豢高眠,一呼百诺,此天下最不平之事,鬼神所不许也!其能久乎?古之圣君贤相,若汤之昧旦丕显,文王日昃不遑,周公夜以继日,坐以待旦,盖无时不以勤劳自励。《无逸》一篇,推之于勤则寿考,逸则夭亡,历历不爽。为一身计,则必操习技艺磨练筋骨,困知勉行,操心危虑,而后可以增智慧而长才识;为天下计,则必己饥己溺,一夫不获,引为余辜。大禹之周乘四载,过门不入;墨子之摩顶放踵,以利天下,皆极俭以奉身,而极勤以救民。故荀子好称大禹墨翟之行,以其勤劳也。军兴以来,每见人有一材一技,能耐艰苦者,无不见用于人,见称于时。其绝无材技,不惯作劳者,皆唾弃于时,饥冻就毙。故勤则寿,逸则夭;勤则有材而见用,逸则无能而见弃;勤则博济斯民,而神钦仰;逸则无补于人,而神鬼不钦。是以君子欲为人神所凭依,莫大于习劳也。

余衰年多病,目疾日深,万难挽回。汝及诸侄辈,身体强壮者少。古之君子修己治家,必能心安身强,而后有振兴之象;必使人悦神钦,而后有骈集之祥。今书此四条,老年用自敬惕,以补昔岁之愆,并令二子各自勖勉。每夜以此四条相课,每月终以此四条相稽。仍寄诸侄共守,以期有成焉。

——《曾文正公全集·养心日课四条》

[1] 安肆:安乐放纵。日偷:日渐苟且怠惰或者日益衰弱。

[2] 立人达人:立,建树,成就;达,发达,显贵。指帮助人建立功业,提高地位。

[3] 赸之:赸,正确,这里是赞许的意思。

敬　业

古之善为道者

[解题] 题目据正文拟。在老子眼中,得道之人,应具备谨慎机敏、庄重沉稳、纯朴厚道、旷达宽容等优秀品格。善为道者,更体现在能遵循自然之道,做到"由浊而清""由安而生",让浑浊的东西安静下来,使之慢慢变清,让安静的东西运动起来,使之慢慢生发,显露生机。最为重要的是要做到"不欲盈",行事不贪"圆满",适可而止。不执著于"圆满",才会去不断发现新的方向、新的道路,方能做到"敝而新成",不断更新,不断前进。

古之善为道者[1],微妙玄通,深不可识。夫唯不可识,故强为之容[2]。豫兮[3],若冬涉川;犹兮[4],若畏四邻[5];俨兮,其若容[6];涣兮,若冰之将释[7];敦兮,其若朴[8];旷兮[9],其若谷;混兮,其若浊[10]。孰能浊以静之徐清[11]?孰能安以动之徐生[12]?保此道者不欲盈[13],夫惟不盈,故能蔽而新成[14]。

——《老子》第十五章

[1] 善为道者:善于行符合"道"之事的人。

[2] 强为之容:勉强对其进行形容、描述。

[3] 豫:《说文》说:"豫,象之大者。"大象步态稳重。这里引申为小心慎重的意思。

[4] 犹:《说文》说:"犹,玃属。……一曰陇西谓犬子为猷。"猴类或犬类性情警觉。此处指行事警觉、戒备的样子。

[5] 若畏四邻:就好像畏惧四周的邻居或邻国。

[6] 俨兮,其若容:端谨、庄严啊,犹如他是宾客。俨,《尔雅·释诂下》说:"俨,敬也。"即恭敬。容,马王堆帛书本作"客"。

[7] 涣兮,若冰之将释:行动洒脱啊,好像河中冰块消融。涣,流散、离散。

[8] 敦兮,其若朴:厚道啊,如未经加工的木材。敦,厚道老实。朴,《说文》说:"朴,木素也。"即未经雕琢的原木。

[9] 旷:旷远豁达。

[10] 混兮,其若浊:浑厚宽容,能够容纳不同源流的浊水。混,与浑通用,后用来形容不同源流的浑融。

[11] 孰能浊以静之徐清:谁能让浑浊的水安静下来,慢慢地变得清澈?

[12] 孰能安以动之徐生:谁能让安静的事物启动起来,慢慢地显露生机?

[13] 不欲盈:不贪求盈满。盈,满。

[14] 蔽而新成:去除破败而成全新事。"蔽而新成"四字,王弼《注》作"蔽不新成",与"蔽而新成"的意义相反。本书依上文之意,取"蔽而新成"。此句版本颇多,帛书乙本作"是以能蔽而不成",傅奕本亦作"是以能蔽而不成",《淮南子·道应篇》引《老子》作"故能弊而不新成",想尔本、景龙本、遂州本、李荣本、司马光诸本均作"弊而复成"。

知其所止

〔解题〕 题目据正文拟。"知其所止"其实更接近今天所讲的道德底线。每个人在社会和家庭中都扮演着不同的角色,在这些不同的角色中,应该做到哪些,换言之,在不同角色中,应该坚守怎样的道德底线,这实际上也是不同角色的"行为准则"。

《诗》云:"邦畿千里,维民所止[1]。"《诗》云:"缗蛮黄鸟[2],止于丘隅。"子曰:"于止,知其所止,可以人而不如鸟乎[3]?"《诗》云:"穆穆文王[4],於缉熙敬止[5]!"为人君,止于仁;为人臣,止于敬;为人子,止于孝;为人父,止于慈;与国人交,止于信。

《礼记·大学》

[1] 邦畿(jī 机):王畿之地,王者所在之地及周边地区。止:占据、居住。

[2] 缗(mín 民)蛮:绵蛮,鸟叫声。丘隅:小山上草木茂盛的地方。

[3] "于止"三句:这是孔子解读《诗经》的话,意思是事物都有自己各自应居止的地方。

[4] 穆穆:仪表美好,容止端庄恭敬,旧多用以颂扬帝王。

[5] 於(wū 乌):赞叹词。缉:继续。熙:光明。敬止:没有不虔诚的时候,并且安于所处的境地。

以责人之心责己以尽道

〔解题〕题目据正文拟。此段话在讲君子求道。对于有德有位的君子来说,孜孜以求其道是其理想和追求,也是其事业。在追求道的过程中,应以责人之心责己以自修,体现了对其事业的忠诚。

子曰:"……君子之道四,丘未能一焉:所求乎子,以事父,未能也;所求乎臣,以事君,未能也;所求乎弟,以事兄,未能也;所求乎朋友,先施之,未能也。庸德之行[1],庸言之谨;有所不足,不敢不勉,有余不敢尽;言顾行,行顾言,君子胡不慥慥尔[2]!"

——《礼记·中庸》

[1] 庸:平常,寻常。
[2] 胡:怎么。慥慥(zào造)尔:忠厚诚实的样子,此处指言行一致。

凡事豫则立,不豫则废

〔**解题**〕 题目据正文拟。此段话实际在强调凡事应该未雨绸缪,事先做好应有的准备,如此方能在处理事情的过程中游刃有余,即使遇到突发情况也不至于不知所措。

凡事豫则立[1],不豫则废。言前定则不跲[2],事前定则不困,行前定则不疚[3],道前定则不穷。

——《礼记·中庸》

[1] 豫:预先准备。
[2] 言前定则不跲(jiá 夹):应该说的话都事先想好,到时就不会出现窒碍、意外。跲,窒碍。
[3] 疚:愧疚,担心。

居上不骄,为下不倍

[解题] 题目据正文拟。此段话虽然在强调君子修德行,但"居上不骄,为下不倍"之语,却透露出人处于不同的地位时,应该时时注意修为自己,每一种社会角色都有其职业操守,概而言之,便是在上位不应骄傲,在卑微之位也不能做出违背道义的事情。

故君子尊德性而道问学[1],致广大而尽精微,极高明而道中庸[2],温故而知新,敦厚以崇礼。是故居上不骄,为下不倍[3];国有道,其言足以兴;国无道,其默足以容。

——《礼记·中庸》

[1] 尊:恭敬奉持。
[2] 高明:道德的最高境界。
[3] 倍:同"背",违背,背叛。

有德有位

〔**解题**〕题目据正文拟。在中国古代早期社会中,统治者一般为有德有位之人。统治者也有其自身的职业范围,任何人都不能僭越。其实就"敬业乐群"来讲,本节主要强调身为天子应有的职业操守,其与臣民的严格区别。

非天子,不议礼,不制度[1],不考文[2]。今天下车同轨,书同文,行同伦。虽有其位,苟无其德,不敢作礼乐焉;虽有其德,苟无其位,亦不敢作礼乐焉。

——《礼记·中庸》

[1]制度:制定法度。
[2]考文:考订文字规范。

敬 事 而 信

〔解题〕 题目据正文拟。从政是一种事业和职业,对于治理国家的人来说,应该恭敬从事,诚信无欺,节约用度,爱护百姓,征用劳动力应当不违农时。而这些要求,对于今天的管理者来说,无论是治理国家的官员,还是管理公司的负责人,都是值得借鉴的。

子曰:"道千乘之国[1],敬事而信[2],节用而爱人[3],使民以时[4]。"

——《论语·学而》

[1] 道:一作"导",二者相通,有引导、治理之意。千乘之国:一乘兵车有四匹马驾驶。春秋时期,战争以车战为主,兵车多少意味着国力的强弱。千乘之国,指大国。

[2] 敬事而信:恭敬从事,诚信无欺。

[3] 节用:节约用度。

[4] 使民以时:春秋时期,社会以农业为命脉,应该不违农时,勿夺农时。

就有道而正焉

〔解题〕题目据正文拟。此段话重在论述人不应该盲目追求和贪图物质享受,应好好学习善道,并应用于实践。君子为了求道难以顾及安饱,体现了君子追求道的信念与诚意。其实,无论是求学还是工作,无论是做官还是从事其他职业,如果只顾享乐,贪图安逸,必然影响工作,甚至还会导致犯罪。

子曰:"君子食无求饱[1],居无求安,敏于事而慎于言,就有道而正焉[2],可谓好学也已[3]。"

——《论语·学而》

[1] 求:追求,贪图。
[2] 就:靠近。正:匡正、矫正。
[3] 也已:语气词连用,表示肯定。

慎 行 其 余

〔解题〕题目据正文拟。孔子教育子张为政应该多听、多看,谨慎言行,以保持禄位。这对于今天的为官者有着十分重要的借鉴意义。

子张学干禄[1]。子曰:"多闻阙疑[2],慎言其余,则寡尤[3];多见阙殆[4],慎行其余,则寡悔[5]。言寡尤,行寡悔,禄在其中矣。"

——《论语·为政》

[1] 子张:姓颛孙,名师,字子张。孔子弟子。少孔子四十八岁。他似乎热衷于从政,古籍记载他多次向孔子问政。如《论语·公冶长》记有子张谈论"令尹子文三仕为令尹"的事情,《论语·尧曰》记有子张问孔子"何如斯可以从政"的问题,《孔子家语》更有《入官》篇,专记子张问孔子为官之道。干禄:求取禄位。干,求也。子张向孔子请教"干禄",结合子张的特点,应当是求取禄位更为合适。

[2] 阙疑:存疑。亦"知之为知之,不知为不知"之意。

[3] 寡尤:减少过失。尤,错误,过失。

[4] 阙殆:与"阙疑"对称,亦存疑之意。

[5] 寡悔:减少追悔。

士志于道

〔解题〕题目据正文拟。向学问道者应当首先过衣食之欲这一关。孔子曾论"君子食无求饱,居无求安"(《论语·学而》),与此章密切相关。在孔子看来,以穿破衣、吃粗饭为耻的人,未免存有贪图生活享乐的念头,难以进取。立志于修道而贪图享乐,那么就不足以与他谈学问、论道了。

子曰:"士志于道[1],而耻恶衣恶食者[2],未足与议也。"

——《论语·里仁》

[1] 士:刘宝楠《论语正义》说:"《白虎通·爵篇》:'士者,事也;任事之称也。'……士居四民之首,其习于学,有德行道艺者,始出仕亦谓之士。故士为学人进身之阶。"或者说,士是介于卿大夫与平民之间的一个阶层。

[2] 而:假设连词,表假设关系。耻恶衣恶食:以穿破衣、吃粗饭为耻。耻,以……为耻。恶,粗劣的,不好的。

为君子儒

〔解题〕题目据正文拟。孔子教育子夏应该做"君子儒",不要做"小人儒"。对于"君子儒"和"小人儒",历来有两种不同的看法:有人认为"君子儒"是做儒中的君子,"小人儒"是儒中的小人。另有人释"儒"为"师","君子儒"即是说做君子的老师,"小人儒"即是说做小人的老师。前说较优。在孔子以前,"儒"本属一种行业,而后孔子广收弟子,创立儒家学派。本章"儒"当作行业讲。同一行业,亦有人品高下、志趣大小之分,故亦有君子、小人之别。孔子设教,希望弟子应为君子儒,无为小人儒,乃是孔子儒家教世人为人从政的宗旨。

子谓子夏曰[1]:"女为君子儒[2],无为小人儒。"

——《论语·雍也》

[1] 子夏:孔子弟子,卜(bǔ 补)商,字子夏,尊称"卜子"或"卜子夏"。春秋末年晋国人,一说卫国人,"孔门十哲"之一,七十二贤之一。

[2] 女:通"汝",你。

诲人不倦

〔解题〕题目据正文拟。孔子推辞别人对他"圣与仁"的恭维,唯自许"为之不厌,诲人不倦",认为自己只是做到了一个教育者教书育人应该做到的事情。公西华感叹"正唯弟子不能学",非常人所能做到。尽职尽责,做好本职工作,这是职业者都应该做到的基本要求。但是今天却有不少人,只是做出一点成绩,甚至只做了自己的本职工作,就开始四处炫耀,甚至邀功请赏。

子曰:"若圣与仁,则吾岂敢。抑为之不厌[1],诲人不倦,则可谓云尔已矣[2]。"公西华曰:"正唯弟子不能学也。"

——《论语·述而》

[1] 抑:只不过。
[2] 则可谓云尔已矣:只能说是如此罢了。

不在其位,不谋其政

〔**解题**〕题目据正文拟。在其位,谋其政,乃为政者之通则。不在其位而谋其政,则易于生祸乱。《易》曰:"君子思不出其位。"曾子曾引之作为孔子语的根据。

子曰:"不在其位,不谋其政。"

——《论语·泰伯》

不俟驾行矣

〔**解题**〕题目据正文拟。"不俟驾"而行与当时"君命召"之礼相符。每一种行业都有其礼制或规定,此句强调的重点是一旦君主召见,必须立即步行出发,而不要等待马车备好方徐徐而去。当今为政者,并非说不贪污受贿就是好官,懒政、办事效率低下及未尽到为官之责,也不是好官。

君命召,不俟驾行矣[1]。

——《论语·乡党》

[1] 俟(sì):等候。

以道事君

〔解题〕题目据正文拟。本章是孔子说明为臣事君之道。仲由、冉求仕于鲁,两人都是季氏的家臣,既不能匡扶鲁室,又不能遏止季氏三桓之专擅,故孔子称他们仅仅是"具臣",凑数的臣子。体现了孔子对于为政者职业操守的要求和倡导。

季子然问[1]:"仲由、冉求,可谓大臣与?"子曰:"吾以子为异之问,曾由与求之问[2]。所谓大臣者,以道事君,不可则止。今由与求也,可谓具臣矣[3]。"

——《论语·先进》

[1] 季子然:鲁国大夫,季孙氏的同族人。
[2] "吾以子为异之问"二句:我以为你是问别人呢?原来是问仲由和冉求啊!异之问,"问异"的倒装句。曾,乃是。
[3] 具臣:凑数的臣子。

行之以忠

〔**解题**〕题目据正文拟。孔子教育子张,为政者,应当勤勉、忠诚。从自身而言,为政要勤勉,不懈倦;执行政令时要讲求忠信。实际也是在强调为政者的职业操守。

子张问政[1]。子曰:"居之无倦[2],行之以忠[3]。"

——《论语·颜渊》

[1] 子张:复姓颛孙,名师,字子张,春秋末年陈国人,孔门十二哲之一。
[2] 居:居官位。
[3] 行:执行政令。

为政以正

〔解题〕 题目据正文拟。在社会生活中,领导的表率能够起到积极的作用,以下这段话体现了孔子对为政者的表率作用的重视。他认为,为政者自己做好了,源清流洁,百姓就会很自然地受到熏陶。

季康子问政于孔子[1]。孔子对曰:"政者[2],正也。子帅以正[3],孰敢不正?"

——《论语·颜渊》

[1] 季康子:即季孙肥,春秋时期鲁国的正卿。
[2] 政:"政"与"正"古代往往通用。
[3] 帅:通"率",率先,带头。

先之劳之

〔解题〕题目据正文拟。此段话重在强调当政者首先应该自身做到勤劳,身先士卒,然后再要求百姓勤劳,这样才不会遭致怨恨。在当今社会仍有借鉴意义,作为领导者应该发挥其带头作用,如此方能服众。

子路问政。子曰:"先之[1],劳之[2]。"请益[3]。曰:"无倦[4]。"

——《论语·子路》

[1]先:率先。之:指代百姓。意思是当政者要做百姓的表率。
[2]劳:役使。意思是要先做百姓的表率,带头行动,再使役百姓,百姓才不会有怨言。
[3]请益:请再多讲一点。益,增加。
[4]无倦:不倦怠、不松懈。

先有司，赦小过

[解题] 题目据正文拟。此段话虽然重在强调孔子"举贤才"的政治思想，但需要我们注意的是"先有司，赦小过，举贤才"一句，旨在说明应先设置专门的官职，让他们负责具体的事务，不计较他们小的过错，然后选拔贤才来任职。而"先有司"意在强调需要先给其职位方能有人负责其事，与"不在其位，不谋其政"有相似的内涵。

仲弓为季氏宰。问政。子曰："先有司[1]，赦小过[2]，举贤才。"曰："焉知贤才而举之？"曰："举尔所知，尔所不知，人其舍诸[3]？"

——《论语·子路》

[1] 有司：古代负责具体事务的官吏。
[2] 赦：赦免。
[3] 舍：舍弃、埋没。

行己有耻

〔解题〕题目据正文拟。春秋时期,社会动荡,学术下移,士人阶层兴起,因此世卿世禄已逐渐变得不能适应社会发展的需要,而士则为社会和国家输入了新鲜血液,正是在这样的背景下,子贡问孔子什么样的士才具备从政的资格,实际也是在讲从政的规范和要求。

子贡问曰:"何如斯可谓之士矣?"子曰:"行己有耻[1],使于四方[2],不辱君命[3],可谓士矣。"

——《论语·子路》

[1] 行己有耻:意为对自己的行为有知耻之心。
[2] 使于四方:使,为出使,意为出使全国各地。
[3] 不辱君命:不会使君命受辱,或直接译为能够完成君主交付的使命。

修己以敬

〔解题〕 题目据正文拟。孔子对子路说出了有关执政不同的三个层次。"修己以敬",意思就是通过修身使得自己变得谦恭、庄重;"修己以安人","人"是指周围的人,意为通过修己以安抚周围的执政阶层士人;"修己以安百姓"则是通过修己来使得天下的老百姓都能够得到恩惠。对于早期儒家来说,内修以求其道是其理想与追求,因此,我们可以说,此段话体现了早期儒家对道的孜孜以求与坚定信念。

子路问君子。子曰:"修己以敬[1]。"曰:"如斯而已乎?"曰:"修己以安人[2]。"曰:"如斯而已乎?"曰:"修己以安百姓。修己以安百姓,尧、舜其犹病诸[3]。"

——《论语·宪问》

[1] 修己以敬:致力于修身以便使自己看起来十分庄重、恭敬。
[2] 安:安抚。
[3] 尧、舜其犹病诸:尧舜他们尚且还担心自己做不到。病:以……为病。

为政以直

〔**解题**〕题目据正文拟。孔子赞叹史鱼与蘧伯玉的处世之道:"邦有道如矢,邦无道如矢"和"邦有道则仕,邦无道则可卷而怀之",体现了史鱼与蘧伯玉处世的不同。虽然有所不同,但却都体现了史鱼与蘧伯玉的职业操守和责任。

子曰:"直哉史鱼[1]!邦有道如矢[2],邦无道如矢。君子哉蘧伯玉[3]!邦有道则仕,邦无道则可卷而怀之[4]。"

——《论语·卫灵公》

[1] 直:正直。史鱼:春秋卫国大夫,名鰌(qiú 求),字子鱼,以直谏著名。

[2] 如矢:矢,箭,形容像箭一样直。

[3] 蘧(qú 渠)伯玉:春秋时期卫国大夫,名瑗。其事迹见于《左传》襄公十四年和二十六年,卫大夫史鱼知其贤,将其屡荐于卫灵公,卫灵公昏庸无道,终不能用。

[4] 卷:意为收。怀:意为藏。意思是隐居起来不做官。

敬其事,而后其食

〔解题〕题目据正文拟。此段话重在强调臣下侍奉君主的方法。孔子一向主张"敬事",他提倡统治者要"敬事而信"(《论语·学而》)、"修己以敬"(《论语·宪问》),臣下侍奉君主要"事上也敬"(《论语·公冶长》),教导弟子要"执事敬"(《论语·子路》),无论是君主还是大臣都应该有自己的职业道德和职业操守,尤其是"敬事"一词强调做事要恭敬、严肃、认真,然后才能够得到俸禄。

子曰:"事君,敬其事而后其食[1]。"

——《论语·卫灵公》

[1] 敬其事:恭敬、严肃、认真地办事。食:食禄,俸禄。

直道而事人

〔解题〕题目据止文拟。关于柳下惠,据《史记·仲尼弟子列传》记载:孔子"数称柳下惠",并将其作为仁人的代表。柳下惠久处下位,仕途备受压抑,但是仍然尽职尽责,坚持自己的职业操守,即"直道而事人"。

柳下惠为士师[1],三黜[2]。人曰:"子未可以去乎?"曰:"直道而事人[3],焉往而不三黜?枉道而事人[4],何必去父母之邦?"

——《论语·微子》

[1]柳下惠:即展禽,因家中有柳树如伞,故称"柳下","惠"是他的谥号。其是遵守中国传统道德的典范,他"坐怀不乱"的故事广为传颂。士师:掌管刑狱的小官。

[2]三黜:三,虚指,意思是多、多次。黜,旧以为免职,实际上应该是什途受压抑的意思。

[3]直道而事人:遵守正道而侍奉上司。

[4]枉道:与直道相对,即不遵守正道。

道不同不相为谋

〔**解题**〕题目据正文拟。此段话的背景是孔子由司空升任大司寇之后。孔子"由大司寇行摄相事",鲁国大治。于是,齐国认为"孔子为政必霸"。为削弱鲁国,离间孔子与鲁国执政者之间的关系,齐国送给鲁国文马、美女,使得鲁国执政者不关心政事。后来又不顾及礼仪,不分送祭肉给孔子,于是孔子离开了鲁国,开始周游列国。由此可以看出孔子出仕做官是有底线的,一旦触及其底线便辞职,体现了孔子的职业操守和职业底线。

齐人归女乐[1],季桓子受之[2],三日不朝[3],孔子行[4]。

——《论语·微子》

[1] 归:同"馈",馈赠。女乐:歌姬舞女。
[2] 季桓子:鲁国当时的执政大夫,名斯。
[3] 朝:上朝。
[4] 行:离开。

不 仕 无 义

〔**解题**〕题目据正文拟。孔子的弟子子路认为应该以天下为己任积极入世,不出来做官不合道义。君子出来做官,是尽道义上的责任的一种表现。体现了以孔子为代表的儒士胸怀天下的责任感和使命感,更是其尽职尽责的重要体现。

子路曰:"不仕无义。长幼之节[1],不可废也[2];君臣之义,如之何其废之?欲洁其身,而乱大伦。君子之仕也,行其义也。道之不行,已知之矣。"

——《论语·微子》

[1] 节:礼节、关系。
[2] 废:废弃。

信而后劳其民

〔解题〕 题目据正文拟。此段主要强调君子要取信在先,"信"是为人处事的基本要求。子夏认为要役使人民或要进谏君主,必须以取得信任为前提。其实还是在强调作为从政之人,应该身先士卒,发挥一种表率的作用,才能获得信任。换句话说,此段内容即在强调自身的修为要符合职业道德和操守。

子夏曰:"君子信而后劳其民[1];未信,则以为厉己也[2]。信而后谏[3];未信,则以为谤己也[4]。"

——《论语·子张》

[1] 信:建立信用。
[2] 厉:折磨。没有建立信用就役使百姓,百姓会觉得受到折磨、虐待。
[3] 谏:进谏、进言。
[4] 谤:诽谤。

君子之道，焉可诬也

[解题] 题目据正文拟。子游与子夏都是孔子弟子，此段话主要是说明二人授业方法的差异。子游重本，子夏则认为传道应从浅到深，循序渐进。无论哪一种教育方式，都体现了子游和子夏作为传道授业者有他们的不同教育方式，也体现了他们对自身职业的思考与责任。

子游曰："子夏之门人小子[1]，当洒扫应对进退[2]，则可矣，抑末也[3]。本之则无[4]，如之何？"子夏闻之，曰："噫！言游过矣！君子之道，孰先传焉？孰后倦焉[5]？譬诸草木，区以别矣。君子之道，焉可诬也[6]？有始有卒者，其惟圣人乎！"

——《论语·子张》

[1] 门人小子：学生弟子。
[2] 洒扫：洒水、扫地，即打扫、收拾房间之类。应对：应，答应；对，回答，指接待宾客时的问答等仪节。进退：指接待宾客时的进出等仪节。
[3] 抑：不过、可是。末：礼仪的末节。
[4] 本：根本，指先王之道。这里用作动词，探究其根本。
[5] 倦：句中"倦"字，当是"传"字之误。一说，"倦"字不误，意思是：君子之道，传于人，宜有先后，非以其"末"为先而传之，非以其"本"为后而倦教，非专传其宜先者，而倦传其宜后者。
[6] 诬：歪曲。

事 君

　　〔解题〕题目据正文拟。《孝经》为中国古代儒家的伦理学著作,《四库全书总目》指出,该书是孔子及"七十子徒之遗书",成书于秦汉之际。此章主要讲事君的道理,孝道从小的方面讲始于事亲,但从更大意义上来说则应为国家办事,为民众服务,与"齐家""治国""平天下"有内在相通性。为官之际,当竭尽忠诚对待君主,谏言、进思以补救君主之过错,以顺应发扬君主之美德,这是为官者应尽职责,使得上下相亲和睦。

　　子曰:"君子之事上也,进思尽忠,退思补过,将顺其美,匡救其恶,故上下能相亲也。《诗》云:'心乎爱矣,遐不谓矣,中心藏之,何日忘之。'[1]"

——《孝经·事君章》

　　[1]"心乎爱矣"四句:此语出自《诗经·小雅·隰桑》,意义是说只要为臣的一心爱君,虽地处边陲,也不会说远,这就由于他对君主的忠孝藏于心中,怎么敢遗忘呢?

在位谋政

〔解题〕题目据正文拟。孟子与齐宣王对话,由托付妻子儿女问到君主治国,由小及大,步步深入。其实,无论是小到受人之托,还是大到治理国家,都应在其位谋其政,无论在什么岗位上,都应尽到自己该尽的责任。

孟子谓齐宣王曰:"王之臣有托其妻子于其友,而之楚游者。比其反也[1],则冻馁其妻子,则如之何[2]?"王曰:"弃之。"曰:"士师不能治士[3],则如之何?"王曰:"已之[4]。"曰:"四境之内不治,则如之何?"王顾左右而言他。

——《孟子·梁惠王下》

[1] 比:及,至,等到。反:同"返"。
[2] 则:这里的用法是表示事情的结果。
[3] 士师:刑狱官。
[4] 已:罢免。

食志不食功

〔**解题**〕题目据正文拟。"君子爱财,取之有道",无论古今,只要是通过合法途径获取财富的行为,都值得鼓励提倡。选段内容还提到了动机和效果的关系问题,儒家重义,但也强调"食功",注重动机和效果的统一。在现实生活中,却往往难以做到二者统一,这里孟子所说"食功",更多地强调实干出成绩,批判空喊口号者。

彭更问曰[1]:"后车数十乘,从者数百人,以传食于诸侯[2],不以泰乎[3]?"

孟子曰:"非其道,则一箪食不可受于人[4];如其道,则舜受尧之天下,不以为泰,子以为泰乎?"

曰:"否。士无事而食,不可也。"

曰:"子不通功易事[5],以羡补不足[6],则农有余粟,女有余布;子如通之,则梓匠轮舆皆得食于子[7]。于此有人焉,入则孝,出则悌,守先王之道,以待后之学者,而不得食于子。子何尊梓匠轮舆而轻为仁义者哉?"

曰:"梓匠轮舆,其志将以求食也;君子之为道也,其志亦将以求食与?"

曰:"子何以其志为哉?其有功于子,可食而食之矣。且子食志乎?食功乎[8]?"曰:"食志。"

曰:"有人于此,毁瓦画墁[9],其志将以求食也,则子食之乎?"曰:"否。"

曰:"然则子非食志也,食功也。"

——《孟子·滕文公下》

［1］彭更:孟子的学生。

［2］传(zhuàn撰):驿舍,古时招待宾客的馆舍。传食:住在诸侯的驿舍里接受饮食。

［3］泰:通"太";过于。这里用为过分之意。

［4］箪(dān耽):古代盛饭的圆形竹器。箪食(sì寺)瓢饮,喻生活贫苦;亦指安贫乐道。

［5］通功易事:交流成果,交换物资。功,这里用为成效之意。

［6］羡:多余,这里用为富裕有多之意。

［7］梓匠:梓人、匠人,指木工。轮:轮人,制作车轮的人。舆:舆人,制作车厢的人。梓匠轮舆,在这里代指各类工匠。

［8］食志:根据动机给饭吃。食功:根据功绩给饭吃。

［9］墁(màn慢):本意是粉刷墙壁的工具,这里指新粉刷过的墙壁。

73

仕 非 为 贫

〔解题〕题目据正文拟。做官的目的是什么？公务员可说是当今中国社会最热门的职业之一，这从每年公务员考试趋之若鹜的考生可看出。但是一些人报考公务员的出发点却是因为公务员职业本身的稳定以及带来的工资福利，而有所忽略作为公务员应有的职业责任和情怀。作为公务员，其属于一份职业，靠此谋生，无可厚非。但公务员是行使国家行政权力、执行国家公务的人员，其所履行的职责和义务有别于其他从业人员，应全心全意为人民服务，接受人民监督，忠于职守，勤勉尽责，爱岗敬业。

孟子曰："仕非为贫也，而有时乎为贫；娶妻非为养也，而有时乎为养。为贫者，辞尊居卑，辞富居贫[1]。辞尊居卑，辞富居贫，恶乎宜乎[2]？抱关击柝[3]。孔子尝为委吏矣[4]，曰'会计当而已矣[5]'。尝为乘田矣[6]，曰'牛羊茁壮，长而已矣'。位卑而言高，罪也；立乎人之本朝，而道不行，耻也。"

——《孟子·万章下》

[1] 富、贫：指俸禄的厚薄。

[2] 恶(wū 乌)：同"乌"，疑问词，哪，何。恶乎宜乎：做什么比较合适呢？

[3] 抱关：守门。柝(tuò 拓)：巡夜所敲的木梆。

[4] 委吏:负责保管仓库、会计事物的小官。

[5] 当(dāng):对等、相当,这里指账目对等,没有错误的意思。

[6] 乘(chéng 承)田:管理牧场的小吏。

规　矩

〔解题〕题目据正文拟。这正是《离娄上》所说"离娄之明,公输子之巧,不以规矩,不能成方圆;师旷之聪,不以六律,不能正五音"的意思。没有规矩,不能成方圆。没有规矩,小到匠人学艺,大到治理国家,都会乱套,凡事皆有可以遵循的规矩。

孟子曰:"羿之教人射,必志于彀[1];学者亦必志于彀。大匠诲人,必以规矩;学者亦必以规矩。"

——《孟子·告子上》

[1] 志:期望。彀(gòu 够):拉满弓。

敬业修德

司马迁

[解题] 题目据正文拟。文中描绘了虞舜帝时期的清明德政,而造就此番兴盛之象的很大原因在于二十二位臣子各司其职,各敬其业。他们都能够在自身分管的领域发挥作用,成就功业,使得刑法、礼仪、百工、山泽、农业各安其序。因此,清明的德政能够造就一个有秩序、和谐的社会,今天各行各业的工作者也应当各尽本分,在自己的行业里努力耕耘,敬业修德,共同促进和谐社会的建设,实现中国梦。

此二十二人咸成厥功[1]:皋陶为大理[2],平[3],民各伏得其实[4];伯夷主礼,上下咸让;垂主工师,百工致功[5];益主虞[6],山泽辟[7];弃主稷[8],百谷时茂;契主司徒[9],百姓亲和;龙主宾客,远人至;十二牧行而九州莫敢辟违[10];唯禹之功为大,披九山[11],通九泽,决九河,定九州岛,各以其职来贡[12],不失厥宜[13]。方五千里,至于荒服[14]。南抚交阯、北发,西戎、析枝、渠廋、氐、羌,北山戎、发、息慎,东长、鸟夷[15],四海之内咸戴帝舜之功[16]。于是禹乃兴《九招》之乐[17],致异物[18],凤皇来翔[19]。天下明德皆自虞帝始[20]。

——《史记·五帝本纪》

[1] 厥:其,他的,他们的。

[2] 大理:职官名。古代掌刑法的官。

[3] 平:指断狱公平。

[4] 伏得其实:断案符合实情令人信服。伏,佩服,信服。

[5] 致功:意思是做出成绩。

[6] 虞:职官名。古代掌管山泽鸟兽的官吏。

[7] 辟:开发,利用。

[8] 稷:庄稼和粮食的总称。

[9] 司徒:职官名。周礼地官有大司徒,为六卿之一,掌理教化。

[10] "十二牧"句:《正义》:"禹九州之民无敢辟违舜十二牧也。"辟违,违背,违抗。辟,同"避"。"避""违"同义。

[11] 披:劈开。

[12] 职:赋税,贡品。

[13] 不失厥宜:意思是没有不合规定的。《尚书·禹贡》记载禹"任土作贡",意思是根据土地肥瘠情况,规定各地贡物。参看《夏本纪》。

[14] 荒服:古代五服之一,指离王畿二千五百里(一说四千五百里)的地方。

[15] "南抚"句:均指边境的地名。不在五服之内。

[16] 戴:拥戴,这里有称颂的意思。

[17] 《九招(shào 哨)》:也写作"九韶",古乐曲名。《吕氏春秋·古乐》有帝喾命咸黑作《九招》、舜命质修《九招》以及后来殷汤命伊尹修《九招》之说。此处说为禹所作。

[18] 致异物:招来了祥瑞的珍奇之物。

[19] 凤皇:即凤凰。

[20] 明德:崇高显明的德性。

禹之敬业

司马迁

[解题] 题目据正文拟。此段选文着重描述了禹为舜臣的部分功绩，禹为人勤勤恳恳，庄重严肃，堪称是百官的典范，他治理山川河流，使得四境之内适于百姓居住。他的这些功绩展现了为人臣应该有的姿态。

当帝尧之时，鸿水滔天[1]，浩浩怀山襄陵[2]，下民其忧。尧求能治水者，群臣四岳皆曰鲧可[3]。尧曰："鲧为人负命毁族[4]，不可。"四岳曰："等之未有贤于鲧者[5]，愿帝试之。"于是尧听四岳，用鲧治水。九年而水不息，功用不成。于是帝尧乃求人[6]，更得舜。舜登用[7]，摄行天子之政[8]，巡狩[9]。行视鲧之治水无状[10]，乃殛鲧于羽山以死[11]。天下皆以舜之诛为是[12]。于是舜举鲧子禹，而使续鲧之业。

尧崩[13]，帝舜问四岳曰："有能成美尧之事者[14]，使居官[15]？"皆曰："伯禹为司空[16]，可成美尧之功。"舜曰："嗟[17]，然！"命禹："女平水土[18]，维是勉之[19]。"禹拜稽首[20]，让于契、后稷、皋陶。舜曰："女其往视尔事矣[21]。"

禹为人敏给克勤[22]，其德不违，其仁可亲，其言可信；声为律，身为度，称以出[23]；亹亹穆穆[24]，为纲为纪。

禹乃遂与益、后稷奉帝命，命诸侯百姓兴人徒以傅土[25],行山表木[26],定高山大川[27]。禹伤先人父鲧功之不成受诛[28],乃劳身焦思[29],居外十三年,过家门不敢入。薄衣食[30],致孝于鬼神[31]。卑宫室[32],致费于沟淢[33]。陆行乘车,水行乘船,泥行乘橇[34],山行乘檋[35]。左准绳[36],右规矩[37],载四时[38],以开九州[39],通九道[40],陂九泽[41],度九山[42]。令益予众庶稻可种卑湿[43],命后稷予众庶难得之食。食少,调有余相给,以均诸侯[44]。禹乃行相地宜所有以贡[45],及山川之便利。

——《史记·夏本纪》

[1] 鸿水:即洪水,大水。

[2] 怀山襄陵:大水包围山岳,漫过丘陵。形容水势很大或洪水泛滥。怀,怀抱,这里是包围的意思。襄,上漫,淹没。陵,大土山。

[3] 四岳:指的是附属于中央的部落首领,地位相当于后世的诸侯。鲧(gǔn 滚):禹的父亲。为伯爵,故称崇伯鲧或崇伯,有崇部落的首领。

[4] 负命毁族:违背天命,毁败同族的人。

[5] 等:相同,一样。这里是比较的意思。

[6] 求人:寻求继承人。

[7] 登:升,提升。

[8] 摄行:代理执行。

[9] 巡狩:古代帝王巡察诸侯或地方官治理的地方,以考察功绩。

[10] 无状:没有样子,不像样。

[11] 殛:通"极",流放远方。

[12] 诛:惩罚。

[13] 崩:古代帝王或皇后死叫"崩"。

[14] 美:使美,即发扬光大的意思。

[15] 居官:居于官职,即做官。

[16] 伯禹:伯,爵也。禹代鲧为崇伯,入为天子司空,以其伯爵,故称伯禹。司空:古代官名。古代中央政府中掌管工程的长官。

[17] 嗟:叹词。

[18] 女(rǔ乳):通"汝",你。

[19] 维是勉之:去光大尧帝的事业吧。维,句首语气词。是,此,这,指平水土这件事。勉,勉力,努力。

[20] 稽首:一种跪拜礼,叩头到地,是拜礼中最恭敬的。

[21] 视尔事:办理你的公事。视,看,照看,这里有办的意思。

[22] 敏给克勤:为人机敏又能吃苦。给,与"敏"同义。克,能。勤,勤苦,劳苦。

[23] 称以出:凭着他的声音和躯体就可以校正音律的高低和尺度的长短。称,凭借其声与身。

[24] 亹(wěi伟)亹穆穆:勤勉不倦,庄重严肃的样子。亹,缓慢流动,无止无休,形容孜孜不倦的样子。

[25] 百姓:即百官。战国以前百姓是对贵族的通称,因为当时只有贵族才有姓,而平民没有姓。人徒:指被罚服劳役的人。傅:《尚书》作"敷",是分的意思,指分治九州的土地。一说:傅,即"付",指付出功役。

[26] 表木:立木作表记。表,表记。

[27] 定:指测定。

[28] 伤:悲伤。

[29] 劳身焦思:不怕劳累,苦苦思索。焦,着急,焦躁。

[30] 薄:少,使少,即节俭的意思。

[31] 致孝于鬼神:向神或祖先供财物以示感激。孝,祭祀。鬼,祖先。神,神明。

[32] 卑:使低矮,这里有简陋之意。

[33] 致费于沟淢(yù玉):把资财用于治理河川。沟淢,田间沟渠。古代渠道深广四尺叫沟,深广八尺叫淢。这里泛指河道。

[34] 橇:古代在泥路上行走的一种交通工具。

[35] 檋(jū居):古代一种登山鞋,把长半寸的铁钉安在鞋底上,以防止上山时滑倒。

[36] 准绳:测定物体平直的器具。准,取平的工具。绳,取直的工具。

[37] 规矩:指测量高低远近的工具。规,画圆的工具。矩,画方的

工具。

［38］四时:可能是指测四时定方向的仪器。

［39］开九州:开发九州的土地。九州,即冀州、兖州、青州、徐州、豫州、荆州、扬州、雍州、梁州。

［40］通九道:疏通九条河道。九道,即指弱、黑、河、瀁、江、沇(yǎn演)、淮、渭、洛九条河流的河道。又《正义》以为"九道"为九州的道路。

［41］陂(bēi卑)九泽:在九个湖泊边筑堤岸。陂,水边,水岸,这里是筑堤岸的意思。九泽,指雷夏、大野、彭蠡(lǐ里)、震泽、云梦、荥播、菏泽、孟猪、猪野九个湖泊。

［42］度九山:测量九座大山。度:测量,勘测,即上文的"表木"。九山,指汧、壶口、砥柱、太行、西倾、熊耳、嶓冢、内方、岷(mín民)九座大山。

［43］众庶:庶民,平民。卑湿:低湿之地。

［44］均:使均衡。

［45］相:察看,考察。宜所有以贡:意思是应根据各地所具有的物产来向天子进贡。

君臣之道

司马迁

[解题] 题目据正文拟。选文内容围绕为君之道、为臣之道展开。第一部分借皋陶与舜帝的谈话论述了作为帝王应该谨遵德行、高屋建瓴、知人善任、爱戴百姓,如此则臣下团结、天下太平。第二部分则是借禹之口来阐明作为臣子应该勤恳努力、尽心办事,另一方面作为君主当谨慎辨别大臣、施行德政,则民众和乐、诸侯国安定。因此,居上位者应当提高自己的修养,关心下属;属下则应当恪尽职守,避免桀骜骄横。

皋陶作士以理民[1]。帝舜朝,禹、伯夷、皋陶相与语帝前[2]。皋陶述其谋曰:"信其道德[3],谋明辅和[4]。"禹曰:"然,如何?"皋陶曰:"於[5]!慎其身修[6],思长[7],敦序九族[8],众明高翼[9],近可远在已[10]。"禹拜美言[11],曰:"然。"皋陶曰:"於!在知人,在安民。"禹曰:"吁!皆若是,惟帝其难之[12]。知人则智,能官人[13];能安民则惠,黎民怀之[14]。能知能惠,何忧乎驩兜[15],何迁乎有苗[16],何畏乎巧言善色佞人[17]?"皋陶曰:"然,於!亦行有九德[18],亦言其有德。"乃言曰:"始事事[19],宽而栗[20],柔而立[21],愿而共[22],治而敬[23],扰而毅[24],直而温[25],简而廉[26],刚而实[27],强而义[28],章其有常[29],吉哉[30]。日宣三德[31],蚤夜翊明有家[32]。日严振敬六德[33],亮采有国[34]。翕受普施[35],九德咸事[36],俊乂在官[37],百吏肃谨。毋教邪淫奇谋。非其人居其官,是谓乱天事[38]。天讨有罪,五刑五用哉[39]。吾言厎可行乎[40]?"禹曰:"女言致可绩行[41]。"皋陶曰:"余未有知,思赞道哉[42]。"

帝舜谓禹曰:"女亦昌言[43]。"禹拜曰:"於,予何言!予思日孳孳[44]。"皋陶难禹曰:"何谓孳孳?"禹曰:"鸿水滔天,浩浩怀山襄陵,下民皆服于水[45]。予陆行乘车,水行乘舟,泥行乘橇,山行乘檋,行山刊木。与益予众庶稻鲜食[46]。以决九川致四海,浚畎浍致之川[47]。与稷予众庶难得之食。食少,调有余补不足,徙居。众民乃定,万国为治。"皋陶曰:"然,此而美也[48]。"

禹曰:"於,帝!慎乃在位[49],安尔止[50]。辅德[51],天下大应。清意以昭待上帝命[52],天其重命用休[53]。"帝曰:"吁,臣哉,臣哉!臣作朕股肱耳目[54]。予欲左右有民[55],女辅之。余欲观古人之象[56],日月星辰,作文绣服色[57],女明之。予欲闻六律五声八音[58],来始滑[59],以出入五言[60],女听。予即辟[61],女匡拂予[62]。女无面谀,退而谤予[63]。敬四辅臣[64]。诸众谗嬖臣[65],君德诚施皆清矣。"禹曰:"然。帝即不时[66],布同善恶则毋功[67]。"

帝曰:"毋若丹朱[68]傲,维慢游是好[69],毋水行舟[70],朋淫于家[71],用绝其世[72]。予不能顺是。"禹曰:"予娶涂山[73],辛壬癸甲[74],生启予不子[75],以故能成水土功。辅成五服,至于五千里,州十二师[76],外薄四海[77],咸建五长[78],各道有功[79]。苗顽不即功[80],帝其念哉。"

帝曰:"道吾德[81],乃女功序之也。"

——《史记·夏本纪》

[1]"皋陶"句:皋陶担任执法的士(这一官职)来治理民众。士,士师,相当于国家司法长官。理,治理。

[2]相与:一块儿,共同。

[3]信其道德:此句当作"信道其德",意思是确确实实地遵循道德办事。

[4]谋明辅和:谋略高明,臣下团结。辅,辅佐,指辅佐之臣。和,和谐。

[5]於(wū乌):叹词。

[6]慎其身修:谨慎对待自身修养。

[7]思长:思虑长远,做长远打算。

[8]敦序九族:使九族亲厚而有顺序。敦,厚。九族,指上自高祖下至玄孙的同族九代人。

[9]众明高翼:众多有见识的人就都会努力辅佐你。明,贤明的人。翼,辅佐,帮助。

[10]"近可"句:意思是由近可以及远,要从自己做起。

[11]拜:古代表示敬意的一种礼节,双手作揖。

[12]惟帝其难之:即使是尧帝恐怕也会感到困难的。惟,通"虽",即使。其,此指恐怕。

[13]官人:给人官职,即任用人。

[14]怀:从心里归向。

[15]讙(huān欢)兜:又作欢兜或讙头,是中国古代传说中的三苗族首领,传说因为与共工、鲧一起作乱,而被舜流放至崇山。

[16]何迁乎有苗:何必流放有苗。迁,流放。有苗即三苗,是古代一个部落。

[17]善色佞人:伪善和巧言谄媚之人。

[18]亦:通"迹",检验。下句"亦"字同。

[19]事事:做事情。前一个"事"是从事、做的意思。

85

[20]栗:威严。

[21]立:坚定,有主见。

[22]愿而共:诚实而又恭敬。愿,老实。共,同"恭"。

[23]治而敬:办事有才能而又小心谨慎。

[24]扰:柔顺,驯服。

[25]温:和气,柔和。

[26]简而廉:平易而又有棱角。简,简约,平易。廉,有棱角。

[27]刚而实:果断而又讲求实效。实,实在,指讲实效。

[28]强而义:有力而又讲道理。义,合宜,指讲道理。

[29]章其有常:要重用那些具有九德的善士。章,表彰,表扬,这里有重用的意思。

[30]吉哉:善。

[31]宣:宣扬,表现。

[32]蚤夜翊明有家:早晚谨行努力,卿大夫就能保有他的采邑。蚤,通"早"。翊,恭敬。明,勉,努力。家,古代卿大夫及其家族的封地。

[33]振敬:恭敬。振,通"祗"。

[34]亮采:意思是认真办事。亮,诚实,认真。采,事。

[35]翕受普施:全部具备这九种品德,普遍地施行。翕,合,综合。

[36]事:指有九德的人都居官任职。

[37]俊乂(yì乂):指有德行有才能的人。才德过千人为俊,百人为乂。

[38]天事:指上天所命之事,即管理天下的大事。

[39]五刑:五种轻重不同的刑法。秦以前指墨(刺字)、劓(yì义,割鼻)、剕(fèi费,断足)、宫(阉割男子生殖器,毁坏女子的生殖机能)、大辟(杀头)五种。五用:指用于五种罪行。

[40]厎(dǐ底):通"抵",大抵。

[41]女言致可绩行:如果按你的话行事,一定会做出成绩的。致,使达到。绩行,实行。

[42]赞道:有助于推行治天下之道。赞,助。

[43]昌言:美言,善言。

[44] 孳孳:同"孜孜",勤勉不懈的样子。

[45] 服:通"逼",威胁。

[46] 鲜食:新鲜的肉食。

[47] 畎浍(quǎn kuài 犬块):田间沟渠。

[48] 而:尔,你的。

[49] 慎乃在位:谨慎对待您的在位之臣。乃,你,你的。在位,指在位之臣。

[50] 安尔止:稳稳当当处理您的政务。安,稳。止,举止,行为。这里指处理政务。

[51] 辅德:意思是辅佐的大臣有德行。

[52] "清意"句:大意是以清静之心来对待上帝之命。昭,显扬。

[53] 天其重命用休:上天会经常把美好的符瑞降临。其,将。重,重复。用,以。休,美,善。

[54] 股肱(gōng 工)耳目:比喻得力之臣。股,大腿。肱,胳臂由肘至肩的部分。

[55] 左右有民:帮助天下民众。左右,帮助。

[56] 象:指衣服上的图像。

[57] "日月"二句:意思是按照日月星辰的天象制作锦绣服装。

[58] 六律五声八音:泛指音乐。六律,我国古代的定音方法,用十二根长短不同的律管定出十二个标准音,叫十二律。十二律从低到高依次为:黄钟、大吕、太簇、夹钟、姑洗(xiǎn 显)、仲吕、蕤(ruí 桵)宾、林钟、夷则、南吕、无射(yè 页)、应钟。狭义上的律,仅指上列十二律中单数的六个律,即"六律",为阳律。与之相对的双数的六个律叫"吕",即"六吕",亦称"六吕"为阴律。六律,在这里泛指古代音乐中的定音方法。五声,也叫五音,我国古代五声音阶中的五个音级,即宫、商、角、徵、羽。八音,我国古代乐器的统称。指金、石、土、革、丝、木、匏、竹等八类。

[59] 来始滑:此句历来不可解。《尚书·皋陶谟》作"在(察)治忽(怠慢)"。意思是通过音乐来考察各方政教之治乱。

[60] "以出入"句:意思是根据音乐来采纳或否定各方的意见。出入等于说"进退"。五言,指五方之言,即五方的意见。

87

[61] 辟:邪僻,有过失。

[62] 匡拂(bì 避):纠正。拂,通"弼",与"匡"同义。

[63] 谤:指责别人的过失。

[64] 四辅臣:又叫"四邻",天子周围的辅佐大臣。

[65] 嬖(bì 避)臣:宠臣。

[66] 时:是,如此。

[67] 布同善恶毋功:意思把好人坏人全都混同起来就没有什么用处了。布,遍。毋,同"无"。

[68] 丹朱:尧的长子。因为不肖,尧把部落联盟首领之位禅让给了舜。

[69] 维慢游是好:等于说"维好慢游",只喜欢怠惰放荡。维,通"唯",只。是,助词,无义。

[70] 毋水行舟:没有水却要坐船。表示丹朱荒唐可笑。

[71] 朋淫:群聚荒淫游乐。

[72] 绝其世:意思是丹朱不能继承尧的帝位。世,父子相继。

[73] 涂山:古部族名。涂山,其地说法不一。一说在浙江绍兴西北。一说在四川重庆市,俗名真武山。

[74] 辛壬癸甲:古代用天干记日,自辛日至甲日,共四天。这是说只经四天婚期就又去治水了。

[75] 子:抚养,哺育。

[76] 州十二师:每州用三万劳力。师,二千五百人。

[77] 薄:迫近。

[78] 五长:统率五个诸侯国的首领。

[79] 道:领导。

[80] 不即功:意思是没有功绩。即,就,成就。

[81] 道吾德:意思是用我的德教来开导。

六军之业

司马迁

〔解题〕题目据正文拟。选文记叙了禹的儿子夏启即位后,有扈氏未归从,于是夏启召集六军将领以讨伐之。征战前,夏启训诫六军将领必须各尽其职,认真履行自身职责,以取得战争的胜利。最终,在这样的攻势下启取得了胜利。由此可见,领导者必须具有安排事务的能力,有全局观,属下则应当服从安排,恪尽职守,相互配合,这样取得胜利的几率将大大提高。

有扈氏不服[1],启伐之,大战于甘。将战,作《甘誓》[2],乃召六卿申之[3]。启曰:"嗟!六事之人,予誓告女:有扈氏威侮五行[4],怠弃三正[5],天用剿绝其命。今予维共行天之罚。左不攻于左[6],右不攻于右[7],女不共命[8]。御非其马之政[9],女不共命。用命,赏于祖;不用命,僇于社[10],予则帑僇女[11]。"遂灭有扈氏。天下咸朝。

——《史记·夏本纪》

[1] 有扈氏:古部族名,在今西安市鄠邑区。
[2]《甘誓》:《尚书》篇名。记载的是启与有扈氏在甘地作战前的誓辞。
[3] 召六卿申之:召集来六军将领进行训诫。六卿,天子有六军,其首领都是卿,所以叫六卿。申,告诫。

[４] 威侮五行:有扈氏蔑视威侮五行之德。威,当作"烕","烕"通"蔑"。五行,大约是指"五常",即仁、义、礼、智、信。

[５] 三正:天、地、人之正道。

[６] 左不攻于左:战车左边的射手不从左边射击敌人。左,指车左,为战车上的射手。

[７] 右:指车右,掌管刺杀。

[８] 共命:即接受命令,遵从命令。

[９] 非其马之政:等于说"非正其马",意思是不能使车马整齐。政,同"正"。

[10] 僇(lù 录)于社:在社神面前杀掉他。僇,通"戮",杀。社,这里指社主。

[11] 帑(nú 奴):通"奴",收为奴婢。

太甲悔过自责

司马迁

〔解题〕题目据正文拟。选文记载了商代第四任君主太甲的转变。太甲最初是暴虐之君,被伊尹放于桐宫三年。三年之间,悔过自新;之后重新掌政,敬业修德,于是诸侯皆归顺于殷,百姓安宁和乐。伊尹遂作《太甲训》加以褒奖。因此,尽职尽责的下属在做好本职工作的基础上还要能够时时提醒他人的言行,在必要时要敢于指出领导者的错误;而作为领导者,则应该从善如流,随时反省自我。

帝太甲既立三年[1],不明,暴虐,不遵汤法,乱德,于是伊尹放之于桐宫[2]。三年,伊尹摄行政当国[3],以朝诸侯。帝太甲居桐宫三年,悔过自责,反善[4],于是伊尹乃迎帝太甲而授之政。帝太甲修德,诸侯咸归殷,百姓以宁。伊尹嘉之[5],乃作《太甲训》三篇[6],褒帝太甲,称太宗。太宗崩,子沃丁立。帝沃丁之时,伊尹卒。既葬伊尹于亳,咎单遂训伊尹事[7],作《沃丁》[8]。

——《史记·殷本纪》

[1] 太甲:商朝第四任君主。商汤嫡长孙,太丁之子,外丙和仲壬之侄。

[2] 桐宫:商之离宫,在今河南省偃师县西南。

[3] 当国:掌管国家政权。

[4] 反:同"返",归向。

[5] 嘉:嘉许,赞美。

[6] 《太甲训》:古文《尚书》有《太甲》上、中、下三篇。

[7] 咎单:商初大臣,商汤时任司空。训:训诫。

[8] 《沃丁》:已亡佚。相传咎单作此篇,用伊尹事迹训诫沃丁。

细　柳　营

司马迁

〔**解题**〕题目据正义拟,选义讲述了汉文帝时期周亚夫将军严格治军的一段事迹。汉文帝在匈奴侵扰边境之时,实地考察了几位将军,其中包括细柳营的周亚夫。文帝去犒劳细柳营将士时被周亚夫以治军之礼对待,此与其他几位阿谀奉承的将军形成了鲜明对比,凸显出周亚夫治军严肃、军令威严、军纪严明、恪尽职守、治军有方、刚正不阿等品质。今天的军队也应当学习这种军人的精神,在外保家卫国,在内刚正严明,以国家利益、人民利益为重。

文帝之后六年[1],匈奴大入边[2]。乃以宗正刘礼为将军[3],军霸上[4];祝兹侯徐厉为将军[5],军棘门[6];以河内守亚夫为将军[7],军细柳[8],以备胡。

上自劳军[9]。至霸上及棘门军,直驰入,将以下骑送迎。已而之细柳军,军士吏被甲[10],锐兵刃,彀弓弩[11],持满[12]。天子先驱至,不得入。先驱曰:"天子且至!"军门都尉曰[13]:"将军令曰:'军中闻将军令,不闻天子之诏。'"居无何[14],上至,又不得入。于是上乃使使持节诏将军[15]:"吾欲入劳军。"亚夫乃传言开壁门[16]。壁门士吏谓从属车骑曰[17]:"将军约,军中不得驱驰。"于是天子乃按辔徐行[18]。至营,将军亚夫持兵揖曰[19]:"介胄之士不拜[20],请以军礼见。"天子为动[21],改容式车[22],使人称谢:"皇帝敬劳将军。"成礼而去。

既出军门,群臣皆惊。文帝曰:"嗟呼,此真将军矣!曩者霸上、棘门军[23],若儿戏耳,其将固可袭而虏也[24]。至于亚夫,可得而犯邪!"称善者久之。

——《史记·绛侯周勃世家》

[1] 后六年:指文帝后元六年(前158)。

[2] 大入边:大举入侵边境。大,规模大。

[3] 宗正:官名,负责皇族内部事务的长官。

[4] 军霸上:驻军在霸上。军,驻军。霸上,古地名,一作灞上,又名霸头、霸陵,因地处霸水西高原上得名,在今陕西西安市东。

[5] 祝兹侯:封号。清梁玉绳《史记志疑》认为应作"松兹侯徐悼"。

[6] 棘门:原为秦宫门,在今陕西咸阳东北。

[7] 河内守:河内的郡守。河内,郡名,今河南北部地区。守,郡的行政长官。

[8] 细柳:古地名,在今陕西省咸阳西南,渭河北岸。

[9] 上自劳军:皇上(指文帝)亲自犒劳军队。

[10] 被:通"披"。

[11] 彀(gòu够)弓弩(nǔ努):张满弓弩。弩,用机括发箭的弓。

[12] 持满:把弓弦拉足。

[13] 军门都尉:守卫军营的将官,职位略低于将军。

[14] 居无何:过了不久。

[15] 使使:让使者……。前一"使"为动词,让。后一"使"为名词,使者。节:符节,皇帝给的凭证。

[16] 壁门:营门。

[17] 车骑:汉代将军的名号。

[18] 按辔:控制马的方向。按,控制。辔,马缰绳。

［19］ 揖：拱手行礼。

［20］ 介胄之士：穿铁甲、戴头盔的士兵。介，铁甲。胄，头盔。《礼记·曲礼》："介者不拜。"

［21］ 为动：被触动。

［22］ 改容式车：马上神情严肃地俯身靠在车前横木上。改容，改变表情。式车，式通"轼"，俯身靠在车前的横木（轼）上，表示敬意。

［23］ 曩（nǎng攮）者：以往，从前，过去的。

［24］ 其将固可袭而虏也：那里的将军是完全可以通过偷袭而俘虏的。

管晏列传

司马迁

〔**解题**〕 管仲、晏子二人同为齐国杰出政治家,管仲辅佐桓公成就霸业,勋业彪炳;晏婴协助景公成就治世,政绩显赫,一霸一治,泽被当代,垂范后世。两人虽隔百余年,但他们都是齐人,都是名相,又都为齐国作出了卓越的贡献。文章不仅赏识二人本身的政治眼光,同时还赞颂了懂得知遇人才、礼遇贤者的美德:若无鲍叔牙的举荐,管仲犹在监狱当中;晏子如不礼贤下士,也无法结交到越石父这样的贤者。所以,一个优秀的政治家、官员,不仅要做好业内的本分,更需要善于发现人才,重用人才。

管仲夷吾者[1],颍上人也[2]。少时常与鲍叔牙游[3],鲍叔知其贤。管仲贫困,常欺鲍叔[4],鲍叔终善遇之,不以为言。已而鲍叔事齐公子小白[5],管仲事公子纠[6]。及小白立为桓公,公子纠死,管仲囚焉[7]。鲍叔遂进管仲[8]。管仲既用,任政于齐,齐桓公以霸,九合诸侯[9],一匡天下,管仲之谋也。

管仲曰:"吾始困时,尝与鲍叔贾[10],分财利多自与,鲍叔不以我为贪,知我贫也。吾尝为鲍叔谋事而更穷困,鲍叔不以我为愚,知时有利不利也。吾尝三仕三见逐于君[11],鲍叔不以我为不肖,知我不遭时也。吾尝三战三走[12],鲍叔不以我为怯,知我有老母也。公子纠败,召忽死之,吾幽囚受辱,鲍叔不以我为无耻,知我不羞小节而耻功名不显于天下也[13]。生我者父母,知我者鲍子也。"

鲍叔既进管仲,以身下之[14]。子孙世禄于齐[15],有封邑者十余世,常为名大夫[16]。天下不多管仲之贤而多鲍叔能知人也。

管仲既任政相齐,以区区之齐在海滨[17],通货积财,富国强兵,与俗同好恶[18]。故其称曰[19]:"仓廪实而知礼节[20],衣食足而知荣辱,上服度则六亲固[21]。四维不张[22],国乃灭亡。下令如流水之原,令顺民心[23]。"故论卑而易行[24]。俗之所欲,因而予之[25];俗之所否,因而去之。

其为政也,善因祸而为福,转败而为功。贵轻重[26],慎权衡[27]。桓公实怒少姬[28],南袭蔡,管仲因而伐楚,责包茅不入贡于周室[29]。桓公实北征山戎[30],而管仲因而令燕修召公之政[31]。于柯之会[32],桓公欲背曹沫之约[33],管仲因而信之,诸侯由是归齐。故曰:"知与之为取[34],政之宝也。"管仲富拟于公室[35],有三归、反坫[36],齐人不以为侈。管仲卒,齐国遵其政,常强于诸侯。后百余年而有晏子焉。

晏平仲婴者[37],莱之夷维人也[38]。事齐灵公、庄公、景公,以节俭力行重于齐[39]。既相齐,食不重肉[40],妾不衣帛[41]。其在朝,君语及之,即危言[42];语不及之,即危行。国有道,即顺命[43];无道,即衡命[44]。以此三世显名于诸侯[45]。

越石父贤[46],在缧绁中[47]。晏子出,遭之涂[48],解左骖赎之[49],载归。弗谢,入闺[50]。久之,越石父请绝[51]。

晏子憬然[52]，摄衣冠谢曰[53]："婴虽不仁，免子于厄[54]，何子求绝之速也？"石父曰："不然。吾闻君子诎于不知己而信于知己者[55]。方吾在缧绁中，彼不知我也。夫子既已感寤而赎我[56]，是知己；知己而无礼，固不如在缧绁之中。"晏子于是延入为上客[57]。

晏子为齐相，出，其御之妻从门间而窥其夫[58]。其夫为相御，拥大盖，策驷马，意气扬扬甚自得也。既而归，其妻请去。夫问其故。妻曰："晏子长不满六尺，身相齐国，名显诸侯。今者妾观其出，志念深矣，常有以自下者[59]。今子长八尺，乃为人仆御，然子之意自以为足，妾是以求去也。"其后夫自抑损[60]。晏子怪而问之，御以实对。晏子荐以为大夫。

太史公曰：吾读管氏《牧民》《山高》《乘马》《轻重》《九府》[61]，及《晏子春秋》[62]，详哉其言之也。既见其著书，欲观其行事，故次其传[63]。至其书，世多有之，是以不论，论其轶事。

管仲世所谓贤臣，然孔子小之[64]。岂以为周道衰微，桓公既贤，而不勉之至王，乃称霸哉？语曰"将顺其美，匡救其恶，故上下能相亲也"[65]。岂管仲之谓乎？

方晏子伏庄公尸哭之，成礼然后去，岂所谓"见义不为无勇"者邪[66]？至其谏说，犯君之颜，此所谓"进思尽忠，退思补过"者哉！假令晏子而在，余虽为之执鞭[67]，所忻慕焉[68]。

——《史记·管晏列传》

[1] 管仲夷吾者：管仲名夷吾，春秋初期政治家。他由鲍叔牙推荐，被齐桓公任命为卿，尊称"仲父"，曾辅佐桓公成就霸业。

〔2〕颍上:颍水之滨。颍水源出今河南登封市,流至今安徽寿县入淮水。

〔3〕鲍叔牙:齐国大夫。游:交游,来往。

〔4〕欺:意谓占便宜。

〔5〕公子小白:齐襄公弟,即齐桓公。

〔6〕管仲事公子纠:管仲、召忽奉公子纠出奔鲁国。公子纠,齐襄公弟。

〔7〕"公子纠死"二句:鲁国畏齐而杀公子纠,管仲请囚。事见《左传·庄公九年》。

〔8〕进:引荐。

〔9〕九合诸侯:多次召集各国诸侯会盟。一匡天下:使天下归正。当时诸侯无视周天子,互相攻伐,管仲辅佐齐桓公,一度制止混乱局面。匡,正。

〔10〕贾:买卖。这里指与鲍叔牙合伙做生意。

〔11〕三仕三见逐于君:多次当官,又多次被君主罢免。三,虚指,指多次。

〔12〕走:逃走。

〔13〕"知我不羞小节"句:他知道我不会为失小节而羞,却为功名不曾显耀于天下而耻。羞,为……感到羞耻。耻,以……为耻。

〔14〕以身下之:情愿把自身置于管仲之下。

〔15〕世禄:世世代代享受俸禄。

〔16〕名:有名望的。

〔17〕区区:小,少,形容微不足道。

〔18〕俗:百姓。

〔19〕称:说。

〔20〕仓廪:储藏米谷之所。廪,米仓。

〔21〕上服度则六亲固:如果当权者服御之物有度,那么六亲的关系自然稳固。服,服御,使用。度,制度。六亲,父、母、兄、弟、妻、子。

〔22〕四维:指礼义廉耻。

〔23〕"下令"二句:意谓下达政令要像流水的源头一样,顺流而下,使

99

政令合乎百姓心意。

[24] 论卑而易行:政令符合下情,容易为人们所执行。

[25] 因:依,顺着,沿袭。

[26] 贵轻重:以经济为最重要的。贵,以……为贵。轻重,指经济,《管子·轻重》详细论述关于调节商品、货币流通和控制物价的理论。

[27] 权衡:衡量事情的得失。

[28] "桓公实怒"二句:少姬即桓公夫人蔡姬,曾荡舟戏弄桓公,桓公惧而变色,禁止不听,于是发怒,遣其归蔡,但未断绝关系。蔡人却将蔡姬改嫁,因此桓公发兵攻蔡。事见《左传·僖公三年》。

[29] 责包茅不入贡于周室:齐国攻打蔡国的真正目标是楚国,管仲寻找的借口是楚国没有向周王室进贡菁茅。包茅,即苞茅草,盛产于荆山山麓南漳、保康、谷城一带。楚王在这一带立国之初,周天子让楚人上缴这种茅草作为贡品,主要用于缩酒祭祀。

[30] 山戎:我国春秋时期北方的一支较强大的少数民族。又称北戎,匈奴的一支。公元前664年齐桓公兴兵救燕伐山戎,灭掉令支、孤竹山戎部旅,约战国晚期,山戎逐渐销声匿迹。

[31] 召公:又作"邵公",姓姬名奭,是燕国的始祖,因最初采邑在召(今陕西岐山西南),故称召公或召伯。召公当政期间将其辖区治理得政通人和,贵族和平民都各得其所,因此备受辖区及周境内百姓爱戴。传说他曾在一棵甘棠树(在今陕西省岐山县刘家塬中学内)下办公,后人为了纪念他,舍不得砍伐此树。《诗经·召南·甘棠》就是为此而写的。

[32] 柯:后称阿,在今山东东阿县。

[33] 曹沫之约:曹沫,鲁国将军,与齐国作战,三战三败。鲁庄公害怕,献地求和,约齐桓公在柯地会盟。在坛上,曹沫手持匕首胁迫齐桓公全部归还鲁国被侵占的土地,桓公佯装答应,后又想背弃自己的誓约,却被管仲制止。

[34] 知与之为取:懂得给予是为了有所获取。

[35] 拟:相比。

[36] 三归:说法不一。这里指收取民众大量的市租。反坫(diàn店):周代诸侯宴会时,在正堂两旁设有放空酒杯的土筑平台叫坫,诸侯互相敬酒

后,将酒杯反置在坫上。

[37] 晏平仲婴:晏婴,字平仲,春秋时齐国大夫。

[38] 莱之夷维:今山东高密市。莱,古国名,在今山东龙口市东南。

[39] 重:因……而被看重。

[40] 重(chóng 虫):两种。

[41] 衣帛:穿华丽的衣服。

[42] 危:正直。

[43] 顺命:顺着命令去做。

[44] 衡命:权衡命令之可行而后行。

[45] 三世:齐灵公、庄公、景公三代国君。

[46] 越石父:齐国贤人。

[47] 缧绁(léi xiè 雷泄):捆绑犯人的绳索。引申为囚禁。

[48] 涂:通"途"。

[49] 骖:古代指驾在车两旁的马。

[50] 闺:内室。

[51] 绝:绝交。

[52] 憱(jué 决)然:敬畏的样子。

[53] 摄:整理。谢:认错,道歉。

[54] 厄(è 饿):困境,困难。

[55] "君子诎(qū 屈)"句:君子在不了解自己的人那里受到委屈而在了解自己的人面前能扬眉吐气。诎,受屈辱。信,崇奉。

[56] 感寤:受到感动而醒悟。寤,通"悟"。

[57] 延:聘进。

[58] 御:驾驶车马的人。

[59] "志念"二句:志向和思想深远,经常表现出自居人下的样子。下,退让,尊人屈己。

[60] 抑损:谦逊。

[61] 《牧民》《山高》《乘马》《轻重》《九府》:均为《管子》篇名。

[62] 《晏子春秋》:旧题春秋齐晏婴撰,实际上是后人依托并采缀晏子言行而作。

[63] 次:居其次。指与管仲传合为一传。

[64] 孔子小之:孔子轻视他。《论语·八佾》:"子曰:'管仲之器小哉!'"

[65] "将顺其美"三句:意谓顺势助成其善事,纠正其过失,君臣就能亲密无间。引自《孝经·事君》。

[66] 见义不为无勇:见到正义的事而不去做,这是没有勇气。《论语·为政》:"见义不为,无勇也。"

[67] 执鞭:为人驾驭马车,意谓给人服役,引申为景仰追随。

[68] 忻慕:欣喜爱慕。忻,同"欣"。

将 相 和

司马迁

[**解题**] 题目据止文拟。选段讲述了蔺相如通过智慧不辱使命,捍卫国家尊严的几则事例。首先,他完璧归赵,成就了千古美谈;其次,他巧妙地化解了秦赵渑池之会的外交危机;最后,他通过自己长远的眼光和以国家利益为重的原则,与廉颇和好,共同为赵国出谋划策、贡献力量,保卫了赵国的地位。国家的强盛在于人才各当其位、各谋其职的敬业精神,同时将相之间的相处融洽也告诉我们,人才之间协同合作是国家运转中重要的动力。

廉颇者,赵之良将也。赵惠文王十六年[1],廉颇为赵将伐齐,大破之,取阳晋[2],拜为上卿[3],以勇气闻于诸侯。蔺相如者,赵人也,为赵宦者令缪贤舍人[4]。

赵惠文王时,得楚和氏璧[5]。秦昭王闻之[6],使人遗赵王书[7],愿以十五城请易璧。赵王与大将军廉颇诸大臣谋:欲予秦,秦城恐不可得,徒见欺[8];欲勿予,即患秦兵之来。计未定,求人可使报秦者,未得。宦者令缪贤曰:"臣舍人蔺相如可使。"王问:"何以知之?"对曰:"臣尝有罪,窃计欲亡走燕[9],臣舍人相如止臣,曰:'君何以知燕王[10]?'臣语曰:'臣尝从大王与燕王会境上[11],燕王私握臣手,曰愿结友。以此知之,故欲往。'相如谓臣曰:'夫赵强而燕弱,而君幸于赵王,故燕王欲结于君。今君乃亡赵走燕[12],燕畏赵,其势必不敢留君,而束君归赵矣[13]。君不如肉袒伏斧质请罪[14],则幸得脱矣。'臣从其计,大王亦幸赦臣。臣窃以为其人勇士,有智谋,宜可使。"于是王召见,问蔺相如曰:"秦王以十五城请易寡人之璧,可予不?"相如曰:"秦强而赵弱,不可不许。"王曰:"取吾璧,不予我城,奈何?"相如曰:"秦以城求璧而赵不许,曲在赵[15]。赵予璧而秦不予赵城,曲在秦。均之二策,宁许以负秦曲[16]。"王曰:"谁可使者?"相如曰:"王必无人,臣愿奉璧往使[17]。城入赵而璧留秦;城不入,臣请完璧归赵[18]。"赵王于是遂遣相如奉璧西入秦。

秦王坐章台见相如[19],相如奉璧奏秦王[20]。秦王大喜,传以示美人及左右[21],左右皆呼万岁。相如视秦王无意偿赵城[22],乃前曰:"璧有瑕[23],请指示王[24]。"王授璧,相如因持璧却立[25],倚柱,怒发上冲冠[26],谓秦王曰:"大王欲得璧,使人发书至赵王,赵王悉召群臣议,皆曰'秦贪,负其强[27],以空言求璧,偿城恐不可得'。议不欲予秦璧。臣以为布衣之交尚不相欺[28],况大国乎!且以一璧之故逆强秦之欢[29],不可。于是赵王乃斋戒五日[30],使臣奉璧,拜送书于庭[31]。何者?严大国之威以修敬也[32]。今臣至,大王见臣列观[33],礼节甚倨[34];得璧,传之美人,以戏弄臣。臣观大王无意偿赵王城邑[35],故臣复取璧。大王必欲急臣[36],臣头今与璧俱碎于柱矣!"相如持其璧睨柱[37],欲以击柱。秦王恐其破璧,乃辞谢固请[38],召有司案图[39],指从此以往十五都予赵。相如度秦王特以诈详为予赵城[40],实不可得,乃谓秦王曰:"和氏璧,天下所共传宝也[41],赵王恐,不敢不献。赵王送璧时,斋戒五日,今大王亦宜斋戒五日,设九宾于廷[42],臣乃敢上璧。"秦王度之,终不可强夺,遂许斋五日,舍相如广成传[43]。相如度秦王虽斋,决负约不偿城,乃使其从者衣褐[44],怀其璧,从径道亡[45],归璧于赵。

秦王斋日后,乃设九宾礼于廷,引赵使者蔺相如。相如至,谓秦王曰:"秦自缪公以来二十余君[46],未尝有坚明约束者也[47]。臣诚恐见欺于王而负赵,故令人持璧归,间至赵矣[48]。且秦强而赵弱,大王遣一介之使至赵,赵立奉璧来[49]。今以秦之强而先割十五都予赵,赵岂敢留璧而得罪于大王乎?臣知欺大王之罪当诛,臣请就汤镬[50],唯大王与群臣孰计议之[51]。"秦王与群臣相视而嘻[52]。左右或欲引相如去,秦王因曰:"今杀相如,终不能得璧也,而绝秦赵之欢,不如因而厚遇之[53],使归赵,赵王岂以一璧之故欺秦邪!"卒廷见相如[54],毕礼而归之。

相如既归,赵王以为贤大夫使不辱于诸侯,拜相如为上大夫。秦亦不以城予赵,赵亦终不予秦璧。

其后秦伐赵,拔石城[55]。明年,复攻赵,杀二万人。秦王使使者告赵王,欲与王为好会于西河外渑池[56]。赵王畏秦,欲毋行。廉颇、蔺相如计曰:"王不行,示赵弱且怯也。"赵王遂行,相如从。廉颇送至境,与王诀曰[57]:"王行,度道里会遇之礼毕[58],还,不过三十日。三十日不还,则请立太子为王,以绝秦望。"王许之,遂与秦王会渑池。秦王饮酒酣,曰:"寡人窃闻赵王好音,请奏瑟。"赵王鼓瑟。秦御史前书曰"某年月日,秦王与赵王会饮,令赵王鼓瑟"。蔺相如前曰:"赵王窃闻秦王善为秦声,请奏盆缻秦王[59],以相娱乐。"秦王怒,不许。于是相如前进缻,因跪请秦王。秦王不肯击缻。相如曰:"五步之内,相如请得以颈血溅大王矣!"左右欲刃相如[60],相如张目叱之[61],左右皆靡[62]。于是秦王不怪[63],为一击缻。相如顾召赵御史书曰"某年月日,秦王为赵王击缻"。秦之群臣曰:"请以赵十五城为秦王寿[64]。"蔺相如亦曰:"请以秦之咸阳为赵王寿。"秦王竟酒[65],终不能加胜于赵。赵亦盛设兵以待秦[66],秦不敢动。

既罢归国,以相如功大,拜为上卿,位在廉颇之右[67]。廉颇曰:"我为赵将,有攻城野战之大功,而蔺相如徒以口舌为劳,而位居我上,且相如素贱人[68],吾羞,不忍为之下。"宣言曰:"我见相如,必辱之。"相如闻,不肯与会。相如每朝时,常称病,不欲与廉颇争列[69]。已而相如出,望见廉颇,相如引车避匿[70]。于是舍人相与谏曰:"臣所以去亲戚而事君者,徒慕君之高义也。今君与廉颇同列,廉君宣恶言而君畏匿之,恐惧殊甚,且庸人尚羞之,况于将相乎!臣等不肖,请辞去。"蔺相如固止之,曰:"公之视廉将军孰与秦王[71]?"曰:"不若也。"相如曰:"夫以秦王之威,而相如廷叱之,辱其群臣,相如虽驽[72],独畏廉将军哉?顾吾念之,强秦之所以不敢加兵于赵者,徒以吾两人在也。今两虎共斗,其势不俱生。吾所以为此者,以先国家之急而后私仇也。"廉颇闻之,肉袒负荆[73],因宾客至蔺相如门谢罪[74]。曰:"鄙贱之人,不知将军宽之至此也。"卒相与欢,为刎颈之交[75]。

——《史记·廉颇蔺相如列传》

[1] 赵惠文王十六年:公元前283年。赵惠文王,赵国君主,名何。
[2] 阳晋:齐国城邑,在今山东菏泽西北。
[3] 上卿:战国时期诸侯国大臣中最高的官位。
[4] 宦者令:宦官的首领。舍人:有职务的门客。
[5] 和氏璧:战国时著名的玉璧,是楚人卞和发现的,故名。事见《韩非子·何氏》。
[6] 秦昭王:即秦昭襄王,名则。

[7] 遗(wèi 渭):送。

[8] 徒见欺:白白地被欺骗。

[9] 亡走燕:逃到燕国去。

[10] 何以知燕王:根据什么知道燕王(会收留你)。

[11] 境上:指燕赵两国的边境。

[12] 乃:却,竟然。

[13] 束君归赵:把您捆绑起来送还赵国。

[14] 肉袒伏斧质:解衣露体,伏在斧质上。袒,脱衣露体。质,同"锧",承斧的砧板。

[15] 曲:理屈,理亏。

[16] 宁许以负秦曲:宁可答应,而让秦国承担理亏的责任。

[17] 奉:捧着。

[18] 完璧归赵:让璧完整无损地归还赵国。

[19] 章台:秦离宫中的台观名。

[20] 奏:进献。

[21] 美人:指秦王的姬妾。

[22] 偿赵城:把十五城补偿给赵国。

[23] 瑕:玉上的斑点或裂痕。

[24] 指示:指出与显示。

[25] 却立:倒退几步立定。

[26] 怒发上冲冠:愤怒得头发直竖,顶起了冠。形容极其愤怒。

[27] 负:倚仗。

[28] 布衣之交:平民间的交往。古代平民只穿麻衣、葛布,故称布衣。

[29] 逆:拂逆,触犯。

[30] 斋戒:古人祭祀之前,一定要沐浴更衣,节制饮食,表示虔诚。

[31] 庭:同"廷",朝堂。

[32] 严:尊重,敬畏。修敬:致敬。

[33] 列观(guàn 灌):一般的台观,指章台。不在朝堂接见,说明秦对赵使的不尊重。

[34] 倨:傲慢。

［35］意：打算。

［36］急：逼迫。

［37］睨(nì腻)：斜视。

［38］辞谢：婉言道歉。固请：坚决请求(相如不要把璧撞破)。

［39］有司：职有专司的官吏。案图：查明地图。案，同"按"。

［40］特：只，只是。详为：假装做。详，同"佯"，假装。

［41］共传：等于说公认。

［42］设九宾：一种外交上最隆重的仪式。有傧相九人依次传呼接引宾客上殿。宾，同"傧"。

［43］舍：安置。广成传(zhuàn赚)：广成，宾馆名。传，传舍，宾馆。

［44］衣(yì义)褐：穿着粗麻布短衣，指化装成平民百姓。

［45］径道：小路。

［46］缪公：即秦穆公。缪，同"穆"。

［47］坚明约束：坚决明确地遵守信约。约束，信约。

［48］间(jiàn建)：抄小路，与上文"从径道亡"相应。

［49］立：立刻。

［50］就汤镬(huò获)：指接收烹刑。汤，沸水。镬，大锅。

［51］孰：同"熟"，仔细。

［52］嘻：苦笑声。

［53］因而厚遇之：趁此优厚地款待他。

［54］廷见：在朝堂上接见。

［55］拔石城：攻取石城。石城，故址在今河南林州西南。

［56］为好：修好。西河外渑(miǎn免)池：西河，黄河西边。渑池，今河南渑池。

［57］诀：告别。

［58］度道里会遇之礼毕：估算前往渑池的路程和会谈完毕的时间。道里，路程。

［59］盆缻(fǒu否)：均为瓦器。缻，同"缶"。秦人敲打盆缶作为唱歌时的节拍。

［60］刃：刀锋。这里是杀的意思。

108

[61]叱:喝骂。

[62]靡:倒下,这里指后退。

[63]怿(yì义):愉快。

[64]为秦王寿:祝秦王长寿,指向秦王献礼。

[65]竟酒:直到酒宴完毕。

[66]盛设兵:多布置军队。

[67]右:上。古人以右为尊。

[68]相如素贱人:指蔺相如这个人做过太监的家臣,向来微贱。素,素来,向来。

[69]争列:争位次的高下。

[70]引车避匿:将车子调转躲避。

[71]孰与秦王:与秦王相比怎么样?孰与,与……相比。孰,谁,哪一个。

[72]驽:愚笨,拙劣。

[73]负荆:背着荆条,表示愿受鞭打。

[74]因:通过。

[75]刎(wěn吻)颈之交:指能够共患难、同生死的朋友。刎颈,杀头。刎,割。

屈原列传

司马迁

〔解题〕选文描写了屈原一心为国着想却因君王听信谗言而被降职、疏远,最终为保名节而牺牲自我的事迹。屈原是中国历史上伟大的爱国诗人,他生活在战国中后期的楚国,当时七国争雄,其中最强盛的是秦、楚二国。屈原曾备受重用,在楚国内政、外交方面发挥着重要作用,尽管后来遭谗去职,流放江湖,但仍然关心朝政,热爱祖国。最后,毅然自沉汨罗,以殉自己的理想。本文批驳了楚怀王、楚襄王等统治者的恶劣行径,他们不守君道、近小人、远贤人,致使国破家亡;通过对比,以强烈的感情歌颂了屈原卓越超群的才华和他对理想执着追求的精神。君不守道,则臣子亦难以孤身理政。唯有君臣相合,才能更好地治国安民,维护天下的安稳。

屈原者,名平,楚之同姓也[1]。为楚怀王左徒[2]。博闻强志[3],明于治乱[4],娴于辞令[5]。入则与王图议国事[6],以出号令;出则接遇宾客,应对诸侯。王甚任之。

上官大夫与之同列[7],争宠而心害其能。怀王使屈原造为宪令[8],屈平属草稿未定[9]。上官大夫见而欲夺之,屈平不与,因谗之曰:"王使屈平为令,众莫不知。每一令出,平伐其功,曰以为'非我莫能为'也。"王怒而疏屈平。

屈平疾王听之不聪也[10],谗谄之蔽明也[11],邪曲之害公也,方正之不容也,故忧愁幽思而作《离骚》[12]。"离骚"者,犹离忧也。夫天者,人之始也;父母者,人之本也。人穷则反本,故劳苦倦极,未尝不呼天也;疾痛惨怛[13],未尝不呼父母也。屈平正道直行,竭忠尽智,以事其君,谗人间之,可谓穷矣。信而见疑,忠而被谤,能无怨乎?屈平之作《离骚》,盖自怨生也。《国风》好色而不淫[14],《小雅》怨诽而不乱[15]。若《离骚》者,可谓兼之矣。上称帝喾,下道齐桓,中述汤、武,以刺世事[16]。明道德之广崇,治乱之条贯,靡不毕见。其文约,其辞微,其志洁,其行廉。其称文小而其指极大,举类迩而见义远。其志洁,故其称物芳;其行廉,故死而不容。自疏濯淖污泥之中,蝉蜕于浊秽,以浮游尘埃之外,不获世之滋垢,皭然泥而不滓者也[17]。推此志也,虽与日月争光可也。

屈平既绌[18]。其后秦欲伐齐,齐与楚从亲[19],惠王患之[20]。乃令张仪佯去秦[21],厚币委质事楚[22],曰:"秦甚憎齐,齐与楚从亲,楚诚能绝齐,秦愿献商、於之地六百里。"楚怀王贪而信张仪,遂绝齐,使使如秦受地。张仪诈之曰:"仪与王约六里,不闻六百里。"楚使怒去,归告怀王。怀王怒,大兴师伐秦。秦发兵击之,大破楚师于丹、淅,斩首八万,虏楚将屈匄[23],遂取楚之汉中地。怀王乃悉发国中兵,以深入击秦,战于蓝田。魏闻之,袭楚至邓。楚兵惧,自秦归。而齐竟怒,不救楚,楚大困。明年,秦割汉中地与楚以和。楚王曰:"不愿得地,愿得张仪而甘心焉。"张仪闻,乃曰:"以一仪而当汉中地,臣请往如楚。"如楚,又因厚币用事者臣靳尚,而设诡辩于怀王之宠姬郑袖。怀王竟听郑袖,复释去张仪。是时屈平既疏,不复在位,使于齐,顾反[24],谏怀王曰:"何不杀张仪?"怀王悔,追张仪,不及。

其后,诸侯共击楚,大破之,杀其将唐昧[25]。时秦昭王与楚婚[26],欲与怀王会。怀王欲行,屈平曰:"秦,虎狼之国,不可信,不如毋行。"怀王稚子子兰劝王行:"奈何绝秦欢!"怀王卒行。入武关,秦伏兵绝其后,因留怀王,以求割地。怀王怒,不听。亡走赵,赵不内[27]。复之秦,竟死于秦而归葬。

长子顷襄王立[28],以其弟子兰为令尹[29]。楚人既咎子兰以劝怀王入秦而不反也。

屈平既嫉之,虽放流,眷顾楚国,系心怀王,不忘欲反,冀幸君之一悟,俗之一改也。其存君兴国,而欲反覆之,一篇之中,三致志焉[30]。然终无可奈何,故不可以反。卒以此见怀王之终不悟也。

人君无愚智贤不肖,莫不欲求忠以自为,举贤以自佐。然亡国破家相随属[31],而圣君治国累世而不见者,其所谓忠者不忠,而所谓贤者不贤也。怀王以不知忠臣之分,故内惑于郑袖,外欺于张仪,疏屈平而信上官大夫、令尹子兰,兵挫地削[32],亡其六郡,身客死于秦,为天下笑,此不知人之祸也。《易》曰:"井渫不食,为我心恻,可以汲。王明,并受其福[33]。"王之不明,岂足福哉!

令尹子兰闻之,大怒。卒使上官大夫短屈原于顷襄王。顷襄王怒而迁之。屈原至于江滨,被发行吟泽畔,颜色憔悴,形容枯槁。渔父见而问之曰:"子非三闾大夫欤[34]?何故而至此?"屈原曰:"举世混浊而我独清,众人皆醉而我独醒,是以见放。"渔父曰:"夫圣人者,不凝滞于物,而能与世推移。举世混浊,何不随其流而扬其波?众人皆醉,何不𫗦其糟而啜其醨[35]?何故怀瑾握瑜[36],而自令见放为?"屈原曰:"吾闻之,新沐者必弹冠,新浴者必振衣。人又谁能以身之察察[37],受物之汶汶者乎[38]!宁赴常流而葬乎江鱼腹中耳,又安能以皓皓之白[39]，而蒙世之温蠖乎[40]？"乃作《怀沙》之赋。其辞曰：……于是怀石，遂自投汨罗以死。

屈原既死之后，楚有宋玉、唐勒、景差之徒者，皆好辞而以赋见称。然皆祖屈原之从容辞令，终莫敢直谏。其后楚日以削，数十年竟为秦所灭。自屈原沉汨罗后百有余年，汉有贾生，为长沙王太傅[42]，过湘水，投书以吊屈原。

……

太史公曰："余读《离骚》《天问》《招魂》《哀郢》[43]，悲其志。适长沙，观屈原所自沉渊，未尝不垂涕，想见其为人。及见贾生吊之，又怪屈原以彼其材游诸侯，何国不容，而自令若是！读《服鸟赋》[44]，同死生，轻去就[45]，又爽然自失矣[46]。"

——《史记·屈原贾生列传》

[1] 楚之同姓：楚王族本姓芈(mǐ 米)，楚武王熊通的儿子瑕封于屈，他的后代遂以屈为姓，瑕是屈原的祖先。屈、景、昭氏皆为楚国王族同姓。

[2] 楚怀王：楚威王的儿子，名熊槐，公元前328年至前299年在位。左徒：楚国特有官名，职位仅次于令尹。

[3] 博闻强志：见识广博，记忆力强。志，同"记"。

[4] 明于治乱：通晓国家治乱的道理。

[5] 娴于辞令：擅长讲话。娴，熟悉。辞令，指外交方面应酬交际的语言。

[6] 图议：计议，商讨。

[7] 上官大夫：楚大夫。上官，复姓。

[8] 造为宪令：创制国家的重要法令。

[9] 属(zhǔ 主)：写作。

[10] 疾：痛心。

[11] 蔽明：隐匿贤能和良善。

113

[12] 《离骚》:屈原的代表作,自叙生平的长篇抒情诗。

[13] 惨怛(dá答):忧伤。

[14] 好色:男女情爱。

[15] 怨诽:怨恨,非议。

[16] 刺:讽刺。

[17] 皭(jiào叫)然:洁白的样子。

[18] 绌:古同"黜",罢免,革除。

[19] 从亲:合纵相亲。当时楚、齐等六国联合抗秦,称为合纵,楚怀王曾为纵长。从,同"纵"。

[20] 惠王:秦惠王,公元前337年至前311年在位。

[21] 张仪:魏人,主张"连横",游说六国事奉秦国,为秦惠王所重。

[22] 委:呈献。质:通"贽",信物。

[23] 屈匄(gài盖):战国时楚将。楚怀王十六年,秦使张仪诱使楚与齐绝,怀王发觉受骗,次年遣屈匄西攻秦。

[24] 顾反:返还。

[25] 唐眛:楚将。楚怀王二十八年(前301),秦、齐、韩、魏攻楚,杀唐眛。

[26] 秦昭王:秦惠王之子,公元前306年至前251年在位。

[27] 内:同"纳",接受。

[28] 顷襄王:名熊横,公元前298年至前262年在位。

[29] 令尹:楚国的最高行政长官。

[30] 致志:振奋志气。

[31] 随属:接连、连续。

[32] 兵挫地削:军队被挫败,土地被削减。

[33] "《易》曰"句:《易经·井卦》的爻辞。渫(xiè谢),淘去泥污。这里以淘干净的水比喻贤人。

[34] 三闾大夫:楚国掌管王族昭、屈、景三姓事务的官。

[35] 餔(bū逋):吃,食。糟:酒渣。啜(chuò绰):喝。醨(lí梨):薄酒。

[36] 瑾、瑜:都是美玉。为:表示疑问的语气词。

[37] 察察:洁白的样子。

[38] 汶(mén 门)汶:浑浊的样子。

[39] 皓皓:莹洁的样子。

[40] 温蠖(huò 获):尘滓重积的样子。

[41] 汨(mì 觅)罗:江名,在湖南东北部,流经汨罗市入洞庭湖。

[42] 贾生:即贾谊(前200—前168),洛阳(今河南洛阳东)人。西汉政论家、文学家。长沙王:指吴差,汉朝开国功臣吴芮的玄孙。太傅:君王的辅助官员。

[43] 《天问》《招魂》《哀郢》:屈原作品名称。

[44] 《服鸟赋》:贾谊所作。服,通"鵩"。鵩鸟,古书中的一种不祥之鸟。

[45] 轻:轻看。去:指贬官放逐。就:指在朝任职。

[46] 爽然自失:茫茫然有所失落的样子。

壮 士 篇

张 华

〔解题〕 魏晋时期张华（232—300）作。诗作描绘了壮士奋勇地奔向战场、为国杀敌、称名于四海的景象，并加以大力颂扬。实则，这不仅是古代将士应有的气魄，也是现代国防官兵需要的时代精神，更是广大为官为政者努力的方向。如果人人都在工作中时刻怀着这种豪情壮志，那么国家、社会的发展将会更加快速、健康。

天地相震荡[1]，回薄不知穷[2]。
人物禀常格[3]，有始必有终。
年时俯仰过[4]，功名宜速崇[5]。
壮士怀愤激，安能守虚冲[6]？
乘我大宛马[7]，抚我繁弱弓[8]。
长剑横九野，高冠拂玄穹。
慷慨成素霓，啸咤起清风。
震响骇八荒，奋威曜四戎[9]。
濯鳞沧海畔[10]，驰骋大漠中。
独步圣明世，四海称英雄。

——《乐府诗集》卷六十七

［1］震荡:动摇,摇荡。

［2］回薄:谓循环相迫变化无常。

［3］"人物"句:人与物都遵循着惯例。禀(bǐng饼),承受。常格,通例。

［4］"年时"句:岁月一晃而过。年时,年份,岁月。俯仰,低头和抬头之间,形容时间很快。

［5］崇:使……崇,这句说要努力使得来的功名越来越崇高。

［6］虚冲:虚静淡泊。

［7］大宛马:古代西域大宛(今中亚费尔干纳盆地)国所产的良马。

［8］繁弱弓:古良弓名。

［9］曜:照耀;明亮。

［10］濯鳞:这里代指壮士。

画工弃市

葛 洪

〔**解题**〕题目据正文拟。故事讲述了一位宫廷画师因收受贿赂而获罪于皇帝,最后身死道消的故事。画师的人生经历说明了从业者若是违背职业道德,为钱作假,则将受到重罚,甚至丧失生命。不仅是工匠,其实各行各业的人员都应该谨守职业,不能越雷池半步,否则将陷入害人害己的下场。有无职业道德是工作能否成功的衡量标准之一,否则纵使是身怀绝技也会因自己的不道德而自取灭亡。

元帝后宫既多[1],不得常见,乃使画工图形,案图召幸之[2]。诸宫人皆赂画工,多者十万,少者亦不减五万。独王嫱不肯,遂不得见。匈奴入朝,求美人为阏氏[3]。于是上案图,以昭君行[4]。及去,召见,貌为后宫第一,善应付,举止闲雅[5]。帝悔之,而名籍已定。帝重信于外国,故不复更人。乃穷案其事[6],画工皆弃市[7],籍其家[8],资皆巨万。画工有杜陵毛延寿,为人形,丑好老少,必得其真;安陵陈敞、新丰刘白、龚宽,并工为牛马飞鸟众势[9],人形好丑,不逮延寿[10]。下杜阳望亦善画,尤善布色[11],樊育亦善布色:同日弃市。京师画工于是差稀[12]。

——《西京杂记》卷二

[1] 元帝:指汉元帝刘奭(shì式)(前74—前33)。
[2] 案:通"按",意思是按照。幸:宠幸,指帝王对后妃的宠爱。
[3] 阏氏(yān zhī 胭脂):汉时匈奴单于正妻的称号,即匈奴皇后之号。
[4] 行:前行,这里指出嫁。
[5] 闲雅:亦作"娴雅",从容大方。
[6] 穷案:彻底追查。
[7] 弃市:古时在闹市执行死刑,并把尸体暴露街头。
[8] 籍:登记,抄查没收。
[9] 工:善于,长于。
[10] 逮:到,及。
[11] 布色:着色,上色。
[12] 差稀:缺欠,稀有。

张 衡 传

范 晔

[**解题**] 原文篇幅很大,选文为删要而成,描述了张衡作为文学家、科学家、政治家的才干。张衡在自己所处岗位皆能尽心尽力,取得很高成就。在担任的岗位上应当尽忠职守,努力在自己负责的领域内做到最好;同时,还应当全方位提升个人能力,将各个领域融会贯通;最后,还应当恪守原则,审时度势,以国家利益为重,而不要贪图荣华富贵与奸人为伍。

张衡字平子,南阳西鄂人也[1]。世为著姓。祖父堪,蜀郡太守。衡少善属文[2],游于三辅[3],因入京师[4],观太学[5],遂通五经[6],贯六艺[7]。虽才高于世,而无骄尚之情[8]。常从容淡静,不好交接俗人。永元中[9],举孝廉不行[10],连辟公府不就[11]。时天下承平日久[12],自王侯以下,莫不逾侈[13]。衡乃拟班固《两都》作《二京赋》[14],因以讽谏[15]。精思傅会[16],十年乃成。文多故不载。大将军邓骘奇其才[17],累召不应[18]。

衡善机巧[19],尤致思于天文、阴阳、历算[20]。常耽好《玄经》,谓崔瑗曰:"吾观《太玄》,方知子云妙极道数,乃与《五经》相拟,非徒传记之属,使人难论阴阳之事,汉家得天下二百岁之书也。复二百岁,殆将终乎?所以作者之数,必显一世,常然之符也。汉四百岁,《玄》其兴矣。"安帝雅闻衡善术学[21],公车特征拜郎中[22],再迁为太史令[23]。遂乃研核阴阳[24],妙尽璇机之正[25],作浑天仪[26],著《灵宪》《算罔论》[27],言甚详明。

顺帝初[28],再转[29],复为太史令。衡不慕当世[30],所居之官辄积年不徙[31]。自去史职,五载复还,乃设客问,作《应间》以见其志云:

……

阳嘉元年[32],复造候风地动仪[33]。以精铜铸成,员径八尺[34],合盖隆起[35],形似酒尊[36],饰以篆文山龟鸟兽之形。中有都柱[37],傍行八道[38],施关发机[39]。外有八龙,首衔铜丸,下有蟾蜍,张口承之。其牙机巧制[40],皆隐在尊中,覆盖周密无际。如有地动,尊则振龙,机发吐丸[41],而蟾蜍衔之。振声激扬[42],伺者因此觉知[43]。虽一龙发机,而七首不动,寻其方面,乃知震之所在。验之以事,合契若神。自书典所记,未之有也。尝一龙机发而地不觉动[44],京师学者咸怪其无征。后数日驿至[45],果地震陇西[46],于是皆服其妙。自此以后,乃令史官记地动所从方起[47]。

时政事渐损[48],权移于下,衡因上疏陈事。……后迁侍中,帝引在帷幄[49],讽议左右[50]。尝问衡天下所疾恶者[51]。宦官惧其毁己,皆共目之[52],衡乃诡对而出[53]。阉竖恐终为其患[54],遂共谗之[55]。衡常思图身之事[56],以为吉凶倚伏[57],幽微难明[58],乃作《思玄赋》,以宣寄情志。其辞曰:……

永和初[59],出为河间相[60]。时国王骄奢[61],不遵典宪[62];又多豪右[63],共为不轨[64]。衡下车[65],治威严,整法度,阴知奸党名姓[66],一时收禽,上下肃然,称为政理。

视事三年,上书乞骸骨[67],征拜尚书[68]。年六十二,永和四年卒。

——《后汉书》卷五十九

[1] 南阳西鄂:南阳郡的西鄂县,在今河南南阳。

[2] 属(zhǔ主)文:写文章。属,连缀。

[3] 三辅:指京兆尹、左冯翊、右扶风,本为治理京畿地区的三位官员,后指这三位官员管辖的地区(相当今陕西中部地区)。

[4] 京师:指东汉首都洛阳(今河南省洛阳市)。

[5] 太学:古代设在京城的全国最高学府,西汉武帝开始设立。

[6] 五经:汉武帝时将《诗》《书》《礼》《易》《春秋》定名为"五经"。

[7] 六艺:指礼、乐、射、御、书、数六种学问和技艺。

[8] 骄尚之情:骄傲自大的情绪。尚,矜夸自大。

[9] 永元:东汉和帝刘肇的年号(89—105)。

[10] 举孝廉:是汉朝的一种由下向上推选人才为官的制度,孝廉是察举制的主要科目之一。最早是以孝举,后来变成功名,有功名便可实授官职。

[11] 连辟公府不就:连,屡次。辟,(被)召请(去做官)。公府,三公的官署。东汉以太尉、司徒、司空为三公。不就,不去就职。以上几句的主语"衡",承前省略。

[12] 承平:太平,指国家持续地太平安定。

[13] 逾侈:过度奢侈。

[14] 班固(32—92):字孟坚,东汉著名的史学家和文学家。《两都》:指《两都赋》,分《西都赋》《东都赋》。《二京赋》:指《西京赋》《东京赋》。

[15] 因:介词,通过。后省宾语"之"。

[16] 精思傅会:精心创作的意思。

[17] 邓骘(zhì智):东汉和帝邓皇后的哥哥,立安帝,以大将军的身份辅佐安帝管理政事。奇,认为……奇,形容词的意动用法。

[18] 累召:多次召请。应:接受。

[19] 机巧:设计制造机械的技艺。巧,技巧、技艺。

[20]致思:极力钻研。致,极,尽。阴阳:指日月运行规律。历算:指推算年月日和节气。

[21]安帝:名刘祜(94—125)。雅闻:常听说。雅,副词,素来,常。术学:关于术数方面的学问,指天文、历算等。

[22]公车:汉代官署名称,设公车司马令,简称公车令。九卿之一卫尉的属官,掌宫殿中司马门的警卫和接待工作,凡吏民上章,四方贡献,及被征召者,皆由其转达。特征:对有特出才德的人指名征召,为与平常的乡举里选相区别,故称特征。拜:任命,授给官职。郎中:官名。掌管门户、车骑等事;内充侍卫,外从作战。

[23]再迁:再,两次。迁,调动官职。太史令:东汉时掌管天文、历数的官。

[24]研核:研究考验。阴阳:哲学名词,指两种对立的事物,如日月,寒暑等,这里指天象、历算。

[25]妙尽:精妙地研究透了。璇机:玉饰的测天仪器。

[26]浑天仪:一种用来表示天象的仪器,类似天球仪。

[27]《灵宪》:一部历法书。《算罔论》:一部算术书。

[28]顺帝:刘保(115—144),汉安帝刘祜之子。

[29]再转:两次调动官职。第一次由太史令调任公车司马令,第二次由公车司马令又调任太史令。

[30]当世:指权臣大官。

[31]辄:常常,总是。

[32]阳嘉:东汉顺帝刘保的年号(132—135)。

[33]候风地动仪:测验地震的仪器。据竺可桢考证,这是两种仪器,一是测验风向的候风仪,一是测验地震的地动仪。

[34]员:通"圆"。

[35]合盖:上下两部分相合盖住。

[36]尊:同"樽",古代盛酒器。

[37]都柱:大铜柱。都,大。都柱就是地动仪中心的震摆,它是一根上大下小的柱子,哪个方向发生地震,柱子便倒向哪边。

[38]傍:同"旁",旁边。

123

[39] 施关发机:设置关键(用来)拨动机件,意思是每组杠杆都装上关键,关键可以拨动机件(指下句所说的"龙")。

[40] 牙机巧制:互相咬合制作精巧的部件。

[41] 机发:机件拨动。

[42] 激扬:这里指声音响亮。

[43] 伺者:守候观察候风地动仪的人。

[44] 尝:曾经,曾有一次。

[45] 驿:驿使,古时驿站上传递文书的人。

[46] 陇西:汉朝郡名,在今甘肃省兰州市、临洮县、陇西县一带。"陇西"前省介词"于"(在)。

[47] 所从方起:从哪个方位发生。

[48] 损:腐败。

[49] 帷幄:指帝王。天子居处必设帷幄,故称。

[50] 讽议:讽谏议论;婉转地发表议论。

[51] 疾恶:憎恨。

[52] 目之:给他递眼色。目:名词活用为动词。

[53] 诡对:不用实话对答。

[54] 阉竖:对宦官的蔑称。

[55] 谮:毁谤。

[56] 图身之事:图谋自身安全的事。

[57] 吉凶倚伏:祸福相因。《老子》第五十八章说:"祸兮,福所倚;福兮,祸所伏。"

[58] 幽微难明:幽深微妙,难以看清。

[59] 永和:东汉顺帝的年号(136—141)。

[60] 河间:今河北省沧州市西北部。

[61] 国王:即河间王刘政。

[62] 典宪:制度法令。

[63] 豪右:豪族大户,指权势盛大的家族。

[64] 不轨:指行动越出常轨的事,即违反法纪的事。

[65] 下车:官员初到任。

［66］阴知:暗中察知。

［67］乞骸骨:古代官吏因年老请求退职的一种说法。

［68］尚书:官名,不同朝代的尚书职权不一样,东汉时是在宫廷中协助皇帝处理政务的官。

贤君如一

刘义庆

[解题] 题目据正文拟。在文中,陈元方巧妙地道出其父贤德所在。这揭示了三层道理:首先,为官理政应当因时制宜、因地制宜,给百姓充足的空间来发展自己的个性,这样才能赢得尊敬;其次,不同的时代会有不同的贤人,但是他们治民理政的方法都是相似的,因此要学会效法古圣先贤已经实行并验证为有效的经验;第三,官员在人际交往中要时刻保持警惕,谨言慎行,在受到刁难时合理运用聪明才智来保护自己。

陈元方年十一时[1],候袁公[2]。袁公问曰:"贤家君在太丘[3],远近称之,何所履行?"元方曰:"老父在太丘,强者绥之以德[4],弱者抚之以仁,恣其所安[5],久而益敬。"袁公曰:"孤往者尝为邺令[6],正行此事。不知卿家君法孤[7],孤法卿父?"元方曰:"周公、孔子异世而出,周旋动静,万里如一。周公不师孔子[8],孔子亦不师周公。"

——《世说新语·政事》

[1] 陈元方:名纪,字元方,颍川许昌(今河南许昌东)人,与弟陈谌俱以至德称,与父亲陈寔和弟弟陈谌在当时并称为"三君"。

[2] 候:拜访,问候。

〔3〕家君:对陈元方之父的尊称。太丘:今河南永城太丘镇。人称陈寔为"陈太丘"。

〔4〕绥:安,体恤。

〔5〕恣:放纵,无拘束。

〔6〕孤:古代王侯对自己的谦称。王后、皇后对自己的尊称,还有寡人,孤家等称呼。邺:今河南省安阳市和河北省临漳县的简称。

〔7〕法:效法,仿效。

〔8〕师:学习。作动词用。

从 军 行

卢思道

〔解题〕本诗为隋朝卢思道(531—583)所作。诗作描绘了征战北方边境的将士英勇奋战、长戍不归的戎马生活。隋朝结束了东晋以来南北对峙的局面,统一了分裂三百来年的中国,这都是将士们用鲜血与生命所换来。军人有军人的精神,他们经历了冬霰秋霜,但依然无怨无悔地离开亲人守护着国家的边境,这就是敬业,敬军人之业。

朔方烽火照甘泉[1],长安飞将出祁连[2]。
犀渠玉剑良家子[3],白马金羁侠少年。
平明偃月屯右地[4],薄暮鱼丽逐左贤。
谷中石虎经衔箭[5],山上金人曾祭天[6]。
天涯一去无穷已[7],蓟门迢递三千里[8]。
朝见马岭黄沙合,夕望龙城阵云起。
庭中奇树已堪攀[9],塞外征人殊未还[10]。
白雪初下天山外,浮云直向五原间[11]。
关山万里不可越[12],谁能坐对芳菲月[13]。
流水本自断人肠,坚冰旧来伤马骨[14]。
边庭节物与华异[15],冬霰秋霜春不歇[16]。
长风萧萧渡水来,归雁连连映天没。

从军行,军行万里出龙庭[17],单于渭桥今已拜[18],将军何处觅功名。

——《乐府诗集》卷三十二

[1] 朔方:北方。甘泉:甘泉是西汉的皇宫名,"照甘泉"在这里代指向朝廷报警。

[2] 飞将:即西汉著名将领李广。祁连:即祁连山脉,位于中国青海省东北部与甘肃省西部边境,是中国境内主要山脉之一。

[3]"犀渠"句:与下一句都在描绘李广的英姿。犀渠,盾的一种。良家子,旧指出身良家的子女。《史记·李将军列传》记载李广以良家子身份从军击胡。

[4]"平明"句:与下一句都在描绘将士们紧张的征战生活。平明,天亮的时候,照应下一句的"薄暮"。偃月,与下一句的"鱼丽"同为古代的两种战阵的名称。右地,即右北平,西汉治平刚县平刚城(今内蒙古宁城县甸子镇黑城村黑城古城),与下文指匈奴首领的"左贤"相对应,均为李广所为。

[5]"谷中"句:《史记·李将军列传》中记载李广打猎时遇到草中的石头,以为是老虎就射击它,箭头都没入了石头,去看才发现是石头不是老虎。再射击已经不能射入石头了。

[6]"山上"句:说的是大将军霍去病出征西域时获胜,收匈奴休屠王祭天的金人。

[7] 无穷已:原指路途遥远。这里指将士们遥无归期的征战生活。

[8] 蓟门:古蓟门一带,今天津市蓟州区一带。与后文"马岭""龙城"均为北方边境的虚指。迢递(dì dì),同"迢递"。

[9]"庭中"句:用衬托的手法写出了战争的长期和残酷。

[10] 殊:特别,很。

[11]"白雪"两句描写将士在极寒冷的塞外,和他们的亲人们远隔千里。五原,在今内蒙古包头西北。

[12] 关山:在写征夫思妇的诗中,常用到关山和月的意象。

[13] 芳菲:美丽的样子。

〔14〕伤马骨：出自三国陈琳《饮马长城窟行》"饮马长城窟,水寒伤马骨",表达塞外生活的苦寒。

〔15〕节物：每一节令中的景物或事物。

〔16〕霰：在高空中的水蒸气遇到冷空气凝结成的小冰粒,多在下雪前或下雪时出现。

〔17〕龙庭：指朝廷。

〔18〕"单于"句：汉宣帝时匈奴呼韩邪单于内附,在渭桥接受拜见。

人君十思

魏　徵

〔**解题**〕题目据正文拟。原文为唐代魏徵（580—643）作，文章主要宗旨是规劝唐太宗在政治上要慎始敬终，虚心纳下，赏罚公正；用人时要知人善任，简能择善；生活上要崇尚节俭，不轻用民力。这是魏徵在当时历史条件下就安邦治国所做的精辟论述，其目的在于提醒唐太宗要想使国家长治久安，君王必须努力积聚德义，具体提出了居安思危、戒奢以俭等十个建议。写得语重心长，剀切深厚。魏徵的谏言旨在让唐太宗尽人君之责，魏徵自己也因此尽了臣子之责，君臣无事，天下太平。

臣闻：求木之长者[1]，必固其根本；欲流之远者，必浚其泉源[2]；思国之安者，必积其德义。源不深而望流之远，根不固而求木之长，德不厚而思国之治，虽在下愚[3]，知其不可，而况于明哲乎[4]？人君当神器之重[5]，居域中之大，将崇极天之峻，永保无疆之休[6]。不念居安思危，戒奢以俭，德不处其厚，情不胜其欲，斯亦伐根以求木茂，塞源而欲流长者也。

凡百元首[7]，承天景命[8]，莫不殷忧而道著[9]，功成而德衰，有善始者实繁，能克终者盖寡[10]。岂其取之易而守之难乎？昔取之而有余，今守之而不足，何也？夫在殷忧必竭诚以待下，既得志则纵情以傲物[11]；竭诚则吴越为一体[12]，傲物则骨肉为行路[13]。虽董之以严刑[14],震之以威怒[15],终苟免而不怀仁[16],貌恭而不心服。怨不在大[17],可畏惟人[18];载舟覆舟[19],所宜深慎。奔车朽索[20],其可忽乎?

君人者,诚能见可欲[21],则思知足以自戒;将有作[22],则思知止以安人[23];念高危[24],则思谦冲而自牧[25];惧满溢,则思江海下百川;乐盘游[26],则思三驱以为度[27];忧懈怠,则思慎始而敬终;虑壅蔽[28],则思虚心以纳下;惧谗邪[29],则思正身以黜恶[30];恩所加,则思无以喜以谬赏;罚所及,则思无因怒而滥刑。总此十思,宏兹九德[31],简能而任之[32],择善而从之,则智者尽其谋,勇者竭其力,仁者播其惠,信者效其忠[33];文武争驰,君臣无事,可以尽豫游之乐,可以养松乔之寿[34],鸣琴垂拱[35],不言而化。何必劳神苦思,代下司职,役聪明之耳目,亏无为之大道哉[36]!

——《全唐文》卷一百三十九《论时政疏·第二疏》

[1] 长(zhǎng掌):生长。

[2] 浚(jùn俊):疏通,挖深。

[3] 在下愚:处于地位低见识浅的人。

[4] 明哲:聪明睿智(的人)。

[5] 当神器之重:处于皇帝的重要位置。神器,指帝位。古时认为"君权神授",所以称帝位为"神器"。

[6] 休:美。这里指政权的平和美好。

[7] 凡百元首:所有的元首,泛指古代的帝王。

[8] 承天景命:承受了上天赋予的重大使命。景,大。

[9] 殷忧:深忧。

[10] 克终者盖寡:能够坚持到底的大概不多。克,能。盖,表推测语气。

[11]傲物:傲视别人。物,这里指人。

[12]吴越为一体:(只要彼此竭诚相待)虽然一在北方,一在南方,也能结成一家。

[13]骨肉为行路:亲骨肉之间也会变得像陌生人一样。骨肉,有血缘关系的人。行路,路人,比喻毫无关系的人。

[14]董:督责。

[15]震:震慑。

[16]苟免而不怀仁:(臣民)只求苟且免于刑罚而不怀念感激国君的仁德。

[17]怨不在大:(臣民)对国君的怨恨不在大小。

[18]可畏唯人:可怕的只是百姓。人,本应写作"民",因避皇上李世民之名讳而写作"人"。

[19]载舟覆舟:这里比喻百姓能拥戴皇帝,也能推翻他的统治。出自《荀子·王制》:"君者,舟也;庶人者,水也。水则载舟,水则覆舟。"

[20]奔车朽索:用已腐朽的绳子去拉奔驰的车辆,比喻事情很危险,应十分警惕。奔,使……奔驰;朽,腐朽。

[21]见可欲:见到能引起(自己)喜好的东西。出自《老子》第三章"不见可欲,使民心不乱"。下文的"知足""知止"(知道适可而止),出自《老子》第四十四章"知足不辱""知止不殆"。

[22]将有作:将要兴建某建筑物。作,兴作,建筑。

[23]安人:安民,使百姓安宁。

[24]念高危:想到帝位高高在上。危,高。

[25]思谦冲而自牧:就想到要谦虚并加强自我修养。冲,虚。牧,约束。

[26]盘游:打猎取乐。

[27]三驱:据说古代圣贤之君在打猎布网时只拦住三面而有意网开一面,从而体现圣人的"好生之仁"。另一种解释为田猎活动以一年三次为度。

[28]虑壅(yōng)蔽:担心(言路)不通受蒙蔽。壅,堵塞。

[29]惧谗邪:考虑到(朝中可能会出现)谗佞奸邪。谗,说人坏话,造谣中伤。邪,不正派。

〔30〕正身以黜(chù 触)恶:使自身端正(才能)罢黜奸邪。黜,排斥,罢免。

〔31〕宏兹九德:弘扬这九种美德。九德,指忠、信、敬、刚、柔、和、固、贞、顺。

〔32〕简:选拔。

〔33〕效:献出。

〔34〕松乔:赤松子和王子乔,古代传说中的仙人。

〔35〕垂拱:垂衣拱手。比喻很轻易地天下就实现大治了。

〔36〕无为:道家主张清静虚无,顺其自然。

各司其职

韩 愈

[**解题**] 题目据正文拟,文段选自韩愈(768—824)《原道》,《原道》是韩愈复古崇儒、攘斥佛老的代表作。文中观点鲜明,引证今古,从历史发展、社会生活等方面,指出圣人为人类社会带来的福祉,驳斥道家淡泊无为和佛教清净寂灭的思想,指出人活在世上就要做出贡献,好比圣人的工作就是要教化众人,君主的工作就是要颁布政令,大臣的工作就是要推行君主政令,而人民的工作就是要生产。正是社会的各个角色都各司其职,社会的有效运转才能得到保证,从而整个社会才能够有长远的发展。

古之时,人之害多矣[1]。有圣人者立,然后教之以相生相养之道。为之君,为之师。驱其虫蛇禽兽,而处之中土[2]。寒然后为之衣,饥然后为之食。木处而颠[3],土处而病也[4],然后为之宫室。为之工以赡其器用[5],为之贾以通其有无[6],为之医药以济其夭死,为之葬埋祭祀以长其恩爱[7],为之礼以次其先后,为之乐以宣其湮郁[8],为之政以率其怠倦[9],为之刑以锄其强梗[10]。相欺也,为之符、玺、斗斛、权衡以信之[11]。相夺也,为之城郭甲兵以守之。害至而为之备,患生而为之防。今其言曰:"圣人不死,大盗不止。剖斗折衡,而民不争[12]。"呜呼!其亦不思而已矣。如古之无圣人,人之类灭久矣。何也?无羽毛鳞介以居寒热也^[13],无爪牙以争食也。

是故君者,出令者也;臣者,行君之令而致之民者也;民者,出粟米麻丝,作器皿,通货财,以事其上者也。君不出令,则失其所以为君;臣不行君之令而致之民,则失其所以为臣;民不出粟米麻丝,作器皿,通货财,以事其上,则诛。今其法曰^[14],必弃而君臣^[15],去而父子,禁而相生养之道,以求其所谓清净寂灭者^[16]。呜呼!其亦幸而出于三代之后^[17],不见黜于禹、汤、文、武、周公、孔子也^[18]。其亦不幸而不出于三代之前,不见正于禹、汤、文、武、周公、孔子也^[19]。

——《韩昌黎集·原道》

[1] 害:灾害。

[2] 处之中土:把他们安顿在中原。

[3] 木处而颠:住在树上容易掉下来。处,居住。颠,倾倒。

[4] 土处而病:住在山洞里容易生病。

[5] 为之工以赡其器用:教导他们做工匠,供应人民的生活用具。

[6] 为之贾以通其有无:教导他们经营商业,调剂货物有无。贾,行商。

[7] 恩爱:这里指人们之间深厚的感情。

[8] 湮(yān 烟)郁:心情抑郁,不舒畅。

[9] 率:劝导,引导。

[10] 强梗:指骄横跋扈、胡作非为的人。

[11] 符、玺、斗斛、权衡:指国家颁布的权威和标准。符,古代朝廷传达命令或征调兵将用的凭证。玺,印,自秦代以后专指帝王的印。斗斛,斗与斛,两种量器,亦泛指量器。权衡,称量物体轻重的器具。权,秤锤;衡,秤杆。

[12] "圣人不死"句:出自《庄子·外篇·胠箧》。

[13] 羽毛鳞介:这里指人的衣物。羽、毛、鳞、介本是动物的分类,羽毛

指鸟类和兽类。鳞介指鱼类和贝甲类,泛指水族。

［14］ 其:指佛家。

［15］ 而:尔,你。下同。

［16］ "清净寂灭":佛家以离开一切恶行烦扰为清净。《俱舍论》有身、语、意三种清净,达到三种层面上的清净就能远离一切恶行烦恼和污垢。寂灭,梵语"涅槃"的意译。指本体寂静,离一切诸相。

［17］ 三代:指夏、商、周三朝。

［18］ 黜:贬斥。

［19］ 正:改去偏差或错误。

进 学 解

韩 愈

〔**解题**〕《进学解》为韩愈就任国子博士时所作。作者首先勉励学生在"业"和"行"两方面刻苦努力,如此方能得到任用;接着,又借其中一个学生的诘难表达了即使在以上两方面做到出类拔萃但还是会遇到坎坷的现实;最后以自嘲的方式批判了不合理的社会现象。这告诉后人,要谨记"业精于勤,荒于嬉;行成于思,毁于随"的教导,同时,不要惧怕社会上不公平、不合理的现象,要努力在"业"和"行"两方面修炼自己,即便遭遇大材小用不能无憾的境地,也能不忘初心,锐意进取。

国子先生晨入太学[1],招诸生立馆下,诲之曰:"业精于勤,荒于嬉;行成于思,毁于随[2]。方今圣贤相逢,治具毕张[3]。拔去凶邪,登崇畯良[4]。占小善者率以录[5],名一艺者无不庸[6]。爬罗剔抉,刮垢磨光[7]。盖有幸而获选,孰云多而不扬[8]?诸生业患不能精,无患有司之不明[9];行患不能成,无患有司之不公。"

言未既,有笑于列者曰:"先生欺余哉!弟子事先生于兹有年矣。先生口不绝吟于六艺之文[10],手不停披于百家之编[11]。纪事者必提其要,纂言者必钩其玄[12]。贪多务得[13],细大不捐[14]。焚膏油以继晷[15],恒兀兀以穷年[16]。先生之业,可谓勤矣。觝排异端[17],攘斥佛老。补苴罅漏[18],张皇幽眇[19]。寻坠绪之茫茫[20],独旁搜而远绍[21]。障百川而东之[22],回狂澜于既倒。先生之于儒,可谓有劳矣。沉浸醲郁[23],含英咀华[24],作为文章,其书满家。上规姚姒[25],浑浑无涯,周《诰》、殷《盘》[26],佶屈聱牙[27];《春秋》谨严[28],《左氏》浮夸[29];《易》奇而法[30],《诗》正而葩[31];下逮《庄》《骚》[32],太史所录[33];子云、相如[34],同工异曲。先生之于文,可谓闳其中而肆其外矣[35]。少始知学,勇于敢为;长通于方[36],左右具宜。先生之于为人,可谓成矣。然而公不见信于人[37],私不见助于友。跋前踬后[38],动辄得咎[39]。暂为御史,遂窜南夷[40]。三年博士,冗不见治[41]。命与仇谋[42],取败几时[43]。冬暖而儿号寒,年丰而妻啼饥。头童齿豁[44],竟死何裨[45]。不知虑此,而反教人为?"

先生曰:"吁,子来前!夫大木为杗,细木为桷,欂栌、侏儒、椳、闑、扂、楔[46],各得其宜,施以成室者,匠氏之工也。玉札、丹砂、赤箭、青芝、牛溲、马勃、败鼓之皮[47],俱收并蓄,待用无遗者,医师之良也。登明选公[48],杂进巧拙[49],纡馀为妍,卓荦为杰[50],校短量长[51],惟器是适者,宰相之方也。昔者孟轲好辩[52],孔道以明,辙环天下,卒老于行[53]。荀卿守正,大论是弘,逃谗于楚,废死兰陵[54]。是二儒者,吐辞为经,举足为法,绝类离伦[55],优入圣域[56],其遇于世何如也?今先生学虽勤而不繇其统[57],言虽多而不要其中[58],文虽奇而不济于用,行虽修而不显于众[59]。犹且月费俸钱,岁靡廪粟[60];子不知耕,妇不知织;乘马从徒[61],安坐而食。踵常途之役役[62],窥陈编以盗窃[63]。然而圣主不加诛,宰臣不见斥,兹非其幸欤?动而得谤,名亦随之。

投闲置散,乃分之宜[64]。若夫商财贿之有亡[65],计班资之崇庳[66],忘己量之所称[67],指前人之瑕疵,是所谓诘匠氏之不以杙为楹[68],而訾医师以昌阳引年[69],欲进其豨苓也[70]。"

——《韩昌黎集·进学解》

[1] 国子先生:韩愈自称,当时他任国子博士。唐朝时,国子监是设在京都的最高学府,下面有国子学、太学等七学,各学置博士为教授官。国子学是为高级官员子弟而设的。太学:这里指国子监。唐朝国子监相当于汉朝的太学,古时对官署的称呼常有沿用前代旧称的习惯。

[2] "业精于勤"句:学业由于勤奋而专精,由于玩乐而荒废;德行由于独立思考而有所成就,由于因循随俗而败坏。嬉,戏乐,游玩。随,因循随俗。

[3] 治具毕张:各种法律全部实施。治具,治理的工具,主要指法令。《史记·酷吏列传》:"法令者,治之具。"毕,全部。张,指建立、确立。

[4] 畯:通"俊",才智出众。

[5] 率:都。

[6] 庸:通"用",采用、录用。

[7] 爬罗剔抉,刮垢磨光:意指仔细搜罗人才。爬罗,爬梳搜罗。剔抉,剔除挑选。刮垢磨光,刮去污垢,磨出光亮,意指精心造就人才。

[8] "盖有幸而获选"二句:只有才行不高的侥幸被选拔,绝无才行优秀者不蒙提举。幸,侥幸。多,贤,好。

[9] 有司:负有专责的部门及其官吏。

[10] 六艺:指儒家六经,即《诗》《书》《礼》《乐》《易》《春秋》六部儒家经典。百家之编:指儒家经典以外各学派的著作。

[11] 披:翻阅。

[12] 纂言者必钩其玄:对论说类典籍必定探寻其深奥隐微之意。纂,编集。纂言者,指言论集、理论著作。钩,研究、探寻。玄,深奥不容易理解的。

[13] 贪多务得:指求多而志在必得。

[14] 细大不捐:大的小的都不舍弃,指所有的都兼收并蓄。捐,舍弃。

[15] 焚膏油以继晷:指夜以继日地学习。膏油,油脂,指灯烛。晷(guǐ 轨),日影。

[16] 兀(wù 务)兀:辛勤不懈的样子。

[17] 觝(dǐ 抵)排异端:抵制、批驳异端邪说,排斥佛教与道家的学说。觝,同"抵",抵制。异端,儒家称儒家以外的学说、学派为异端。

[18] 补苴(jū 拘)罅(xià 下)漏:弥补儒学的缺漏。苴,鞋底中垫的草,这里作动词,填补。罅,裂缝。

[19] 张皇幽眇:阐发精深微妙的义理。皇,大。幽,深。眇,微小。

[20] 绪:前人留下的事业,这里指儒家的道统。韩愈《原道》认为,儒家之道从尧舜传到孔子、孟轲,以后就失传了,而他以继承这个传统自居。

[21] 独旁搜而远绍:独自广泛地搜集和继承它们。旁,广泛。绍,连续,继承。

[22] 障百川而东之:像防堵各条川河以引导它们东注大海那样来指导其他学说流向儒家。障,阻隔。

[23] 醲(nóng 浓)郁:香醇浓厚。醲,古同"浓"。

[24] 含英咀华:比喻欣赏、体味或领会诗文的精华。英、华都是花的意思,这里指文章中的精华。

[25] 上规姚姒:向上效法虞、夏时代的典章。姚姒,相传虞舜姓姚,夏禹姓姒。

[26] 周诰:《尚书·周书》中有《大诰》《康诰》《酒诰》《召诰》《洛诰》等篇。诰是古代一种训诫勉励的文告。殷《盘》:《尚书》的《商诰》中有《盘庚》上、中、下三篇。

[27] 佶屈聱牙:指字晦涩难解,不通顺畅达。佶屈,屈曲。聱牙,形容不顺口。

[28] 《春秋》谨严:《春秋》的语言精练准确。《春秋》是鲁国史书,记载鲁隐公元年(前722)到鲁哀公十四年(前481)间史事,相传经孔子整理删定。叙述简约而精确,往往一个字中寓有褒贬(表扬和批评)的意思。

[29] 《左氏》浮夸:《左传》的文辞铺张夸饰。《左传》是《春秋左氏传》的简称,相传鲁史官左丘明作,是解释《春秋》的著作,其铺叙详赡,富有文

采,颇有夸张之处。

〔30〕《易》奇而法:《易经》通过八卦的奇妙变化来推算自然和人事法则。

〔31〕《诗》正而葩:《诗经》思想端正而辞采华美。《诗经》,是我国最早的一部诗歌总集,保存西周及春秋前期诗歌三百零五篇。葩,花,引申为华美。

〔32〕《庄》《骚》:《庄子》和《离骚》。《庄子》,战国时思想家庄周的著作。《离骚》,战国时大诗人屈原的长诗。

〔33〕太史:指汉代司马迁,曾任太史令,也称太史公,著《史记》。

〔34〕子云:汉代文学家扬雄,字子云。相如:汉代辞赋家司马相如。

〔35〕闳其中而肆其外:内容宏大而外表气势奔放。闳,宏大。

〔36〕方:人的品行端正。

〔37〕见信:被信任。"见"在动词前表示被动。下文"见助"同此。

〔38〕跋(bá拔)前踬(zhì质)后:比喻进退两难的处境。语出《诗经·豳风·狼跋》:"狼跋其胡,载疐(zhì质)其尾。"(狼向前走就踩着颔下的悬肉,后退就绊倒在尾巴上。)跋,踩。踬,绊。

〔39〕动辄得咎:一有举动就常常得罪或受到责备。辄,就、总是。咎,罪过。

〔40〕暂为御史,遂窜南夷:刚当上御史就被贬到南方边远地区。韩愈于贞元十九年(803)授四门博士,次年转监察御史,冬,上书论宫市之弊,触怒德宗,被贬为连州阳山令。南夷,阳山在今广东,故称南夷。窜,窜逐,贬谪。

〔41〕三年博士,冗不见治:做了三年博士,职务闲散表现不出治理的成绩。三年博士,韩愈在宪宗元和元年(806)六月至四年任国子博士,一说"三年"当作"三为"。韩愈此文为第三次博士时所作(元和七年二月至八年三月)。冗(rǒng茸),闲散。见,通"现",表现、显露。

〔42〕命与仇谋:命运与仇敌相互勾结。谋,商议。

〔43〕取败几时:遭受失败是难免的。几时,不一定什么时候,这里指随时。

〔44〕头童齿豁:形容人头秃齿缺,年老体衰的样子。童,原指山无草

木。头童,形容人秃头。豁,破缺。

[45] 竟死何裨(bì 避):这样一直到死,有什么好处呢?竟,一直。裨,增添,补助。

[46] 大木为杗(máng 忙),细木为桷(jué 决),欂栌(bó lú 泊卢)、侏儒,椳(wēi 煨)、闑(niè 聂)、扂(diàn 店)、楔(xiè 谢):杗,屋梁。桷,屋椽。欂栌,斗栱,柱顶上承托栋梁的方木。侏儒,梁上短柱。椳,门枢臼。闑,门中央所竖的短木,在两扇门相交处。扂,门闩之类。楔,门两旁长木柱。

[47] 玉札、丹砂、赤箭、青芝、牛溲、马勃、败鼓之皮:玉札,地榆。丹砂,朱砂。赤箭,天麻。青芝,龙兰。以上四种都是名贵药材。牛溲,牛尿,一说为车前草。马勃,马屁菌。以上两种及"败鼓之皮"都是贱价药材。

[48] 登明选公:进用贤明的人,选拔无私的人。登,进。公,正直无私。

[49] 杂进巧拙:灵巧的人和拙笨的人都得引进。

[50] 纡(yū 淤)馀为妍,卓荦(luò 洛)为杰:有的人谦和而成为美好,有的人豪放而成为杰出。纡馀,委婉从容的样子。妍,美。卓荦,突出,超群出众。

[51] 校(jiào 较):比较。

[52] 孟轲好辩:《孟子·滕文公下》载:孟子有好辩的名声,正是如此孔子之道才得以发扬。

[53] 辙环天下,卒老于行:他游历的车迹遍布天下,最后在奔走中老去。指孟子一生都在为发扬儒家思想而奋斗。

[54] "荀卿"句:荀卿即荀况,战国后期时儒家大师,时人尊称为卿。曾在齐国做祭酒,被人谗毁,逃到楚国。楚国春申君任他做兰陵(今山东枣庄)令。春申君死后,他也被废,死在兰陵,著有《荀子》。

[55] 绝类离伦:远远超越常人。绝、离,超越。类、伦,指一般人。

[56] 圣域:圣人之行列。

[57] 繇:通"由"。

[58] 要其中:切合要旨。

[59] 修:(学问,品行方面)钻研、学习、锻炼。

[60] 岁靡廪(lǐn 凛)粟:每年消耗仓库里的粮食。靡,浪费,消耗。廪,粮仓。

143

〔61〕从徒：即徒从，后面跟着仆人。

〔62〕踵常途之役役：劳苦地按常规行事。踵，脚后跟，这里是跟随的意思。役役，指劳苦。

〔63〕窥陈编以盗窃：眼光狭窄地在旧书里盗窃陈言。窥，从小孔、缝隙或隐僻处察看。陈编，古旧的书籍。

〔64〕"动而得谤"四句：动不动就遭到别人的毁谤，名声却更加彰显。我被安置在（国子博士）的闲散位置上，乃是我所应得的。这是作者的自咎自责之词，其实是对自己有才德而不被重用表示不满的反语。

〔65〕商财贿之有亡：在俸禄的有无上讨价还价。商，协商。

〔66〕计班资之崇庳（bēi卑）：计较职位资格的高低。班资，官位的品级、资格。庳，低下。

〔67〕忘己量之所称：忘记了自己的能力和什么职位相称。

〔68〕以杙（yì义）为楹（yíng盈）：用小木桩做柱子。杙，小木桩。楹，柱子。

〔69〕訾（zǐ紫）医师以昌阳引年：批评医师的用菖蒲延年益寿。訾，毁谤非议。昌阳，即菖蒲，可用以健身。引年，延长寿命。

〔70〕豨（xī希）苓：又名猪苓，利尿药。

144

圬者王承福传[1]

韩 愈

[解题] 本文是韩愈所作的一篇人物传记,作者主要通过泥瓦匠王承福的言论来表达自己的观点。文章主旨与《孟子》"独善其身"的观点息息相关,作者赞扬了王承福兢兢业业、安贫乐道的精神。韩愈在文中还将王承福这样的劳动人民和那些富贵不终日的薄功厚飨之人进行对比,揭示出人生和事业都需要靠自己的心血一点一滴打拼、经营才能长久的人生哲理。作者鼓励人们学习王承福的精神,在其位而谋其事,勤恳认真地对待自己的工作,面对变幻莫测的人生处变不惊。

圬之为技,贱且劳者也[2]。有业之[3],其色若自得者。听其言,约而尽[4]。问之,王其姓,承福其名。世为京兆长安农夫。天宝之乱[5],发人为兵[6]。持弓矢十三年,有官勋,弃之来归[7]。丧其土田,手镘衣食[8],余三十年。舍于市之主人[9],而归其屋食之当焉[10]。视时屋食之贵贱,而上下其圬之佣以偿之[11];有余,则以与道路之废疾饿者焉。

又曰:"粟,稼而生者也;若布与帛[12],必蚕绩而后成者也[13];其他所以养生之具,皆待人力而后完也;吾皆赖之。然人不可遍为,宜乎各致其能以相生也[14]。故君者,理我所以生者也[15];而百官者,承君之化者也[16]。任有大小,惟其所能，若器皿焉。食焉而怠其事[17]，必有天殃，故吾不敢一日舍镘以嬉。夫镘易能[18]，可力焉[19]，又诚有功[20]；取其直[21]，虽劳无愧，吾心安焉。夫力，易强而有功也[22]；心，难强而有智也[23]。用力者使于人，用心者使人，亦其宜也。吾特择其易为无愧者取焉。嘻！吾操镘以入富贵之家有年矣。有一至者焉[24]，又往过之，则为墟矣；有再至、三至者焉，而往过之，则为墟矣。问之其邻，或曰：'噫！刑戮也[25]。'或曰：'身既死，而其子孙不能有也。'或曰：'死而归之官也[26]。'吾以是观之，非所谓食焉怠其事，而得天殃者邪？非强心以智而不足[27]，不择其才之称否而冒之者邪？非多行可愧，知其不可而强为之者邪？将富贵难守[28]，薄功而厚飨之者邪？抑丰悴有时[29]，一去一来而不可常者邪？吾之心悯焉，是故择其力之可能者行焉。乐富贵而悲贫贱，我岂异于人哉？"

又曰："功大者，其所以自奉也博[30]。妻与子，皆养于我者也；吾能薄而功小，不有之可也。又吾所谓劳力者，若立吾家而力不足，则心又劳也。一身而二任焉[31]，虽圣者不可能也。"

愈始闻而惑之，又从而思之：盖贤者也，盖所谓"独善其身"者也。然吾有讥焉[32]，谓其自为也过多，其为人也过少。其学杨朱之道者邪[33]？杨之道，不肯拔我一毛而利天下。而夫人以有家为劳心，不肯一动其心以蓄其妻子，其肯劳其心以为人乎哉？虽然，其贤于世者之患不得之而患失之者[34]，以济其生之欲，贪邪而亡道以丧其身者[35]，其亦远矣！又其言，有可以警余者[36]，故余为之传而自鉴焉。

——《韩昌黎集·圬者王承福传》

[1] 圬(wū 乌)者:泥瓦匠。

[2] 贱且劳:低贱又辛苦。

[3] 业之:以泥瓦工为业。

[4] 约而尽:简约而透彻。

[5] 天宝之乱:指"安史之乱",是由唐朝将领安禄山与史思明向唐朝发动的战争,是唐由盛而衰的转折点,也导致唐代开始出现藩镇割据的局面。由于其爆发于唐玄宗天宝年间,也称天宝之乱。

[6] 发:征调。

[7] 来归:归来、回来。

[8] 于镘(màn 慢)衣食:操持抹泥板谋取衣食。镘,抹墙用的工具,俗称"抹子"。

[9] 舍:居住。市:长安城有东、西两市,分别在城东、西部的中间。这里当指西市。

[10] 屋食之当:居屋和饮食相对应的价值。这句话说的是他寄居在街上的屋主家里,并付给相当的房租、伙食费。

[11] 上下其圬之佣:提高或降低做泥瓦工的工钱。

[12] 若:至于。

[13] 蚕绩:蚕桑和纺绩。

[14] 相生:相互生养。

[15] 理:治理。

[16] 承君之化:承接君主的教化。

[17] 食焉而怠其事:光享受回报而不做实事。食,取食于某事。怠其事,荒废他的职务。

[18] 能:掌握。

[19] 力:努力,致力。

[20] 诚有功:确实有成效。

[21] 直:同"值"。

[22] 易强而有功:容易通过勉力来取得成效。

[23] 难强而有智:难于勉强而变得聪明。

[24] 一至者:只去过一次的人家。

[25] 刑戮:刑罚或诛戮。指房子的主人已遭遇不测。

[26] 归之官:指被官府抄没。

[27] 强心以智:勉强心力,自作聪明。

[28] 将:或,抑。

[29] 丰悴有时:谓盛衰变化于瞬间。悴,衰弱,疲萎。

[30] 自奉也博:自己享受丰厚。

[31] 一身而二任:一个人担负两方面的任务,指自养和养家。

[32] 有讥:有非议。

[33] 杨朱之道:杨朱,战国初期伟大的思想家、哲学家,主张"贵己""重生""人人不损一毫"的思想。"杨朱之道,不肯拔一毛而利天下"出自《孟子·尽心上》。

[34] 患不得之而患失之:未得时忧虑得不到,得到时又忧虑失去。

[35] 贪邪而亡道:贪婪邪恶而无道义。"亡"通"无"。

[36] 警:警醒。

得职得言

韩　愈

〔解题〕题目据正文拟。作者指斥阳子在其位却不谋其政,有向上谏言之责却不履行的渎职行为,以反面例子告诫每个人在工作中都应当履行自己应有的职责,这才是一个合格的下属。履行职责不只是对自己的工作负责,而且还是对他人负责、对整个社会负责的行为,尤其是身处重要职位的人,其一言一行可能造成重大影响,更是需要用一颗敬业负责的心来开展日常工作,如此才能保证工作效率,为社会的发展贡献应有的力量。

今阳子在位[1],不为不久矣;闻天下之得失,不为不熟矣;天子待之,不为不加矣。而未尝一言及于政。视政之得失,若越人视秦人之肥瘠[2],忽焉不加喜戚于其心[3]。问其官,则曰谏议也;问其禄,则曰下大夫之秩也;问其政,则曰我不知也。有道之士,固如是乎哉?且吾闻之:有官守者[4],不得其职则去;有言责者,不得其言则去。今阳子以为得其言乎哉?得其言而不言,与不得其言而不去,无一可者也。阳子将为禄仕乎[5]?古之人有云:"仕不为贫,而有时乎为贫。"谓禄仕者也。宜乎辞尊而居卑,辞富而居贫,若抱关击柝者可也[6]。盖孔子尝为委吏矣[7],尝为乘田矣[8],亦不敢旷其职,必曰"会计当而已矣[9]",必曰"牛羊遂而已矣[10]"。若阳子之秩禄,不为卑且贫,章章明矣,而如此,其可乎哉?

——《韩昌黎集·争臣论》

［１］ 阳子:阳城,字亢宗,北平人,唐德宗时期的谏议大夫。阳城身为谏议大夫却不履行谏议的职责,所以韩愈作此文来讥讽他。之后三年,裴延龄诬陷当时的宰相陆贽,阳城上疏慷慨陈词,替陆贽求情,裴延龄才没有当上宰相。

［２］ 若越人视秦人之肥瘠:就好像越国的人看待秦国人的胖瘦。秦国在今陕西省境内,越国在今浙江省境内,两国地理位置遥远,思想观念也不尽相同,这句话比喻阳子说话词不达意。

［３］ 忽焉不加喜戚于其心:轻飘飘,在他的心里没有一点喜忧的感受。忽,轻。戚,悲伤。

［４］ 官守:任官职应守的本分。

［５］ 禄仕:泛指居官食禄。

［６］ 抱关击柝(tuò 唾):守门和巡夜的人,泛指位卑禄薄的小官。柝,打更用的梆子。

［７］ 委吏:主管粮仓的小吏。

［８］ 乘田:春秋时鲁国的园囿之吏,主管六畜的饲养放牧。

［９］ 会(kuài 快)计当而已矣:统计停当了才算完。会,总计。

［10］ 牛羊遂而已:牛羊生长好了才行。遂,生长,长成。

符读书城南[1]

韩 愈

〔解题〕 这是韩愈所作的一首戒子诗。作者认为孩子刚出生时都一样,是否成才全在于个人后天接受的教育。有的孩子努力学习,肚子里就有学识,能够官至卿相,而不努力学习只能贫苦一生。学与不学使人们逐渐分化,日后的发展也就有了很大差别。作为学生,其最主要的任务就在于勤学、勤思。学问是无价之宝,金玉虽贵重,但是不经花用,学问却可以享用终生,由此层面看来,更应该勤学苦思,尽到学生之责。

木之就规矩[2],在梓匠轮舆[3]。人之能为人,由腹有诗书。诗书勤乃有,不勤腹空虚。欲知学之力,贤愚同一初。由其不能学,所入遂异闾[4]。两家各生子,提孩巧相如[5]。少长聚嬉戏,不殊同队鱼[6]。年至十二三,头角稍相疏[7]。二十渐乖张[8],清沟映污渠。三十骨骼成[9],乃一龙一猪。飞黄腾踏去[10],不能顾蟾蜍。一为马前卒,鞭背生虫蛆。一为公与相,潭潭府中居[11]。问之何因尔,学与不学欤。金璧虽重宝,费用难贮储。学问藏之身,身在则有馀。君子与小人,不系父母且[12]。不见公与相,起身白犁锄。不见三公后,寒饥出无驴[13]。文章岂不贵,经训乃菑畬[14]。潢潦无根源[15],朝满夕已除。人不通古今,马牛而襟裾[16]。行身陷不义,况望多名誉[17]。时秋积雨霁[18],新凉入郊墟。灯火稍可亲[19],简编可卷舒。岂不旦夕念,为尔惜居诸[20]。恩义有相夺[21],作诗劝踌躇[22]。

——《全唐诗》卷三四一

[1] 符:韩愈子韩昶的小名。城南:指长安近郊樊川(今西安市长安区南),其地有韩愈别墅,韩氏庄园至宋代犹存,见宋人张礼《游城南记》。据魏仲举《新刊五百家注音辨昌黎先生文集》引樊汝霖说,此诗作于元和十一年秋,时韩昶十八岁。

[2] 规矩:圆规和矩尺。

[3] 梓匠:木工。轮舆:轮人和舆人,造车的工匠。

[4] 闾:里门,指称里巷。秦时贫民居里门左侧,富人居里门右侧,后代富贵者与贫贱者异里而居。

[5] 提孩:可提抱的幼儿,即两三岁小孩。

[6] 同队鱼:同一鱼群里的鱼,指看不出什么区别。

[7] 头角:比喻青少年的气概和才华。

[8] 乖张:违异,不同。

[9] 骨骼:此指人的气质、风度。

[10] 飞黄:传说中的黄帝所乘神马。

[11] 潭潭:深邃貌。后因以"潭府"尊称他人的居宅。

[12] 且:尾语助词。

[13] 寒饥出无驴:比喻三公的后代之中很多家道中落到出行连驴子都买不起。

[14] 菑畲(zī shē 资赊):田地。

[15] 潢潦:地面低洼处的积水。

[16] 马牛而襟裾(jīn jū 巾居):谓禽兽而穿着人的衣服。

[17] 行身陷不义,况望多名誉:指一个人不通古今历史,就像穿着衣服的畜牲,做事都会陷于不义,难道还想名誉加身?

[18] 积雨霁:长久地下雨停止。霁,指雨雪停止。

[19] 灯火稍可亲:以灯火的光亮来读书。

152

[20] 居诸:居、诸,本语助词,这里用来指时光。
[21] 相夺:相违背。恩以爱之,义以教之,两者不并立。
[22] 踌躇:本义徘徊不前,这里指多思考再前行。

唐临为官[1]

刘 昀

〔**解题**〕 题目据正文拟。选段着重描述了唐临因时制宜、以智为官并最终妥善处理好社会治安和农业耕作的事迹。其故事对于当今官员来说十分值得借鉴,要站在百姓的角度来看待、处理问题,如此可能收到更好的效果。此外,要信任下属,信任被管理者,才能得到他人的信任,以构建和谐健康的大环境。

（唐临）出为万泉丞[2]。县有轻囚十数人[3],会春暮时雨[4],临白令请出之[5],令不许。临曰:"明公若有所疑,临请自当其罪。"令因请假,临召囚悉令归家耕种[6],与之约,令归系所[7]。囚等皆感恩贷[8],至时毕集诣狱[9]。临因是知名。

——《旧唐书·列传第三十五·唐临》

[1] 唐临:字本德,京兆长安人。李建成部下,玄武门事败后,被外放,任万泉县县丞。

[2] 万泉丞:万泉,今属山西万荣县。

[3] 轻囚:判刑较轻的囚犯。

[4] 春暮:春季的末尾阶段,即农历三月,此时雨水较多。

[5] 白:报告。

[6] 悉:都,皆。

［7］ 系所:拘留囚犯的地方。

［8］ 恩贷:施恩宽宥。

［9］ 毕集诣狱:都回到了监狱。

社稷之臣

欧阳修

[**解题**] 题目据正文拟。文章为欧阳修(1007—1072)为宰相韩琦在故乡相州修建的昼锦堂写的一篇"记",其主旨包含两个方面:一是赞誉韩琦身居显位,不炫耀富贵,反引为鉴戒,志在留清名于后世,显真人格于人间;二是贬斥了那些追求名利富贵、以衣锦还乡为荣的庸俗之辈。通过二者强烈的对比,凸显出不图一时虚名而全身心为国家办实事的才是真正的社稷之臣,真正履行了为官之责。

仕宦而至将相,富贵而归故乡,此人情之所荣[1],而今昔之所同也。盖士方穷时,困厄闾里[2],庸人孺子,皆得易而侮之[3]。若季子不礼于其嫂[4],买臣见弃于其妻[5]。一旦高车驷马[6],旗旄导前[7],而骑卒拥后,夹道之人相与骈肩累迹[8],瞻望咨嗟[9];而所谓庸夫愚妇者,奔走骇汗[10],羞愧俯伏,以自悔罪于车尘马足之间。此一介之士,得志于当时,而意气之盛,昔人比之衣锦之荣者也。

惟大丞相魏国公则不然[11]:公,相人也[12],世有令德,为时名卿。自公少时,已擢高科[13],登显仕。海内之士闻下风而望余光者[14],盖亦有年矣。所谓将相而富贵,皆公所宜素有,非如穷厄之人,侥幸得志于一时,出于庸夫愚妇之不意,以惊骇而夸耀之也。然则高牙大纛[15],不足为公荣;桓圭衮裳[16],不足为公贵。惟德被生民[17],而功施社稷,勒之金石[18],播之声诗,以耀后世而垂无穷,此公之志,而士亦以此望于公也[19]。岂止夸一时而荣一乡哉!

公在至和中[20],尝以武康之节[21],来治于相,乃作"昼锦"之堂于后圃[22]。既又刻诗于石,以遗相人[23]。其言以快恩仇、矜名誉为可薄[24],盖不以昔人所夸者为荣[25],而以为戒。于此见公之视富贵为何如,而其志岂易量哉!故能出入将相,勤劳王家[26],而夷险一节[27]。至于临大事,决大议,垂绅正笏[28],不动声色,而措天下于泰山之安[29],可谓社稷之臣矣!其丰功盛烈,所以铭彝鼎而被弦歌者[30],乃邦家之光,非闾里之荣也。

——《古文观止·相州昼锦堂记》

[1] 荣:感觉到光荣。

[2] 闾里:乡里,泛指民间。

[3] 易:轻视。

[4] 季子:季子指的是苏秦,相传他师从鬼谷子,出师之后到四方游历想干一番大事业,结果一事无成,连家里人都瞧不起他。当他回家来,嫂子不礼待他,父母不理他。

[5] 买臣:朱买臣,西汉人,先贫后贵。妻改嫁,望复婚,被拒。

[6] 一旦:忽然有一天。高车驷马:富贵人家壮盛的车马。

[7] 旄:竿顶用旄牛尾作为装饰的旗。

[8] 夹道:排列在道路两侧。骈肩累迹:肩连肩,脚印迭脚印。形容人多拥挤。骈,并列。

[9] 咨嗟:赞叹。

[10] 骇汗:因惊骇而出汗。

[11] 魏国公:指韩琦,北宋大臣,执政多年,并曾与范仲淹帅兵同抗西

夏,世称"韩范"。

［12］相人:相州人,相州在今河南安阳市。

［13］擢高科:科举考试名次在前。擢,选拔。

［14］闻下风而望余光:听闻他传下的风貌,仰望他余下的光彩。

［15］高牙大纛(dào 道):居高位者的仪仗旗帜,形容声势显赫。牙,牙旗。纛,仪仗队的大旗。

［16］桓圭衮裳:华美的玉圭和礼服,形容富贵。桓圭,古代三公所执玉圭。衮裳,帝王和三公礼服。

［17］被:同"披",覆盖。

［18］勒:雕刻。

［19］望:寄希望。

［20］至和:1054 年三月至 1056 年九月,是宋仁宗赵祯的一个年号,前后共计三年。

［21］武康之节:武康的节度使。武康,今浙江省湖州市德清县。

［22］昼锦:出自《史记·项羽本纪》项羽所说:"富贵不归故乡,如衣绣夜行。"韩琦以宰相回乡任官,极感荣耀,故名。

［23］遗:给予;馈赠。

［24］快恩仇:以计较恩仇为快事。矜:自尊,自大,自夸。

［25］盖:句首语气助词。

［26］勤劳:为……努力劳动,不怕辛苦。

［27］夷险一节:不论平安艰险,气节始终如一。夷,平安。

［28］垂绅正笏(hù 护):服装穿着端正的样子。绅,官服上的大带。笏,大臣上朝时所执的手版,以便记事。

［29］措:安放。

［30］彝鼎:泛指古代祭祀用的鼎、尊等礼器。

学习以增才略

司马光

[解题] 本文选自北宋司马光（1019—1086）所作《资治通鉴·汉纪》，讲述了孙权规劝吕蒙学习的故事。孙权认为吕蒙身居要职应当提高自身水平修养才能够胜任工作，而且他还以自身为例，讲述自己作为统治者每天都坚持以读书充实自我，以此规劝吕蒙作为下属更应该努力学习。"刮目相看"是对一个人能力巨大提升的高度评价，是吕蒙努力读书的结果，也是我们应当学习的方向。在当下环境中，官员亦当不断加强学习修养，这是职责范围内应做之事，只有不断提升自我，才能更好地处理政务，更好地为人民服务。

初，权谓吕蒙曰[1]："卿今当涂掌事[2]，不可不学！"蒙辞以军中多务[3]。权曰："孤岂欲卿治经为博士邪[4]？但当涉猎[5]，见往事耳[6]。卿言多务，孰若孤[7]？孤常读书，自以为大有所益。"蒙乃始就学[8]。

及鲁肃过寻阳[9]，与蒙论议，大惊曰："卿今者才略，非复吴下阿蒙[10]！"蒙曰："士别三日[11]，即更刮目相待[12]，大兄何见事之晚乎[13]！"肃遂拜蒙母，结友而别。

——《资治通鉴·汉纪五十八》

[1]权:指孙权,字仲谋,吴郡富春(浙江富阳)人,黄龙元年(222)称王于武昌(今湖北鄂城),国号吴,不久迁都建业(今江苏南京)。229年称帝。吕蒙:字子明,三国时吴国名将,汝南富陂(今安徽省阜南县东南)人。

[2]当涂:执掌大权,身居要津。

[3]辞:推托。

[4]治经:研究儒家经典。治,研究。"经"指《诗经》《尚书》《礼记》《周易》《春秋》等书。博士:当时专掌经学传授的学官。邪(yé 爷):通"耶",语气词,表示反问或疑问的语气。

[5]但:只,仅。

[6]见往事:了解历史。见,了解。往事,指历史。

[7]孰若:与……相比如何;谁像(我)。孰,谁,哪个。若,比得上。

[8]就学:指从事学习。就,单独翻译为从事。

[9]寻阳:县名,在湖北黄梅西南。

[10]非复:不再是。复,再,又。吴下阿蒙:指在吴下时的没有才学的吕蒙。吴下,指吴县,如今江苏苏州。阿蒙,指吕蒙,名字前加"阿",有亲昵的意味。现指才识尚浅的人。

[11]士别三日:与读书的人分别几天。三,几天,这里指"几"。士,读书人。

[12]更(gēng 耕):重新。刮目相待:另眼相看,用新的眼光看待。刮目,擦擦眼。待,看待。

[13]大兄:长兄,这里是对同辈年长者的尊称。

田 家

刘 基

〔解题〕本诗为明代刘基(1311—1375)所作。在诗歌中,作者首先展示了乡村中男女各自的分工,百姓兢兢业业地劳作的场景,但是由于贪官污吏剥削民众,横征暴敛,使得社会纷扰,于是作者期望出现廉洁负责的官员来护养人民存续国脉。这是对贪官污吏的直接批评,也表达了人民心中优秀官员的形象,作为好官必须要正直清廉、爱民守法,这样才能让百姓安居乐业,延续国家的繁荣昌盛。

田家无所求,所求在衣食;
丈夫事耕稼,妇女攻纺绩[1],
侵晨荷锄出[2],暮夜不遑息[3]。
饱暖匪天降[4],赖尔筋与力。
租税所从来,官府宜爱惜。
如何恣刻剥,渗漉尽涓滴[5]。
怪当休明时[6],狼藉多盗贼[7]。
岂无仁义矛,可以弭锋镝[8]。
安得廉循吏[9],与国共欣戚,
清心罢苞苴[10],养民瘳国脉[11]。

——《刘基集·田家》

〔1〕纺绩:纺纱与缉麻。

〔2〕荷(hè 贺):用肩扛或担。

〔3〕遑:闲暇。

〔4〕匪:不,不是。

〔5〕"渗漉"句:指官府所征收的税都是百姓的血汗一滴滴凝结成的。渗漉,液体向下滴流。涓滴,一点一点地流淌。

〔6〕休明:清明美好。

〔7〕狼藉:比喻行为放纵,不守法纪。

〔8〕锋镝:刀刃和箭镞,用为兵器的通称。在这里指官府和百姓的争斗。

〔9〕廉循吏:廉洁又善良守法的官吏。

〔10〕苞苴(jū 居):本意为包裹,这里指贿赂。古代行贿恐怕为人所知,故以草苇包裹掩饰。

〔11〕瘳(chōu 抽):病愈。

读书之趣

于 谦

〔解题〕这首诗为明代于谦(1398—1457)所作,原题为《观书》,现题目据文意拟。诗歌阐述了作者体会到的读书之趣,其意境对于当下读书人有着很大的启发意义。作者倡议读书人要能摒除功利之心,静下心来认真读书,把书籍视作朋友才能真正识得读书之乐。读书可以明理,可以赏景,可以观史,可以鉴人,这种高雅的境界是那些玩物丧志、游手好闲者之流所无法领略的。

书卷多情似故人,晨昏忧乐每相亲[1]。
眼前直下三千字[2],胸次全无一点尘[3]。
活水源流随处满[4],东风花柳逐时新。
金鞍玉勒寻芳客[5],未信我庐别有春。

——《忠肃集·观书》

[1] 相亲:相伴。本句指不论早上还是黄昏,不论喜乐还是忧愁都有书籍相伴。

[2] 三千字:此为泛指,并非确数。此句说明作者读书多且快,同时也写出他那种如饥似渴的情态。

[3] 胸次:心中。

[4]"活水"句:化用朱熹《观书有感》(其一)诗中"问渠那得清如许,

为有源头活水来"。

〔5〕"金鞍"句:王公贵族骑着好马到处寻欢作乐。

夜　读

唐　寅

〔解题〕本诗作者为明代文学家唐寅(1470—1524)。作者深夜独自思索生命,认为人生短暂,人死之后就更无法做出成果来,于是他下定未到功成名就之时绝不停止努力的决心,深夜挑灯苦读。作者这种不怕年老力衰且发奋拼搏的精神,对自己人生负责的态度在今天依旧具有鲜活的现实意义。

夜来欹枕细思量[1],独卧残灯漏夜长[2]。
深虑鬓毛随世白,不知腰带几时黄。
人言死后还三跳[3],我要生前做一场。
名不显时心不朽,再挑灯火看文章。

——《六如居士集·夜读》

[1] 欹:通"倚",斜靠着。
[2] 漏夜:深夜。
[3] "人言"句:崔杼弑齐庄公,晏子"门启而入,枕尸股而哭。兴,三踊而出"。见《左传·襄公三十五年》。

今　日　诗

文　嘉

〔解题〕 此诗为明代文嘉(1501—1583)所作。全诗简明易懂,讲述今日事今日毕的道理,告诫我们不论做任何事都应当竭力去完成,并且在工作中应当有一个合理的规划,每天定时定量完成工作,不可拖沓。作者还告诫我们时间的珍贵,人生不过几十年,若是有一天不努力都是对生命极大的浪费,工作、学习从每个当下开始。

今日复今日,今日何其少!
今日又不为,此事何其了?
人生百年几今日,今日不为真可惜!
若言姑待明朝至,明朝又有明朝事。
为君聊赋今日诗,努力请从今日始。

——《文氏五家集·今日诗》

庸 医 治 驼

江盈科

〔解题〕 本文节选自明代文人江盈科(1553—1605)《雪涛阁集·催科》,题目据正文拟。选段以自诩能够医治驼背者的庸医为例,讽刺官员横征暴敛,不管百姓生死,扰得天下苍生不安的行为。由此看来,任何职业都需有与其职责相对应的职责范围和职责操守,唯有如此才能够保证社会的正常运转与和谐;如果只顾个人私利,那么就会给自身工作甚至整个社会造成不良的影响,直至群失其安,不得其乐。

昔有医人,自媒能治背驼[1],曰:"如弓者、如虾者、如环者,若延吾治[2],可朝治而夕如矢矣[3]。"一人信焉,使治曲驼,乃索板二片[4],以一置地下,卧驼者其上[5],又以一压焉,又践之。驼者随直[6],亦随死。其子欲诉诸官。医人曰:"我业治驼[7],但管人直[8],不管人死。"呜呼!今之为官,但管钱粮收,不管百姓死,何异于此医也哉!

——《雪涛阁集·催科》

[1] 媒:介绍,夸耀。

[2] 延:引进,请。

[3] 矢:箭。这里形容像箭一般直。

[4] 索:搜寻,寻求。

[5] 卧:使……卧,文言的使动用法。

[6] 随:随即,立刻。

[7] 业:专门。

[8] 但:只。

巧破杀人案

冯梦龙

[解题] 本文选自明代冯梦龙(1574—1646)所作《智囊全集》,题目据正文拟。选段讲述欧阳晔巧破杀人案件的事件经过,展现欧阳晔通过分析案件经过,细致观察现场和遗留证据,大胆对案件进行设想并结合事件经过进行推理,最后得以巧破案件。这揭示了在履行岗位职责时不可只以蛮力而为的道理,应当因时制宜,要善于利用聪明才智来更好地完成工作任务。

欧阳晔治鄂州[1],民有争舟而相殴至死者,狱久不决[2]。晔自临其狱,坐囚于庭中[3],去其桎梏而饮食之[4],食讫[5],悉劳而还之狱[6]。独留一人于庭,留者色变而惶顾。晔曰:"杀人者汝也!"囚佯为不知所以。晔曰:"吾观食者皆以右手持箸,而汝独以左。今死者伤在右肋,非汝而谁?"囚无以对。

——《智囊全集·察智》

[1] 欧阳晔(958—1037):字日华,江西庐陵(今江西吉安永丰沙溪镇)人,欧阳修叔父。宋大中祥符年间,欧阳晔为随州推官。欧阳修幼孤,往依之。晔卒,修葬其于安州应城市高风乡彭乐村,为铭其墓。鄂州:今湖北省鄂州市。

[2] 狱:罪案,官司。下文"狱"则是指囚禁罪犯的地方。

[3] 坐囚:使囚犯坐。

[4] 桎梏:脚镣和手铐。

[5] 讫(qì弃):完结,终了。

[6] 劳:慰问。

文　事

程登吉

〔解题〕本文选自《幼学琼林·文事》篇。《幼学琼林》是中国古代儿童的启蒙读物，其最初名叫《幼学须知》，又称《成语考》《故事寻源》。此读物由骈体文写成，对偶成句，容易诵读，便于记忆。全书内容广博、包罗万象，被称为中国古代的百科全书，从中可了解成语典故、人物故事、天文地理、典章制度、风俗礼仪、鸟兽花木、饮食器用、宫室珍宝、文事科第、释道鬼神等诸多方面的内容，人称"读了《增广》会说话，读了《幼学》会读书"。本篇内容叙述了与文章、文事有关的典故，从上古一直到唐代，告诉后人什么是文章，什么是好文章，怎样写出好文章，同时还引用了诸多典故，用以教育后人如何在文坛上成为出类拔萃的人物。由此观之，要想成为一流的文人，不仅需要极高的天赋，还需要后天刻苦勤奋的努力，同时还要有勇于向前辈和高人请教的勇气，最后才能成为妙笔生花、博闻强识的优秀文人。

多才之士，才储八斗[1]；博学之儒，学富五车[2]。《三坟》《五典》，乃三皇五帝之书[3]；《八索》《九丘》，是八泽九州之志[4]。《书经》载上古唐虞三代之事，故曰《尚书》[5]；《易经》乃姬周文王周公所系，故曰《周易》[6]。二戴曾删《礼记》[7]，故曰《戴礼》；二毛曾注《诗经》[8]，故曰《毛诗》。孔子作《春秋》,因获麟而绝笔[9],故曰《麟经》。荣于华衮,乃《春秋》一字之褒[10];严于斧钺,乃《春秋》一字之贬。缣缃黄卷[11],总谓经书;雁帛鸾笺[12],通称简札[13]。锦心绣口,李太白之文章;铁画银钩[14],王羲之之字法。雕虫小技[15],自谦文章之卑;倚马可待[16],羡人作文之速。称人近来进德,曰士别三日,当刮目相看[17];美人学业精通,曰面壁九年[18],始有此神悟。五凤楼手[19],称文字之精奇;七步奇才[20],羡天才之敏捷。誉才高,曰今之班马[21];羡诗工,曰压倒元白[22]。汉晁错多智[23],景帝号为"智囊";高仁裕多诗[24],时人谓之"诗窖"。骚客即是诗人,誉髦乃称美士[25]。自古诗称李杜[26],至今字仰钟王[27]。白雪阳春[28],是难和难赓之韵[29];青钱万选[30],乃屡试屡中之文。惊神泣鬼,皆言词赋之雄豪;遏云绕梁,原是歌音之嘹亮。涉猎不精,是多学之弊;咿唔咕哔,皆读书之声。连篇累牍,总说多文;寸楮尺素[31],通称简札。以物求文,谓之润笔之资;因文得钱,乃曰稽古之力[32]。文章全美,曰文不加点[33];文章奇异,曰机杼一家[34]。应试无文,谓之曳白[35];书成镌梓[36],谓之杀青[37]。袜线之才[38],自谦才短;记问之学[39],自愧学肤。裁诗曰推敲,旷学曰作辍。文章浮薄,何殊月露风云;典籍储藏,皆在兰台石室[40]。秦始皇无道,焚书坑儒;唐太宗好文,开科取士。花样不同[41],乃谓文章之异;潦草塞责[42],不求辞语之精。邪说曰异端,又曰左道;读书曰肄业[43],又曰藏修。作文曰染翰操觚[44],从师曰执经问难[45]。求作文,曰乞挥如椽笔[46];羡高文,曰才是大方家[47]。竞尚佳章,曰洛阳纸贵[48];不嫌问难,曰明镜不疲[49]。称人书架曰邺架[50],称人嗜学曰书淫[51]。白居易生七月,便识之无二字;唐李贺才七岁,作《高轩过》一篇[52]。

开卷有益,宋太宗之要语;不学无术,汉霍光之为人。汉刘向校书于天禄[53],太乙燃藜[54];赵匡胤代位于后周,陶谷出诏[55]。江淹梦笔生花[56],文思大进;扬雄梦吐白凤[57],词赋愈奇。李守素通姓氏之学[58],敬宗名为"人物志"[59];虞世南晰古今之理,太宗号为行秘书[60]。茹古含今[61],皆言学博;咀英嚼华[62],总曰文新。文望尊隆,韩退之若泰山北斗[63];涵养纯粹,程明道如良玉精金[64]。李白才高,咳唾随风生珠玉[65];孙绰词丽[66],诗赋掷地作金声。

——《幼学琼林·文事》

[1]才储八斗:通常写作"才高八斗",《南史》载谢灵运形容曹子建(曹植)文才出众,天下文才总共一石,他自己占了八斗。后世以此喻才智高超者。通常与"学富五车"连用。

[2]学富五车:语本《庄子·天下》:"惠施多方,其书五车。"形容人读书很多,学问渊博。通常与"才高八斗"连用。

[3]"三坟五典"句:《三坟》《五典》是传说中上古时代的书籍。"三皇五帝"是上古的君主,《周礼·春官·外史》曰:"外史掌书外令、掌四方之志、掌三皇五帝之书。"指的当是《三坟》《五典》。现在对"三皇五帝"具体所指还存在争议。

[4]"《八索》《九丘》"句:《八索》《九丘》是上古之书,通常与《三坟》《五典》并提,《左传·昭公十二年》记有楚灵王称赞左史倚相:"是良史也,子善视之,是能读《三坟》《五典》《八索》《九丘》"。"八泽九州"应当是后人的附会,"八泽"出自《淮南子·墬形训》:"自东北方曰大泽,曰尤迪;东方曰大渚,曰少海;东南方曰具区,曰元泽;南方曰大梦,曰浩泽;西南方曰渚资,曰丹泽;西方曰九区,曰泉泽;西北方曰大夏,曰海泽;北方曰大冥,曰寒泽;凡八殥八泽之云,是雨九州。""九州岛"出自《尚书·禹贡》,指冀州、徐州、兖州、青川、扬川、荆川、梁州、雍州和豫州。

[5]《尚书》:古代"四书五经"中"五经"之一,又称《书经》或《书》,是中国上古历史文件的汇编。"尚"即"上",《尚书》意即上古之书。

［6］《周易》：古代"四书五经"中"五经"之首，分《经》《传》两部分，《经》据传为周文王所作，由卦、爻两种符号重叠演成64卦、384爻，依据卦象推测吉凶。今本《周易》通过释经表达哲学观点，包含世界观、伦理学说和丰富的朴素辩证法，从而在中国哲学史上占有重要地位。

［7］二戴曾删《礼记》：春秋时期，孔子教授弟子《诗》《书》《礼》《乐》《易》《春秋》"六经"，其中的"《礼》"，后来称《仪礼》，主要记载周代的冠、婚、丧、祭诸礼的"礼法"，受体例限制，几乎不涉及仪式背后的"礼义"，而不了解礼义，仪式就成了毫无价值的虚礼。所以，七十子后学在习礼的过程中，撰写了大量阐发经义的论文，总称之为"记"，属于《仪礼》的附庸。由于《记》的数量太多加之精粗不一，到了东汉，社会上出现了两种选辑本，一是戴德的八十五篇本，习称《大戴礼记》；二是他的侄子戴圣的四十九篇本，习称《小戴礼记》。《大戴礼记》流传不广，北周卢辩曾为之作注，但颓势依旧，到唐代已亡佚大半，仅存三十九篇。《小戴礼记》则由于郑玄为之作了出色的注，而风光无限，畅行于世，故后人径称之为"《礼记》"。

［8］二毛曾注《诗经》：鲁人毛亨和赵人毛苌对古文《诗经》进行训诂和解释，很少有神学迷信内容，但在西汉未被立为官学，只能在汉族民间传授。东汉时受到重视，允许在朝廷公开传授。东汉末年兼通今古经学的经学大师郑玄，集今古文经学研究之大成作《毛诗传笺》，主要为毛氏《诗故训传》作注。齐、鲁、韩三家诗自此渐渐衰败。

［9］获麟而绝笔：《春秋·哀公十四年》记载："春，西狩获麟。"相传孔子作《春秋》至此而辍笔。杜预在《春秋左传注》中认为，麟者是仁兽和祥瑞的代表，但是当时并没有开明的圣王出现，孔子因此感叹周之道不兴，所以《春秋》因此以为终。

［10］"荣于华衮"句：出自晋范宁《〈春秋穀梁传〉序》："一字之褒，宠逾华衮之赠。"华衮，古代王公贵族的多彩的礼服，常用以表示极高的荣宠。

［11］缥缃黄卷：均指书籍。缥缃，供书写用的细绢，多借指书册。黄卷，古时为防书蠹，多用黄檗染纸，因纸色黄故称"黄卷"。

［12］雁帛鸾笺：均指信笺。雁帛，系帛于雁足以传书。出自《汉书》卷五十四《苏建传》，汉苏武出使匈奴为匈奴所羁留；其后汉使复至匈奴，苏武夜见使者，请他对单于说道，"天子射上林中，见帛系雁足，言武等在某泽

中",苏武遂得救回国。后以比喻书信。鸾笺,四川所产的彩色笺纸。旧时常作为信纸。有深红、粉红、杏红、明黄、深青、浅青、深绿、浅绿、铜绿、浅云等十种颜色。

[13] 简札:在纸张未发明以前,文字书于竹简、木札上,故简札泛指书信、文书。

[14] 铁画银钩:语本唐欧阳询《用笔论》:"徘徊俯仰,容兴风流,刚则铁画,媚若银钩。"形容笔画如铁般的刚劲,如银般的柔媚。文中用以形容王羲之的书法隽秀飘逸。

[15] 雕虫小技:比喻微小的技能,也用来谦称自己写的诗作或文章。出自《北史·李浑传》,李浑对魏收说:"雕虫小技,我不如卿。国典朝章,卿不如我。"

[16] 倚马可待:典故出自南朝宋刘义庆《世说新语·文学》,晋朝桓温领兵北伐,命令袁虎斜靠着马写一篇告示,袁虎不一会儿即写满七张纸,而且文情并茂。后比喻文思敏捷,写作迅速。

[17] 士别三日,当刮目相看:典故出自晋陈寿《三国志·吴志·江表传》,吕蒙原是一介武夫,经孙权劝学后,渐有学识,鲁肃称"非复吴下阿蒙",吕蒙回答他"士别三日,即更刮目相待"。现以此形容人大有长进、焕然一新,足以引起他人的重视和另眼相待。

[18] 面壁九年:出自宋释普济《五灯会元》卷十七:"惆怅洛阳人未来,面壁九年空冷坐。"原指中国佛教禅宗始祖达摩在少林寺面壁静修了九年,后比喻在学习上下得功夫极深。

[19] 五凤楼手:比喻文章巨匠为造五凤楼手。五凤楼,古楼名,唐在洛阳建五凤楼,玄宗曾在其下聚饮,命三百里内县令、刺史带声乐参加,梁太祖朱温即位,重建五凤楼,去地百丈,高入半空,上有五凤翘翼。

[20] 七步奇才:有七步成诗的才能,比喻人有才气,文思敏捷。相传三国魏才子曹植能够七步成诗。

[21] 班马:指东汉兰台令班固和西汉太史令司马迁。分别作《汉书》和《史记》,两部著作是中国古代历史、文学领域的经典作品,《史记》更是被鲁迅先生誉为"无韵之离骚"。

[22] 元白:指元稹,白居易,唐代著名诗人。二人合称的元白诗,重写

实,尚通俗。他们发起新乐府运动,强调诗歌的惩恶扬善,补察时政的功能,语言方面则力求通俗易解。

〔23〕晁错:汉高祖七年(前200)出生于颍川(今河南禹县),年少时师从张恢学习法家思想。汉文帝时期,因能文任太常掌故。朝廷征召研究《尚书》之人,晁错受太常派遣,奉命去济南跟随伏生学习《尚书》,接受儒家思想。学成归来后,被任命为太子舍人、门大夫,后升为博士。晁错任博士时,上《言太子宜知术数疏》,陈说太子应通晓治国的方法,得到文帝赞赏,拜为太子家令。由于晁错能言善辩,善于分析问题,深得太子刘启的喜爱和信任,被太子誉为"智囊"。

〔24〕仁裕:即王仁裕,字德辇,生于唐僖宗广明元年(880),秦州上邽(天水市秦州区)人。王仁裕一生著作甚多,诗、赋、图并行于世,著述之多,流传之广,唐以来少有其比,被时人誉为"诗窖子"。

〔25〕誉髦:出自《诗经·大雅·思齐》:"古之人无斁,誉髦斯士。"誉髦斯士,谓选拔英杰之士。后因以"誉髦"指有名望的英杰之士。

〔26〕李杜:指唐代著名诗人,"诗仙"李白和"诗圣"杜甫。

〔27〕钟王:指的三国钟繇和东晋王羲之,他们树立了楷书行书草书美的典范,此后历代学习书法者都以"钟王"为宗法。

〔28〕白雪阳春:本意指战国时代楚国的高雅乐曲《阳春》和《白雪》。后喻指高深的文艺作品,常跟"下里巴人"对举。

〔29〕难和难赓:难以和唱,也难以接续。和,应和。赓,继续,连续。

〔30〕青钱万选:典故出自《旧唐书》卷一百四十九《张荐传》。青钱,指初唐及盛唐时铸造的开元通宝中的一些由白铜铸成的钱,这种钱轮廓深峻,精美异常,当时称作青钱,由于通体发出青白色光泽,十分受人喜爱。当时有名的文人张鷟参加科举,屡试屡中,于是有人称"鷟(张鷟)文辞犹青铜钱,万选万中"。后因以"青钱万选"比喻文才出众。

〔31〕寸楮(chǔ 楚)尺素:均指简短的信。楮,纸的代称。寸楮,简短的信札。素,洁白的绢。尺素,指小的画幅,短的书信。

〔32〕稽古之力:指拥有考证古事,做学问的功力,才能得到的荣耀。《后汉书·桓荣传》载,东汉桓荣,笃好经书,汉光武帝说他是真正的儒生,拜为少傅,并赐给他有帷盖的卧车和乘马。桓荣于是大会诸生,陈列皇帝赐

给他的车马印绶,对大家说:"今日所蒙,稽古之力也,可不勉哉!"

[33] 文不加点:写文章不用涂改就很快写成。形容文思敏捷。

[34] 机杼一家:指文章能独立经营,自成一家。出自《魏书·祖莹传》:"文章须自出机杼,成一家风骨,何能共人生活焉?"机杼,织布机。杼,织梭。

[35] 曳白:考试时交白卷。

[36] 书成镌梓:指写书定稿准备出版。镌,雕刻,凿。梓,木头雕刻成印刷用的木板。

[37] 杀青:古时把书写在竹简上,为防虫蛀须先用火烤干水分,叫"杀青"。后泛指写定著作。

[38] 袜线之才:才艺多而无一精者,就像拆袜子的线,没有一条是长的。后来专门用来比喻才学短浅。出自宋孙光宪《北梦琐言》。

[39] 记问之学:只是记诵书本,以资谈助或应答问难的学问。指对学问未融会贯通,不成体系,出自西汉戴圣《礼记·学记》。

[40] 兰台石室:均为古代藏书的地方。

[41] 花样:供仿制的式样,泛指事物的式样或种类。

[42] 潦草塞责:形容做事敷衍了事,马马虎虎,不负责任。

[43] 肄业:修习学业。肄,学习。现在通常指没有毕业或尚未毕业。

[44] 染翰操瓠:指提笔作文。翰,毛笔。瓠,古代用来书写的木简。

[45] 执经问难:手捧经书,质疑问难。后多指弟子从师受业。

[46] 如椽笔:比喻笔力雄健,犹言大手笔。典故出自《晋书·王导列传·王珣》,记述王珣梦中得如椽大笔,醒来果然要他负责起草重要文章。椽(chuán 船),放在檩上架着屋顶的木条。

[47] 大方家:原指懂得大道理的人,后泛指见识广博或学有专长的人。出自《庄子·秋水》:"今我睹子之难穷也,吾非至于子之门则殆矣,吾长见笑于大方之家。"

[48] 洛阳纸贵:比喻著作广泛流传,风行一时。典故源于晋代,左思《三都赋》写成后,豪贵人家竞相抄写,抄写的人很多,洛阳的纸都因此涨价了。

[49] 明镜不疲:明亮的镜子不为频繁地照人而疲劳,比喻人的智能不

177

会因使用而受损害。典故出自《世说新语·品读》,袁羊用来形容谢安、谢石兄弟不嫌厌烦,虚心指教的学术风范。

[50] 邺架:唐代李泌家藏书丰富,泌封邺侯,后人称人藏书的地方为"邺架"。

[51] 淫:迷惑。

[52] 《高轩过》:唐代诗人李贺的作品。全诗分成三个部分。第一部分,写韩愈、皇甫湜二人来访时的气派;第二部分,着重赞颂二人的学识和文名;第三部分,写自己的处境与抱负。此诗一气呵成,结构谨严,跌宕多姿而又富有感情,颇似韩愈的诗风。

[53] 天禄:汉代阁名,后亦通称皇家藏书之所。

[54] 太乙燃藜:形容夜读或勤学,也用以形容得高人传授。典故出自晋王嘉《拾遗记》,叙述汉成帝时期,朝廷重新编书校书,因为工作量巨大,总编刘向不得不工作至深夜,一位拄着青藜杖的老人走进刘向屋内,见刘向在昏暗的灯光下仍独自诵读,便用藜杖点燃火光给刘向照明。老人自称"太乙之精",传授刘向《洪范五行传》等稀世文献。

[55] 陶谷出诏:赵匡胤代替后周做皇帝,是在陈桥兵变时,有个翰林学士陶谷,代替后周皇帝拟就禅位诏书,从袖里捧出。

[56] 梦笔生花:江淹在被权贵贬黜到浦城当县令时,相传有一天,他在浦城郊外一小山上歇宿,睡梦中见神人授他一支闪着五彩的神笔,自此文思如涌,成了一代文章魁首,当时人称为"梦笔生花"。

[57] 梦吐白凤:称颂才华或文字之美。典故出自晋葛洪《西京杂记》卷二:"(扬)雄著《太玄》经,梦吐凤凰集《玄》之上,顷而灭。"曾慥《类说》卷四引《西京杂记》作"梦白凤凰"。后亦以"吞凤"用典。

[58] 李守素:唐初学者,赵州(今河北赵县)人,世代为山东名族。唐十八学士之一,李世民击败王世充后,召署天策府仓曹参军,尤谙氏族学。

[59] "人物志":唐虞世南与李守素谈论谱系之学,被他的见识所折服,称之为"行谱"(犹言活的宗谱),许敬宗认为这个称号不雅,建议虞世南更改,于是虞世南改称其为"人物志"。

[60] 行秘书:虞世南,字伯施,汉族,越州余姚(今浙江省慈溪市观海卫镇鸣鹤场)人。南北朝至隋唐时著名书法家、文学家、诗人、政治家,凌烟

阁二十四功臣之一。他沉静寡欲,精思读书,学富五车。太宗一次出行,有下属提议带上一些可能用到的书籍同去。太宗说:"不用,有虞世南在,就是行秘书(活的书)。"见唐刘悚《隋唐嘉话》卷中。后以"行秘书"称博闻强记的人。

[61] 茹古含今:犹言博古通今。对古代的事知道得很多,并且通晓现代的事情。形容知识丰富。茹,本义为吃,此处当理解为接受,包含。

[62] 咀英嚼华:比喻读书吸取其精华。咀,细嚼,引申为体味;英、华,这里指精华。

[63] 韩退之:韩愈,字退之,河南河阳(今河南省孟州市)人,号"韩昌黎""昌黎先生"。韩愈是唐代古文运动的倡导者,被后人尊为"唐宋八大家"之首,与柳宗元并称"韩柳",有"文章巨公"和"百代文宗"之名。他提出的"文道合一""气盛言宜""务去陈言""文从字顺"等散文的写作理论,对后人很有指导意义。著有《韩昌黎集》等。泰山北斗:泰山极高,北斗最亮,比喻为当世所瞻仰瞩目的人和事。

[64] 程明道:程颢(hào浩),字伯淳,学者称明道先生。世居中山,后从开封徙河南(今河南洛阳)。北宋哲学家、教育家、诗人和北宋理学的奠基者。

[65] "李白"句:李白诗才极高,脱口而出便是珠玉之句。出自李白《妾薄命》:"咳唾落九天,随风生珠玉。"

[66] "孙绰"句:东晋文学家孙绰博学善文,诗文辞彩华丽,掷地有金石之声。掷地有声,形容语句言词巧妙华美、音韵铿锵有致。出自刘义庆《世说新语·文学》:"孙兴公作《天台赋》成,以示范荣期云:'卿试掷地,要作金石声。'"

科　第

程登吉

〔解题〕选文叙述了古代登科取士的过程和趣闻。科举考试是隋唐以来国家选拔人才较为有效的手段,这种通过考试选拔官员的制度在中国历史上发挥着重要作用。三年一轮的乡试是古代士人进入官场的途径,因此他们需要付出巨大的努力和刻苦才能够登科入仕,成为被选定的人才。考中意味着命运发生改变,可喜可贺。但有更多人则会落榜,作者在此点明"有志者事竟成",要勇于奋斗,敢于争取,不要吝惜努力,最后才能"伫看荣华之日"。

士人入学曰游泮[1],又曰采芹[2];士人登科曰释褐[3],又曰得隽[4]。宾兴即大比之年[5],贤书乃试录之号[6]。鹿鸣宴[7],款文榜之贤;鹰扬宴[8],待武科之士。文章入式,有朱衣以点头[9];经术既明,取青紫如拾芥[10]。其家初中,谓之破天荒[11];士人超拔,谓之出头地[12]。中状元,曰独占鳌头[13];中解元,曰名魁虎榜[14]。琼林赐宴[15],宋太宗之伊始;临轩问策[16],宋神宗之开端。同榜之人,皆是同年[17];取中之官,谓之座主[18]。应试见遗,谓之龙门点额[19];进士及第,谓之雁塔题名[20]。贺登科,曰荣膺鹗荐[21];入贡院,曰鏖战棘闱[22]。金殿唱名曰传胪[23],乡会放榜曰撤棘[24]。攀仙桂[25],步青云[26],皆言荣发;孙山外[27],红勒帛[28],总是无名。英雄入吾彀[29],唐太宗喜得佳士;桃李属春官[30],刘禹锡贺得门生。薪,采也;槱[31],积也。美文王作人之诗,故考士谓之薪槱之典;汇,类也;征,进也,是连类同进之象,故进贤谓之汇征之途。赚了英雄[32],慰人下第;傍人门户[33],怜士无依。有志者事竟成,伫看荣华之日;成丹者火候到,何惜烹炼之功。

——《幼学琼林·科第》

[1] 游泮:明、清科举制度,经州县考试录取为生员者就读于学宫,称"游泮"。泮即泮宫,原为西周诸侯所设的大学之名。宋后州县皆置,仍沿用此称。

[2] 采芹:指入学,或指考中秀才成了县学生员。《毛诗序》:"《泮水》颂僖公能修泮宫也。"《诗经·鲁颂·泮水》曰:"思乐泮水,薄采其芹。鲁侯戾止,言观其旂。"

[3] 释褐:指进士及第授官。褐,平民衣服。

[4] 得隽:得到杰出的人才。旧时指士人应试及第。隽,同"俊",才智出众的人。

[5] 宾兴:周代举贤之法,谓乡大夫自乡荐举贤能而宾礼之,以升入国学。大比之年:每逢丑、辰、未、戌年的二月举行会试,称"春闱",这些年头称为"大比之年"。三年一轮,考中的叫进士,就可以做官,第一名就是状元。

[6] 贤书:本指举荐贤能的文书。《周礼·地官·乡大夫》:"乡老及乡大夫、群吏献贤能之书于王。"后世因称乡试考中为"登贤书"。

[7] 鹿鸣:《诗经·小雅》中宴请宾客的篇名,后指皇帝招待录取者的宴会。

[8] 鹰扬:《诗经·大雅·文王》曾用来赞颂吕尚的气度,意为如鹰之飞扬,后指武科乡试后的宴会。

[9] 朱衣以点头:欧阳修作贡举考官,阅卷时,觉得有红衣老人在旁边点头,文章就合格,于是写诗云:"文章自古无凭据,惟愿朱衣暗点头。"

〔10〕取青紫如拾芥:穿上青紫色的官服就像拾取芥草一样容易。

〔11〕破天荒:唐代荆州每年解送的举人,都不及第,当时人称作是"天荒"。唐宣宗大中四年(850),荆南应试的考生中终于有个叫刘锐的考中了,总算破了"天荒"。

〔12〕出头地:原是欧阳修赏识苏轼的才华所说的话,意思是苏轼将要超过自己。

〔13〕独占鳌头:进士觐见皇帝,状元正好站在雕刻着巨鳌的地方。

〔14〕魁虎榜:唐代欧阳詹与韩愈同榜中进士,人称魁虎榜。

〔15〕琼林赐宴:从宋太宗开始在琼林苑宴请进士。

〔16〕临轩问策:皇帝亲自策问考试。

〔17〕同年:科举考试中同年入考并在同一榜上录取的人。

〔18〕座主:进士对主考官的称呼。

〔19〕龙门点额:传说黄河的鲤鱼到三月则渡龙门,得渡的化为龙,否则点额而还。后因以"龙门点额"喻指仕路失意或科场落第。

〔20〕雁塔题名:唐代自中宗神龙年间以后,举子进士及第,朝廷宴罢,皆集于慈恩寺塔下题名。

〔21〕鹗荐:汉代孔融曾向皇帝推荐祢衡,称赞他为鹗鸟。

〔22〕棘闱:古代考试时,有时用棘木将考场围起,故称棘闱。

〔23〕传胪:科举殿试后宣读考取进士的姓名、名次叫传胪。

〔24〕撤棘:撤除考场四周的围棘,即考试结束。

〔25〕攀仙桂:仙桂,神话传说月中的桂树,指科举登科。

〔26〕步青云:青云,指高官厚禄,借指科举中试。

〔27〕孙山外:苏州滑稽才子孙山和同乡之子一同去参加考试,乡人之子落选。回家后,乡人问孙山其子考得如何,他说:"解名尽处(谓榜末最后一名)是孙山,贤郎更在孙山外。"

〔28〕红勒帛:宋代刘几写文章常说过头话,欧阳修十分厌恶,用红笔将其文章打一个大横杠,全部抹掉。后因称用红笔涂抹文章为红勒帛。

〔29〕英雄入吾彀(gòu 够):隋唐时期开始实行科举制。唐太宗于贞观初发榜日,曾经登上端门,看到新进士一个个从榜下走出,高兴地说:"天下英雄,入吾彀中矣。"入彀,进入弓箭射及范围之内。后以"英雄入吾彀"指

人才被笼络网罗。

[30] 桃李属春官:唐代刘禹锡曾写"满城桃李属春官"的诗句庆贺得到门生。

[31] 槱(yǒu 有):堆积。

[32] 赚了英雄:是安慰士人落第的话。唐代曾有人作诗:"太宗皇帝真长策,赚得英雄尽白头。"

[33] 傍人门户:投靠权贵,不能自立。

口　技

林嗣环

〔解题〕此篇选自清朝张潮(1650—?)编选的一部笔记小说《虞初新志》,是一篇清朝初年散文,作者为林嗣环,题目系编注者根据正文所拟。节选内容记叙了一场精彩的口技表演,以时间先后为序,表现了一位口技艺人的高超技艺。本文赞扬了口技艺术的魅力和表演者高超的技艺,体现了民间艺人敬业爱岗的优秀品质。此故事告诉我们,只要肯下功夫,在任何职业领域都能有一番成就。

京中有善口技者[1]。会宾客大宴,于厅事之东北角,施八尺屏障,口技人坐屏障中,一桌、一椅、一扇、一抚尺而已[?]。众宾团坐[3]。少顷[4],但闻屏障中抚尺二下[5],满坐寂然,无敢哗者[6]。

遥闻深巷中犬吠,便有妇人惊觉欠伸[7],摇其夫,语猥亵事。其夫呓语[8],初不甚应。妇摇之不止,则二人语渐间杂,床又从中戛戛。既而儿醒[9],大啼。夫令妇抚儿乳[10],儿含乳啼,妇拍而呜之[11]。夫起溺,妇亦抱儿起溺。床上又一大儿醒,猗猗不止[12]。当是时,妇手拍儿声,口中呜声,儿含乳啼声,大儿初醒声,床声,夫叱大儿声,溺瓶中声,溺桶中声,一时凑发,众妙毕备。满坐宾客无不伸颈,侧目,微笑,默叹,以为妙绝也。

既而夫上床寝,妇又呼大儿溺,毕,都上床寝。小儿亦渐欲睡。夫齁声起[13],妇拍儿亦渐拍渐止。微闻有鼠作作索索[14],盆器倾侧,妇梦中咳嗽之声。宾客意少舒[15],稍稍正坐[16]。

忽一人大呼:"火起!"夫起大呼,妇亦起大呼。两儿齐哭。俄而百千人人呼[17],百千儿哭,百千犬吠。中间力拉崩倒之声[18],火爆声,呼呼风声,百千齐作;又夹百千求救声,曳屋许许声[19],抢夺声,泼水声。凡所应有,无所不有。虽人有百手,手有百指,不能指其一端[20];人有百口,口有百舌,不能名其一处也[21]。于是宾客无不变色离席[22],奋袖出臂[23],两股战战[24],几欲先走[25]。而忽然抚尺一下,群响毕绝。撤屏视之,一人、一桌、一椅、一扇、一抚尺而已。

嘻!若而人者,可谓善画声矣。遂录其语,以为《秋声序》。

——《虞初新志·秋声诗自序》

[1] 口技:杂技的一种。用口腔发音技巧来模仿各种声音。

[2] 抚尺:艺人表演用的道具,也叫"醒木"。

[3] 团座:相聚而坐。团,聚集、集合。

[4] 少顷(shǎo qǐng 少请):不久,一会儿。

[5] 但:只。闻:听见。

[6] 哗:人多声杂,乱吵。

[7] 惊觉(旧读 jiào 叫):惊醒。欠:打呵欠。伸:伸懒腰。

[8] 呓语:说梦话。

[9] 既而:不久,紧接着。而,这里作表时间的副词的词尾。

[10] 乳:作动词用,哺乳。

[11] 呜:指轻声哼唱着哄小孩入睡。

[12] 狺(yín 银)狺:叫嚷、喧哗。

[13] 齁(hōu 猴平声):入睡后发出的鼻息声。

[14] 微闻:隐约地听到。作作索索:拟声词,老鼠活动的声音。

[15] 意少舒:心情稍微放松了些。意,心情。少,稍微。舒,伸展、松弛。

[16] 稍稍:此处是时间副词,渐渐。

[17] 俄而:一会儿,不久。

[18] 中间(jiàn 建):其中夹杂着。力拉崩倒:劈里啪啦,房屋倒塌。力拉,拟声词。

[19] 曳(yè 页)屋许许(hǔ 虎)声:(众人)拉塌(燃烧着的)房屋时一齐用力的呼喊声。曳,拉。许许,拟声词,呼喊声。

[20] 不能指其一端:不能指明其中的(任何)一种(声音)。形容口技模拟的各种声响同时发出,交织成一片,使人来不及一一辨识。一端:一头,这里是"一种"的意思。

[21] 名:作动词用,说出。

[22] 变色:变了脸色,惊慌失措。

[23] 奋袖出臂:捋起袖子,露出手臂。奋,张开、展开。出,露出。

[24] 股:大腿。战战:打哆嗦、打战。

[25] 几(jī 机)欲先走:几乎要抢先逃跑了。几,几乎,差点儿。走,跑。

核 舟 记

魏学洢

[**解题**] 全文记述奇巧工人王叔远善于刻物之事,通过介绍他赠予作者的一具核舟的细节,展现了工匠精湛非凡的技艺。这告诉我们任何行业都可以做到精益求精,但是要想达到业精的境界必须认真并注重细节,只有本着敬业、细心的态度才能将点滴细节做到完美,所谓"敬而后方能精",选文的故事正阐明了这个道理。

明有奇巧人曰王叔远[1],能以径寸之木[2],为宫室、器皿、人物,以至鸟兽、木石,罔不因势象形,各具情态。尝贻余核舟一,盖大苏泛赤壁云[3]。

舟首尾长约八分有奇[4],高可二黍许[5]。中轩敞者为舱[6],箬篷覆之[7]。旁开小窗,左右各四,共八扇。启窗而观,雕栏相望焉。闭之,则右刻"山高月小,水落石出",左刻"清风徐来,水波不兴",石青糁之[8]。

船头坐三人,中峨冠而多髯者为东坡[9],佛印居右[10],鲁直居左[11]。苏、黄共阅一手卷。东坡右手执卷端,左手抚鲁直背。鲁直左手执卷末,右手指卷,如有所语。东坡现右足,鲁直现左足,各微侧,其两膝相比者[12],各隐卷底衣褶中。佛印绝类弥勒[13],袒胸露乳,矫首昂视[14],神情与苏、黄不属[15]。卧右膝,诎右臂支船[16],而竖其左膝,左臂挂念珠倚之,珠可历历数也。

舟尾横卧一楫[17]。楫左右舟子各一人[18]。居右者椎髻仰面[19],左手倚一衡木[20],右手攀右趾,若啸呼状。居左者右手执蒲葵扇,左手抚炉,炉上有壶,其人视端容寂[21],若听茶声然。

其船背稍夷[22],则题名其上,文曰"天启壬戌秋日[23],虞山王毅叔远甫刻[24]",细若蚊足,钩画了了[25],其色墨。又用篆章一,文曰"初平山人",其色丹。

通计一舟,为人五;为窗八;为箬篷,为楫,为炉,壶,为手卷,为念珠各一;对联、题名并篆文,为字共三十有四;而计其长曾不盈寸。盖简桃核修狭者为之[26]。魏子详瞩既毕,诧曰:"嘻,技亦灵怪矣哉[27]!"

——《虞初新志·核舟记》

[1] 奇巧人:有特殊技艺(技艺精巧)的人。

[2] 径寸:直径一寸。明代一寸约等于今天3.4厘米。

[3] 大苏泛赤壁云:苏轼在政治上失意的日子里,常常游览山水,写作诗歌,抒发他的心情。有一次,他乘着小船到赤壁去游览,并写作了名篇《赤壁赋》。云,语气词。

[4] 有奇(yòu jī 又机):有,放在整数与零数之间,意思同"又"。奇,零数。

[5] 黍:又叫黍子,去皮后叫黄米。也是古代度量衡的单位之一,是极小的一个单位。许:上下。

[6] 轩:高。

[7] 箬篷:用箬竹叶做成的船篷。名词作状语,用箬篷。箬,同"篛"。

[8] 石青:一种矿物质的蓝色颜料,这里译为用石青。糁:涂染。

[9] 峨冠:戴着高高的帽子。

［10］佛印：宋代云门宗僧，为苏东坡之方外知交。

［11］鲁直：即黄庭坚，字鲁直，北宋著名文学家、书法家，为盛极一时的江西诗派开山之祖。与张耒、晁补之、秦观都游学于苏轼门下，合称为"苏门四学士"。生前与苏轼齐名，世称"苏黄"。

［12］比：靠近。

［13］绝类：非常像。

［14］矫：举。

［15］属（zhǔ 主）：相类似。

［16］诎：同"屈"，弯曲。

［17］楫：船桨。

［18］舟子：撑船的人。

［19］椎髻：梳着椎形发髻，名作动词。髻，在脑上或脑后挽束起来。

［20］衡：通"横"，与纵相对。

［21］视端容寂：眼光正视着（茶炉），面色平静。

［22］夷：平。

［23］天启：熹宗朱由校的年号（1621—1627）。

［24］虞山：今江苏省常熟市境内的一座山，横卧于常熟城西北，北濒长江，南临尚湖。

［25］了了：清楚明白。

［26］简：通"拣"，挑选。修狭：长而窄。

［27］灵怪：神奇。

促 织

蒲松龄

〔解题〕《促织》选自蒲松龄(1640—1715)所撰《聊斋志异》,是其代表作之一。本文通过成名一家不幸遭遇的描写,深刻揭示了为政者之贪婪、凶残、自私,批判了封建官僚制度的腐朽、横征暴敛的罪恶,以及各级官吏媚上责下"假此科敛丁口"等恶劣行径,表现了老百姓为生计奔波的劳苦、辛酸和艰难,寄托了作者对受尽欺凌和迫害的下层群众的深切同情。由此可见,统治阶层若是没有职业操守,那么天下百姓将陷入水深火热之中,应该懂得戒奢戒躁,弘扬清廉正气。

宣德间[1],宫中尚促织之戏[2],岁征民间。此物故非西产[3];有华阴令欲媚上官[4],以一头进,试使斗而才[5],因责常供[6]。令以责之里正[7]。市中游侠儿得佳者笼养之[8],昂其直[9],居为奇货[10]。里胥猾黠[11],假此科敛丁口[12],每责一头,辄倾数家之产。

邑有成名者,操童子业[13],久不售[14]。为人迂讷[15],遂为猾胥报充里正役[16],百计营谋不能脱[17]。不终岁,薄产累尽[18]。会征促织,成不敢敛户口,而又无所赔偿,忧闷欲死。妻曰:"死何裨益?不如自行搜觅,冀有万一之得。"成然之。早出暮归,提竹筒丝笼,于败堵丛草处[19],探石发穴,靡计不施，迄无济[20]。即捕得三两头，又劣弱不中于款[21]。宰严限追比[22]，旬余，杖至百，两股间脓血流离[23]，并虫亦不能行捉矣。转侧床头，惟思自尽。

时村中来一驼背巫，能以神卜[24]。成妻具资诣问[25]。见红女白婆[26]，填塞门户。入其舍，则密室垂帘，帘外设香几。问者爇香于鼎[27]，再拜。巫从旁望空代祝，唇吻翕辟[28]，不知何词。各各悚立以听。少间，帘内掷一纸出，即道人意中事，无毫发爽[29]。成妻纳钱案上，焚拜如前人。食顷[30]，帘动，片纸抛落。拾视之，非字而画：中绘殿阁，类兰若[31]；后小山下，怪石乱卧，针针丛棘，青麻头伏焉[32]；旁一蟆，若将跃舞。展玩不可晓。然睹促织，隐中胸怀。折藏之，归以示成。

成反复自念，得无教我猎虫所耶[33]？细瞻景状，与村东大佛阁逼似[34]。乃强起扶杖，执图诣寺后，有古陵蔚起[35]。循陵而走，见蹲石鳞鳞[36]，俨然类画。遂于蒿莱中侧听徐行，似寻针芥。而心目耳力俱穷，绝无踪响。冥搜未已[37]，癞头蟆猝然跃去。成益愕，急逐趁之[38]，蟆入草间。蹑迹披求[39]，见有虫伏棘根。遽扑之[40]，入石穴中。掭以尖草[41]，不出；以筒水灌之，始出[42]，状极俊健。逐而得之。审视，巨身修尾，青项金翅。大喜，笼归，举家庆贺，虽连城拱璧不啻也[43]。上于盆而养之，蟹白栗黄[44]，备极护爱，留待限期，以塞官责。

成有子九岁，窥父不在，窃发盆。虫跃掷径出，迅不可捉。及扑入手，已股落腹裂，斯须就毙[45]。儿惧，啼告母。母闻之，面色灰死，大惊曰："业根[46]，死期至矣！而翁归[47]，自与汝复算耳！"儿涕而去。

未几，成归，闻妻言，如被冰雪。怒索儿，儿渺然不知所往。既而得其尸于井,因而化怒为悲,抢呼欲绝。夫妻向隅[48],茅舍无烟,相对默然,不复聊赖[49]。日将暮,取儿藁葬[50]。近抚之,气息惙然[51]。喜置榻上,半夜复苏。夫妻心稍慰,但儿神气痴木,奄奄思睡。成顾蟋蟀笼虚,则气断声吞,亦不复以儿为念,自昏达曙,目不交睫。东曦既驾[52],僵卧长愁。忽闻门外虫鸣,惊起觇视[53],虫宛然尚在。喜而捕之,一鸣辄跃去,行且速。覆之以掌,虚若无物;手裁举[54],则又超忽而跃。急趋之,折过墙隅,迷其所在。徘徊四顾,见虫伏壁上。审谛之,短小,黑赤色,顿非前物。成以其小,劣之。惟彷徨瞻顾,寻所逐者。壁上小虫忽跃落襟袖间,视之,形若土狗[55],梅花翅,方首,长胫,意似良。喜而收之。将献公堂,惴惴恐不当意,思试之斗以觇之。

村中少年好事者,驯养一虫,自名"蟹壳青",日与子弟角,无不胜。欲居之以为利,而高其直,亦无售者。径造庐访成,视成所蓄,掩口胡卢而笑。因出己虫,纳比笼中[56]。成视之,庞然修伟,自增惭怍,不敢与较。少年固强之。顾念蓄劣物终无所用,不如拼博一笑,因合纳斗盆。小虫伏不动,蠢若木鸡[57]。少年又大笑。试以猪鬣毛撩拨虫须,仍不动。少年又笑。屡撩之,虫暴怒,直奔,遂相腾击,振奋作声。俄见小虫跃起,张尾伸须,直龁敌领[58]。少年大骇,急解,令休止。虫翘然矜鸣,似报主知,成大喜。方共瞻玩,一鸡瞥来,径进以啄。成骇立愕呼,幸啄不中,虫跃去尺有咫[59]。鸡健进,逐逼之,虫已在爪下矣。成仓猝莫知所救,顿足失色。旋见鸡伸颈摆扑,临视,则虫集冠上,力叮不释。成益惊喜,掇置笼中。

翼日进宰[60],宰见其小,怒呵成。成述其异,宰不信。试与他虫斗,虫尽靡。又试之鸡,果如成言。乃赏成,献诸抚军。抚军大悦[61],以金笼进上,细疏其能[62]。既入宫中,举天下所贡蝴蝶、螳螂、油利挞、青丝额……一切异状,遍试之,莫出其右者。每闻琴瑟之声,则应节而舞。益奇之。上大嘉悦,诏赐抚臣名马衣缎。抚军不忘所自,无何[63],宰以卓异闻。宰悦,免成役。又嘱学使,俾入邑庠[64]。后岁余,成子精神复旧,自言身化促织,轻捷善斗,今始苏耳。抚军亦厚赉成。不数年,田百顷,楼阁万椽,牛羊蹄躈各千计[65];一出门,裘马过世家焉。

异史氏曰[66]:"天子偶用一物,未必不过此已忘;而奉行者即为定例。加以官贪吏虐,民日贴妇卖儿,更无休止。故天子一跬步,皆关民命,不可忽也。独是成氏子以蠹贫[67],以促织富,裘马扬扬。当其为里正,受扑责时,岂意其至此哉!天将以酬长厚者,遂使抚臣、令尹,并受促织恩荫。闻之:一人飞升,仙及鸡犬[68]。信夫!"

——《聊斋志异·促织》

[1] 宣德:明宣宗年号(1426—1435)。

[2] 尚:崇尚,爱好。促织之戏:斗蟋蟀的赌博。促织,蟋蟀。

[3] 西:这里指陕西。

[4] 华阴令:华阴县(今关中平原东部,秦晋豫三省结合地带)县官。

[5] 才:(有)才能。这里指勇敢善斗。

[6] 责:责令。

[7] 里正:里长。

[8] 游侠儿:这里指游手好闲、不务正业的年轻人。

[9] 昂其直:抬高它的价钱。直,通"值"。

[10] 居为奇货:储存起来,当作稀奇的货物(等待高价)。居,积、储存。

[11] 里胥:管理乡里事物的公差。

[12] 科敛丁口:向百姓征税摊派费用。科敛,摊派、聚敛。科,聚敛。丁口,老百姓。丁,成年男子。

[13] 操童子业:意思是正在读书,准备应考。操……业,从事……行业。童子,童生。科举时代还没考取秀才的读书人,不论年纪大小,都称为"童生"。

[14] 售:原意是卖物出手,这里指考取。

[15] 迂讷:拘谨而又不善于说话。迂,言行或见解陈旧不合时宜。讷,语言迟钝,不善讲话。

[16] 猾胥:刁诈的小吏。充里正役:担任里正的差事。充,充当。

[17] 脱:逃避。

[18] 累尽:牵累而耗尽。累,牵连,妨碍。

[19] 败堵:破墙。堵,墙。

[20] 迄无济:始终没有成功。迄,用于"未"或"无"前,表始终。

[21] 中于款:款式上不符合。

[22] 宰严限追比:县令严定期限,催促缴纳。追比,旧时地方官吏严逼人民,限期交税、交差、逾期受杖责,叫"追比"。

[23] 流离:淋漓。

[24] 能以神卜:能够凭借神力占卜。

[25] 具资诣问:准备好钱财去询问解决方法。具,准备。诣,到。

[26] 红女白婆:红妆的少女、白发的老婆婆,各年龄的人都有,侧面写出人多,突出巫婆之神。

[27] 爇香:点燃香。

[28] 翕辟:翕,合。辟,开。

[29] 爽:差失,违背。

[30] 食顷:吃一顿饭的工夫。

[31] 兰若:寺庙,即梵语"阿兰若"。

[32] 青麻头:和下文的"蝴蝶""螳螂""油利挞""青丝额",都是上品蟋蟀的名字。

[33] 得无:恐怕,是不是。常和"耶"构成表推测性的疑问句。

[34] 逼似:非常相似。逼,切近。

〔35〕有古陵蔚起：有古坟高起。蔚，草木茂盛的样子，引申为高大的样子。

〔36〕蹲石鳞鳞：蹲踞着的一块块石头像鱼鳞排列。

〔37〕冥搜：用尽心思搜索。冥，深。

〔38〕趁：赶。

〔39〕蹑迹披求：追（蛤蟆的）踪迹，拨开（丛草）寻求。蹑，悄悄追随。披，拨开。

〔40〕遽：急，仓猝。

〔41〕掭（tiàn 天去声）：拨动。

〔42〕始：才，方才。

〔43〕虽连城拱璧不啻也：即使价值连城的宝玉也比不上。拱璧，大璧，极言其珍贵。啻，止。

〔44〕蟹白栗黄：蟹肉和栗肉，指蟋蟀吃的精饲料。

〔45〕斯须：一刻工夫，一会儿。

〔46〕业根：祸种，惹祸的东西。业，业障，佛教用语，罪恶的意思。

〔47〕而：通同"尔"，代词，你或你的。

〔48〕向隅：面对墙角（哭泣）。《说苑》："今有满堂饮酒者，有一人独索然向隅哭泣……"后人用"向隅"表示哭泣的意思。

〔49〕聊赖：精神或生活上的依傍、寄托。

〔50〕藁葬：用草席裹着尸体埋葬。

〔51〕惙然：气息微弱的样子。

〔52〕东曦既驾：东方的太阳已经升起。东曦，指日神东君。曦，日光。既驾，已经乘车出来。古代传说，日神乘着神龙驾驭的车。

〔53〕覘（chān 搀）：看，偷偷地察看。

〔54〕裁：通"才"，刚刚。

〔55〕土狗：蝼蛄的别名。

〔56〕比笼：比试的笼子。

〔57〕蠢若木鸡：形容神貌呆笨。《庄子·达生》篇说，养斗鸡的，要把斗鸡训练得镇静沉着，仿佛是木头雕的，才能够不动声色，战胜别的斗鸡。

〔58〕龁：咬。

[59] 尺有咫:一尺多。咫,八寸。

[60] 翼:同"翌"。

[61] 抚军:官名,巡抚的别称,总管一省的民政和军政。

[62] 疏:陈述。疏,本是臣下向君主陈述事情的一种公文,这里作动词。

[63] 无何:没多久。

[64] 又嘱学使,俾入邑庠:抚军又嘱咐学使让成名做秀才。学使,提督学政(学台),是专管教育和考试的官。俾,使。邑,县。庠,学校。

[65] 牛羊蹄躈各千计:意思是牛羊几百头。蹄躈,亦作"蹄噭",古时用以计算牲畜的头数。千计,是说很多,不是实数。

[66] 异史氏:作者自称。《聊斋志异》里边有许多怪异的事,所以称异史。

[67] 以蠹贫:因官吏所蠹而贫穷。蠹,蛀虫,这里用来比喻侵耗财务的胥吏。

[68] 一人飞升,仙及鸡犬:一个人升天,连他的鸡犬也成仙。比喻一个人发迹了,同他有关系的人都跟着得势。

圣祖仁皇帝实录三则

[**解题**]《清实录》是清朝历代皇帝统治时期的大事纪,用编年体体例记载了有清一代近三百年的用人行政和朝章国故。这里选了《圣祖仁皇帝实录》(康熙实录)中的三则材料来说明如何敬业,敬业的核心在于发自内心热爱自己的事业并且要下定决心,皇帝要能勤政,始终如一,大臣要能以民为主,爱民如子,如此配合才能让社会和谐,民心安定。每则材料题目系编注者根据正文所拟。康熙是中国历史上在位时间最长的皇帝,在位61年。《圣祖仁皇帝实录》按照年月日记载了其在位期间政治、经济、军事、文化、灾祥等方面的重要事迹,从实录文字的记载来看,康熙确实可称得上中国统一的多民族国家的捍卫者,他为人仁厚,勤政爱民,奠定了清朝兴盛的根基,开创出康乾盛世的局面。

人之要道在心术

癸酉[1],上御弘德殿[2]。讲官进讲毕[3],谕讲官等曰:"从来民生不遂,由于吏治不清[4]。长吏贤,则百姓自安矣。天下善事,俱是分所当为[5]。近见有寸长片善,便自矜夸,是好名也。"又谕曰:"有治人,无治法[6]。但真能任事者亦难得。朕观人必先心术,次才学。心术不善,纵有才学何用?"熊赐履奏曰[7]:"圣谕及此,诚知人之要道也。"

——《清实录·圣祖仁皇帝实录》卷四十一

［1］癸酉:此指癸酉日。时为康熙十二年(1673)三月。

［2］弘德殿:清代皇帝办理政务及读书之处。康熙皇帝在弘德殿命讲官进讲四书五经,并与讲官论及吏治之道,亦或吟诗作赋。

［3］讲官:为皇帝经筵进讲的官员。

［4］遂:顺应,符合。

［5］分(fēn份):名位、职责、权利的限度。

［6］有治人,无治法:有使国家安定的人,没有使国家自行安定的法制。出自《荀子·君道》。

［7］熊赐履(1635—1709):清初理学名臣。字敬修,又字青岳,号素九,别号愚斋,湖广汉阳府孝感人,世籍南昌。他是康熙皇帝的讲官,他通过讲学官中促使最高统治者系统学习儒家思想文化,着力解决清朝政治发展方向问题。

勤　政

大学士等奏:"皇上宵旰勤劳[1],励精图治,天下已享太平,事务亦极清简,臣等敢请每日奏章交送内阁[2],皇上隔三四日御门一次[3],听理引见人员与绿头牌启奏诸事[4],似于政事亦不致有误。"上曰:"朕听政三十余年,已成常规。不日日御门理事即觉不安,若隔三四日,恐渐致倦怠,不能始终如一矣。此乾清门乃朕宫中,亦有何劳？但念年老大臣黎明从家中入奏甚为劳苦[5],故有此谕。朕仍照常,每日听政。"

——《圣祖仁皇帝实录》卷一百六十一

［1］宵旰勤劳:天不亮就穿衣起床,天黑了还不休息。旰,天色晚。

［2］内阁:政府最高级官员代表政府各部门商议政策的组织。

［3］御门:清代皇帝在宫门听政。顺治时御太和门,康熙时改御乾清门。凡部院所进呈皇帝的题本,及未经奉旨如何处理的折本,即于御门听政

之日,由大臣们当面奏呈,与内阁大臣等商决裁夺。

[4] 引见:引导入见天子。绿头牌:亦称"绿头签"。清制,凡进见皇帝者,皆用粉牌书写姓名、履历。牌头饰绿色者称绿头牌。

[5] 但:只,仅,只是。黎明:天快要亮或刚亮的时候。黎,比及,等到。本则时为康熙三十二年(1693)十二月。

居官爱民

壬寅[1],湖广总督李辉祖、河南巡抚李国亮、云南巡抚石文晟、浙江巡抚张敏,陛辞[2]。上谕之曰:"凡居官,以实心爱民为主,民虽愚,终不能欺也[3]。能实心爱民,民自知感,否则竭力矫饰,终难掩人耳目。朕在宫中,惟以百姓为念,督抚身在地方,与百姓最亲,岂可不一心爱民,副朕委任之意[4]?一省之事,全在督抚,督抚洁己率属[5],则府州县自然遵奉。尔等系封疆大臣[6],当自惜声名、自立品望。朕巡幸浙江、江南、陕西、山西等处,百姓利病[7],俱所深知。山狭地瘠,地方官略加朘削[8],情即显露[9]。然州县之私派皆由督抚布按科派所致[10],若止在州县官[11],则所害者不过一州一县,巡抚与布政使通同妄行[12],则合省俱受其害矣[13]。此等人,朕断不姑容[14],尔等识之。"

——《圣祖仁皇帝实录》卷一百八十七

[1] 壬寅:此指壬寅日。时为康熙三十七年,即1698年。

[2] 陛辞:指朝官离开朝廷,上殿辞别皇帝。

[3] 欺:欺骗。

[4] 副:相称、相配。

[5] 率属:成为下属的表率。率,成为表率,名词用作动词。

[6] 封疆:明清对总督、巡抚的称谓。

〔7〕利病:所觉得好的和所害怕的。病,担心。

〔8〕朘(juān娟)削:剥削。

〔9〕情:实情。

〔10〕私派:指政府官吏违反国家政策制度,以多种名目和手段,超额征派赋税和劳役的行为。科派:责令出资或按定例摊派捐款。

〔11〕止:通"只"。

〔12〕通:往来交接。

〔13〕合:总共,全。

〔14〕姑容:姑息和容忍。

乐　群

欣悦群伦

〔解题〕 此小节选自《周易》兑卦第五十八,题目据正文主旨拟。兑乃欣喜欢悦之义,兑卦阐释的是如何建立欣悦、和谐的人际关系。其卦象上下皆为兑,内外卦刚爻居中,柔爻居外,有外柔内刚之象。君子观此卦,虽处于下位而不邪谄,能以光明正大的品行令人和悦,心怀虔诚使人信服。与此相反,如果以不正当动机取悦他人,则会带来凶险。当然,与人和悦并不代表毫无原则,必要时须断然去恶,也应谨慎地戒防专事谄媚的小人,以免对君子之道形成威胁。

☱☱ 兑:亨,利贞[1]。

《彖》曰:兑,说也。刚中而柔外,说以利贞[2],是以顺乎天而应乎人[3]。说以先民,民忘其劳;说以犯难,民忘其死[4]。说之大,民劝矣哉[5]!

《象》曰:丽泽,兑[6]。君子以朋友讲习[7]。

初九,和兑。吉[8]。
《象》曰:"和兑"之吉,行未疑也[9]。

九二,孚兑,吉,悔亡[10]。
《象》曰:"孚兑"之吉,信志也[11]。

六三,来兑,凶[12]。

《象》曰:"来兑"之凶,位不当也[13]。

九四,商兑未宁,介疾有喜[14]。

《象》曰:九四之喜,有庆也[15]。

九五,孚于剥,有厉[16]。

《象》曰:"孚于剥",位正当也[17]。

上六,引兑[18]。

《象》曰:上六"引兑",未光也[19]。

——张涛《〈周易〉注评·兑卦》

[1] 兑:卦名,上下卦均为兑,即"说(通悦)",象征欢欣、喜悦。孔颖达疏曰:"惠施民说所以为亨,以说说物,恐陷谄邪,其利在于贞正,故曰兑亨利贞。"

[2] "刚中而柔外"二句:刚中,指九二、九五阳刚居中。柔外,六三、上六阴柔居外。这两句是说,兑卦外柔内刚,刚柔兼济,所以能悦而利于持守中正。

[3] 顺乎天而应乎人:顺应天道而又应合人心。

[4] "说以先民"四句:欢欣地身先百姓而不辞劳苦,则百姓必然会忘记自己的劳苦;欢悦地身先趋赴危难而不避艰险,百姓必然会舍生忘死。

[5] "说之大"二句:劝,勉励。这两句是说,和悦之道广大,百姓会因此勉励奋进。

[6] "丽泽"二句:丽,附丽。泽,兑为泽。二兑相并、二泽相连即为兑卦。

[7] 君子以朋友讲习:同门曰朋,同志曰友。讲习,论道习业。此言君子欣悦于良朋益友之间论道习业。

[8] "和兑"二句:初九居兑之初,以阳居下,无所党系,和悦待人,所以

说"吉"。

[9]"'和悦'之吉"二句:初九和悦端正,体禀阳刚,和悦待人以获吉祥,其行为不会被人猜忌怀疑。

[10]"孚兑"三句:九二悦不失中,悦而有信,所以可获吉祥,悔恨消亡。

[11]信志:心存诚信。

[12]"来兑"二句:来,来求。此处是说,六三居下兑之外,处位不正,上无应援,来求合于初九、九二两阳,以达到欣悦。非正求悦,为邪佞之象,所以"凶"。

[13]位不当:李鼎祚《周易集解》说:"以阴居阳,故'位不当'。谄邪求悦,所以必凶。"

[14]"商兑未宁"二句:商,商量,裁制。介,隔绝。疾,指六三的邪佞之患。这两句是说,九四上承九五之中正,而下临六三之邪佞,不能决断而商度所悦,未能有定。然九四质本阳刚,所以能介然守正,除绝邪佞,终有喜庆。

[15]有庆:值得庆贺。

[16]"孚于剥"二句:剥,小人道长之谓。这两句是说,九五上比上六,虽处尊位,不悦信于阳反悦信于阴,会有危险。

[17]位正当:九五虽悦信于上六之阴,但居中处正,其位正当。

[18]引兑:引,引导。此句是说,引导九四、九五两阳从其相悦。

[19]未光:上六引导他人从其相悦,和悦之道未能光大。

处善无尤

〔解题〕题目据正文拟。文段主要是以自然界的水来喻人、教人。老子用水性比喻有高尚品德者的人格,认为他们的品格像水那样,滋润万物而不争不抢,停留于卑微之处,却又最接近于道。在老子看来,最完善的人格也应该具有这种心态与行为,不但做有利于众人的事情而不与人争,而且还愿意去众人不愿去的卑微之地,做众人不愿做的事情。最善的人在居处、心胸、待人、言语、为政、做事、行动等方面都能够很好把握,因而能够不与人争,无过失也无怨尤,众人皆愿与之为友,与之共事。"善利万物而不争"的哲学思想有利于消解过度利己主义,以建立和而不争的社会环境。

上善若水[1],水善利万物而不争。处众人之所恶[2],故几于道[3]。居善地[4],心善渊[5],与善仁[6],言善信[7],正善治[8],事善能[9],动善时[10]。夫唯不争,故无尤[11]。

——《老子》第八章

[1] 上善若水:上,最。上善即最善。这里老子以水的形象来说明圣人是道的体现者,因为圣人的言行有类于水,而水德是近于道的。

[2] 处众人之所恶:即居处于众人所不愿去的地方。

[3] 几于道:几,接近。即接近于道。

[4] 居善地:居处善于选择地方。

[5] 心善渊:心胸善于保持沉静。

[6] 与善仁:与,指与别人相交相接。善仁,善于真诚、友爱和无私。
[7] 言善信:说话善于恪守信用。
[8] 正善治:政善于精简处理。
[9] 事善能:处事善于发挥所长。
[10] 动善时:行为动作善于把握有利的时机。
[11] 尤:怨咎、过失、罪过。

以 德 化 民

〔解题〕题目据正文拟。老子认为有德行善之人会得到天道庇佑。此章文字即重点提示为政者如何与民为善,如何以德化民,以获天佑。为政者不可与民蓄怨,一旦怨怼过深,以德报怨、以怨报怨的方式都不是良好的处理方式,即使和解也定会留有残余无法根除,所以为政者应当学习有道圣人,行"无为"之治,以"德"化民,给予而不索取,不扰害百姓。人与人之间的相处亦当以德为本,"不责于人"。

和大怨[1],必有余怨,安可以为善?是以圣人执左契[2],而不责于人[3]。有德司契[4],无德司彻[5]。天道无亲[6],常与善人[7]。

——《老子》第七十九章

[1] 和大怨:和,和解;大,深重。
[2] 左契:契即契券,古代借贷金钱、粮米等财物都用契券。契券由木头制成,中间刻横画,两边刻印相同的文字,记财物的名称、数量等,劈为两片。左片称左契,刻着负债人姓名,由债权人保存;右片称右契,刻着债权人的姓名,由负债人保存。索取钱物和偿还钱物时,以两契相合为凭据。
[3] 责:苛责索取。
[4] 司契:掌握契券(以收还钱物)。任继愈注:"司契的人,只凭契据来收付,所以显得从容。"
[5] 司彻:彻,周法,什一而税,谓之彻。司彻,掌管税收的官职,历史

上掌管税收者往往强征暴敛。

　　[6] 无亲:没有偏爱,不偏向于亲属。

　　[7] 与:赐予。天道永远赐予有德的善人。

相处之道

〔解题〕题目据正文拟。每个人都扮演着多种不同的社会角色,切换角色之时其职责和要求亦需要随之改变,只有选择合宜的相处之道,才能够家和、国兴。竭尽全力侍奉父母、全力奉献君主、言而有信善待友人,我们必须恰当把握不同人际交往中各自的侧重点,方可维持和谐的人际关系。培养良好的人际交往关系亦称得上是一门学问。

子夏曰[1]:"贤贤易色[2];事父母,能竭其力[3];事君,能致其身[4];与朋友交,言而有信[5]。虽曰未学,吾必谓之学矣。"

——《论语·学而》

[1] 子夏:孔子弟子。姓卜,名商,字子夏。
[2] 贤贤易色:指重视内在品质,不过分看重容貌。第一个"贤"为动词,以……为贤,第二个"贤"为名词,贤良之人。易,轻看。色,一种解释为女色,另一种为外貌,此处采用第二种。
[3] 竭:《说文》:竭,负举也。负举必尽力,故竭其力即尽其力。
[4] 致:奉献。
[5] 信:诚信。

为政以德

[**解题**] 题目据正文拟。为民服务是为政者职责所在,获取民众信服和拥戴是为政者的主要目的。何以服人?古代即有王道、霸道之争。选文中孔子所主张的"为政以德",即属王道的一种方式。以德治国、以德服人如春风细雨,沁人心脾而不自知,达到无为而治。在当下中国,为政以德所蕴含的政治哲理告诫我们在坚持依法治国的同时坚持以德治国。

子曰:"为政以德,譬如北辰[1],居其所而众星共之[2]。"

——《论语·为政》

[1] 北辰:北极星。《朱子语类》说:"以其居中不动而言,为天之枢轴。"
[2] 共:同"拱",拱卫,环绕。

周而不比

〔解题〕题目据正文拟。君子与小人之间的区别体现在方方面面,人际关系的处理方式亦是其中之一。君子之交重在团结而不结党,小人之交长于相互勾结,但内部并不团结。维持和谐、长久的交往关系,必须要公正对待对方,不可偏私、勾结,如此,则友朋从四方来,群聚于己。

子曰:"君子周而不比[1],小人比而不周[2]。"

——《论语·为政》

[1] 周:团结。比:勾结。
[2] 小人:与"君子"相对。刘宝楠《论语正义》曰:"经传言'小人'有二义:一谓微贱之人,一谓无德之人。此文'小人',则无德者也。"

举直错诸枉

〔解题〕题目据正文拟。人才是一个国家、社会发展的重要资源,也是评判领导者素质的重要指标。"政者,正也。子帅以正,孰敢不正?"为政之人,首先自身必须养成浩然正气,其次要懂得辨别贤才与佞才,任贤使能,以直压枉,以正压邪,只有这样,才能顺应民心,家国兴旺。习近平总书记讲话时曾引用"举直错诸枉,则民服",表达了对干部任用的态度,近贤人远小人,则群众归服。

哀公问曰:"何为则民服[1]?"孔子对曰:"举直错诸枉[2],则民服;举枉错诸直,则民不服。"

——《论语·为政》

[1] 哀公:春秋末年的鲁国国君。名蒋,"哀"为其谥号,定公之子。公元前494—前476年在位。

[2] 举直错诸枉:任用正直的人,将其置放在邪恶的人之上。举,举用,任用。直,正直,这里指正直的人。错,放置,置放。枉,邪恶,指邪恶的人。

临庄举善

〔解题〕题目据正文拟。如何使百姓对当政者敬重、尽忠且互相勉励,是许多当政者的共同疑问。此段选文即孔子就此问题所做的回答。为政者应当以身作则,庄重对待百姓,则百姓回之以敬重;孝敬老人、慈爱幼小,则百姓应之以忠诚。任用贤能之人,教诲能力低下者,则百姓互相劝勉。"身正则不令而行,身不正则令而不行",为政者修省自我,则官民一体,天下和乐。

季康子问:"使民敬忠以劝,如之何[1]?"子曰:"临之以庄[2],则敬;孝慈,则忠;举善而教不能[3],则劝。"

——《论语·为政》

[1] 敬、忠、劝:恭敬、忠诚、互相劝勉。三者并列。以:相当于"和",连词。

[2] 临:靠近。上对下靠近曰"临"。庄:庄重、严肃。

[3] 举善而教不能:按照朱熹《论语集注》的说法,即"善者举之,而不能者教之"。不能:能力较弱的人。

君臣之礼

〔**解题**〕题目据正文拟。春秋末年,王纲解纽,礼坏乐崩,"臣弑其君者有之,子弑其父者有之"(《孟子·滕文公下》),政治社会出现严重危机。在统治者看来,君臣失信于彼此尤为凸显,选段中定公之问即为此而发。孔子认为,要恢复和谐、有序的政治社会秩序,必须"君君、臣臣、父父、子子",即君、臣、父、子须扮演好各自的角色,且在这种双向的人伦关系中各守其礼、各尽其职,"君使臣以礼,臣事君以忠",形成君臣关系和谐、稳定的局面。

定公问:"君使臣,臣事君,如之何[1]?"孔子对曰:"君使臣以礼,臣事君以忠。"

——《论语·八佾》

[1] 定公:姬姓,名宋,为春秋诸侯国鲁国君主之一,是鲁国第二十五任君主。

事君友朋

〔解题〕题目据正文拟。本章论君臣、朋友相处之道。事君、交友是人一生中的两件大事,不可不慎,需讲求适当的方法。臣子对君主要忠诚,然而方法不对也会使自己受辱;朋友之间要亲密相处,然而过于繁琐也会疏远。君臣、友朋相处,必须拿捏得当,适可而止,关系方可长久、坚固。

子游曰:"事君数,斯辱矣;朋友数,斯疏矣[1]。"

——《论语·里仁》

[1]子游:姓言,名偃,字子游,亦称"言游",春秋末吴国人,与子夏、子张齐名,孔子的著名弟子,"孔门十哲"之一。数(shuò):繁琐。《礼记·祭义》记载:"祭不欲数,数则烦,烦则不敬。祭不欲疏,疏则怠,怠则忘。"意思是祭祀不要繁琐,繁琐了就会厌烦,厌烦了就不恭敬。祭祀也不能稀少,稀少了就会荒怠,荒怠了就会遗忘。叮见,其中的"数"与"疏"相对。

君子之道

〔**解题**〕题目据止文拟。选段中通过孔子赞美子产之德阐述了孔子对君子之道的看法。在儒家思想中,君子是理想人格的化身,是个人品德修养至高完善的典型。君子首先要修己,即培养自身的道德修养。正己身而后正国正天下,积极入世,惠养百姓、用民得当。子产在郑国执政期间,大举改革,举贤任能,民众广受恩泽,郑国呈现欣欣向荣之象。子产的君子之道正是"君子之德风"的现实写照。

子谓子产[1],"有君子之道四焉:其行己也恭,其事上也敬,其养民也惠,其使民也义[2]。"

——《论语·公冶长》

[1] 谓:这里是评论的意思。
[2] 子产:春秋郑国大夫公孙侨,郑穆公之孙,字子产,又字子美,是杰出的政治家和外交家。孔子十分推崇他,称他为"惠人""古之遗爱"。恭:庄重。义:公正合宜的举动,此处指使用民众有法度。

不念旧恶

[解题] 题目据正文拟。选段文字旨在讲述为人处世要不计前嫌。《孔子家语·颜回》中有一段记载也体现了孔子这一思想,颜回问孔子朋友之间如何相处,孔子回答说:"君子之于朋友也,心必有非焉而弗能谓,吾不知其仁人也。不忘久德,不思久怨,仁矣夫。"伯夷、叔齐两人在为人处世方面即是"仁"的代表,不执着于过去的仇怨,对人宽容,心中也就没什么可怨恨的了,周遭自然和乐。

子曰:"伯夷、叔齐,不念旧恶,怨是用希[1]。"

——《论语·公冶长》

[1] 伯夷、叔齐:商末诸侯孤竹君的两个儿子。孤竹君死后,他们互相让位,后皆逃至周文王处,武王灭商后,耻食周粟,最后饿死在首阳山上。旧恶(è):过去的仇怨,此处指别人对伯夷、叔齐的怨恨。怨:怨恨,此处指招致他人怨恨。希:同"稀",稀少,减少。别人对他们的怨恨也就较少。

吾无隐乎

〔**解题**〕题目据正文拟。选段讲述孔子之教"无所隐",一视同仁,无所保留,公平、公正对待受教育者,体现了师者无私的精神。孔子博学多闻,又提倡因材施教,对不同的弟子采取不同教导方式,又持"不愤不启,不悱不发"的理念,即学生如果未经自身努力思考则不得启发,这些做法导致弟子怀疑孔子有所隐匿。弟子以"言"疑,孔子以言"行",无论做什么都与学生一起,以身教彰,毫不保留,因着这种教育方式,孔子的弟子成群,且敬重孔子。

子曰:"二三子以我为隐乎?吾无隐乎尔。吾无行而不与二三子者,是丘也[1]。"

——《论语·述而》

[1] 二三子:孔子对弟子的称呼。隐:隐匿,保留。乎尔:于你们。丘:孔子名丘。

己所不欲,勿施于人

〔解题〕题目据正文拟。孔子有关"仁"的思想涵盖丰富,针对不同人的疑问其回答也会有所变化。选段中仲弓问仁,孔子从具体到抽象,从小范围至大范围等层面给予回答。其中"己所不欲,勿施于人"称得上是精华总结,自己不想被强迫的事情也不要强加给别人。这八个字不仅体现了儒家"推己及人"的思想,同时也体现了人与人之间平等和谐的相处关系,如此规范自我行为,则在家、在邦都不会招引他人的怨怼。

仲弓问仁[1]。子曰:"出门如见大宾[2],使民如承大祭[3]。己所不欲,勿施于人。在邦无怨[4],在家无怨[5]。"仲弓曰:"雍虽不敏,请事斯语矣。"

——《论语·颜渊》

[1] 仲弓:冉雍,春秋末期鲁国陶(今山东定陶)人,字仲弓。孔子的弟子,与冉耕(伯牛)、冉求(子有)皆在孔门十哲之列,世称"一门三贤"。

[2] 大宾:贵宾。刘宝楠《论语正义》曰:"宾位尊于己,故曰大也。"

[3] 大祭:国祭。

[4] 在邦:在邦国为诸侯。

[5] 在家:不在朝为官。

子善则民善

〔**解题**〕题目据正文拟。鲁哀公十一年,孔子六十八岁,季康子派人从卫国迎回孔子。选段即孔子针对季康子为政无道的现状,加以规劝。从前面所选《论语》文字已能够看出孔子十分重视为政者的个人修为,主张以德服人,而非霸道治人。季康子虽认识到当远无道近有道,但采取的方式却是武力制服。孔子提倡统治者修善、养善,做好榜样,则民众自然闻风而动,也不会因为畏惧霸道之行而躲避统治者。

季康子问政于孔子曰:"如杀无道[1],以就有道[2],何如?"孔子对曰:"子为政,焉用杀?子欲善而民善矣。君子之德风,小人之德草,草上之风,必偃[3]。"

——《论语·颜渊》

[1] 无道:暴虐而没有才德的人。
[2] 就:亲近。
[3] 偃:倒伏。

忠告善道

〔**解题**〕题目据正文拟。朋友在一个人的一生中扮演着重要角色,如何与朋友相处,孔子给出了答案:与朋友相处要忠诚劝告,劝导指引他使之向善。但切记不可不讲究方式,在劝导时要注意分寸,适可而止,不得过于纠缠,否则就会自取其辱,甚至与朋友疏远。不要陷入好为人师的尴尬困境,朋友关系是五伦中弹性最大者,必须拿捏得当。

子贡问友。子曰:"忠告而善道之[1],不可则止,毋自辱焉[2]。"

——《论语·颜渊》

[1] 道:通"导",引导。
[2] 辱:使受到侮辱。

以文会友,以友辅仁

〔**解题**〕题目据正文拟。朋友,一般是指志同道合之人,只有具有共同的志向,才能乐于一起学习,彼此切磋鼓励,共同进步,并彼此帮助对方培养仁德。当今社会,存在一些以权钱交易为纽带的所谓"朋友",抛弃为人的基本道德。所以"以文会友,以友辅仁"的价值观值得重视和学习。

曾子曰:"君子以文会友[1],以友辅仁[2]。"

——《论语·颜渊》

[1] 文:《论语集解》引孔安国的说法,释为文德。这里可以引申为共同的志向。

[2] 辅:辅助,帮助,培养。

切切偲偲

〔**解题**〕题目据正文拟。古代将民分为士、农、工、商四种,其中士为首,如何才称得上真正的"士"有很多评断标准,其中与朋友、兄弟之间的关系维系是很重要的一方面。士与朋友之间互相督促勉励,与兄弟之间和顺亲切,和谐友好的人际交往关系有助于自身能力的提升。

子路问曰:"何如斯可谓之士矣?"子曰:"切切偲偲[1],怡怡如也[2],可谓士矣。朋友切切偲偲,兄弟怡怡。"

——《论语·子路》

[1] 切切:相互之意。偲偲(sī 思):勉励、督促、诚恳的样子。
[2] 怡怡:和气、亲切、顺从的样子。如:动词,相处。

友其士之仁者

〔解题〕题目据正文拟。"工欲善其事,必先利其器",此话已经家喻户晓,它与"磨刀不误砍柴工"有异曲同工之妙。在选段文字中,孔子以此为喻,将与贤能的大夫、仁厚的士人结识交往看作是工匠选择优质的工具一样,并以此更进一步说明实行仁德的方式,即敬奉贤者,结交仁人。孔子藉此教育子贡择友乃至为人处世中应有的素质。

子贡问为仁。子曰:"工欲善其事,必先利其器。居是邦也,事其大夫之贤者,友其士之仁者[1]。"

——《论语·卫灵公》

[1] 士:在这里与"大夫"相对应,指具有一定社会地位的人。

群居以义

〔解题〕题目据正文拟。多人相聚,所谈话题的价值及意义既关乎个人的发展,也关乎群体之间的相处。如果所谈话题与道义无关,喜好卖弄小聪明,则邪僻之心就会滋生,"物以类聚,人以群分",长此以往,则整个群体中的人也会受到消极影响。朋友相聚要多发挥正能量,如此才能增加彼此之间的协作与友爱,提高自身素质,使群体向上向善发展。

子曰:"群居终日,言不及义,好行小慧[1],难矣哉!"

——《论语·卫灵公》

[1] 好行小慧:好卖弄小聪明。

群 而 不 党

〔**解题**〕题目据正文拟。孔子认为真正的君子应当庄重、矜持而不争执,与人聚集时不搞阴谋不搞宗派。将此观点推及至为人处世方面,其所表达的宗旨正是为人的基本修养,与"君子周而不比"相通互补。其实结交朋友也应如此,朋友相聚不结党营私,要平等协作。

子曰:"君子矜而不争[1],群而不党[2]。"

——《论语·卫灵公》

[1] 矜:庄重矜持。
[2] 群:聚集、群居。党:结派,偏私。

益 友 损 友

〔解题〕题目据正文拟。所谓"近朱者赤,近墨者黑",所以交友要谨慎,要交有益的朋友。选段文字重在强调如何选择朋友,各列出三种类型以辨别益友和损友。朋友之间以志趣为基础,意在交往中促使彼此进步,所以如何交友及结交什么样的朋友至关重要。要结交正直、诚信、博学多才的朋友,远离惯于谄媚逢迎、阿谀奉承之人。

孔子曰:"益者三友[1],损者三友[2]:友直[3],友谅[4],友多闻[5],益矣;友便辟[6],友善柔[7],友便佞[8],损矣。"

——《论语·季氏》

[1] 益:使……受益。
[2] 损:损害、使……受害。
[3] 直:正直。
[4] 谅:《说文解字》:"谅,信也。"
[5] 多闻:博学多才。
[6] 便辟:谄媚逢迎。
[7] 善柔:善于和颜悦色地骗人。
[8] 便佞:惯于花言巧语。

孝以睦群

〔解题〕 题目据正文拟。所选章节是《孝经》的纲领。它的内容，就是开示《孝经》的宗旨，从事亲、事君、立身等方面论述孝德的重要性，指出先王遵守孝道所以天下和顺，君民和谐一体。《孝经》中所论述的孝不是我们所理解的狭隘意义上子女对父母的敬爱之情、善爱之举，而是更为广泛意义上各个社会阶层所应遵守的道德、职业规范。在物质生活不断丰富的当下社会，孝德观念在一些领域却有日渐淡薄之势，如个人缺乏家庭、社会责任担当。提倡孝敬，和睦小家，共建和谐中国，成为当下必要。

仲尼居，曾子侍。子曰："先王有至德要道，以顺天下，民用和睦，上下无怨。汝知之乎？"曾子避席曰[1]："参不敏，何足以知之？"子曰："夫孝，德之本也，教之所由生也。复坐，吾语汝。身体发肤，受之父母，不敢毁伤，孝之始也；立身行道，扬名于后世，以显父母，孝之终也。夫孝，始于事亲，中于事君，终于立身。《大雅》云[2]：'无念尔祖，聿修厥德。'[3]"

——《孝经·开宗明义章》

[1] 避席：古人席地而坐，离席起立，以示敬意。

[2]《大雅》：《诗经·雅》分为《大雅》《小雅》，为先秦诗歌。《大雅》共二十一篇，大部分作于西周前期，作者大都为贵族。

[3] "无念尔祖"二句：你能不追念文王的德行？如要追念就得先修持自身德行，来继续他的德行。

与民偕乐

〔**解题**〕题目据正文拟。梁惠王与孟子相见,试图向其展现自己安乐的生活,孟子借此论述了贤者之乐与不贤者之乐的差别,并进一步升华到与民同乐才是真正的快乐。孟子此段话引用周文王和夏桀的例子来阐述道理,通过对比得出只有如文王者才能得到人民的拥护,与民同乐,才能够得到真正的快乐。相反,如果像夏桀一样得不到人民的拥护,甚至百姓想要与其一起灭亡,则尽管拥有美好的环境、享乐的生活方式,也不会真正的快乐。

孟子见梁惠王,王立于沼上,顾鸿雁麋鹿,曰:"贤者亦乐此乎?"孟子对曰:"贤者而后乐此,不贤者虽有此,不乐也。《诗》云:'经始灵台[1],经之营之,庶民攻之[2],不日成之[3]。经始勿亟[4],庶民子来。王在灵囿[5],麀鹿攸伏[6],麀鹿濯濯[7],白鸟鹤鹤[8]。王在灵沼,於牣鱼跃[9]。'文王以民力为台为沼。而民欢乐之,谓其台曰灵台,谓其沼曰灵沼,乐其有麋鹿鱼鳖。古之人与民偕乐,故能乐也。《汤誓》曰:'时日害丧?予及女偕亡[10]。'民欲与之偕亡,虽有台池鸟兽,岂能独乐哉?"

——《孟子·梁惠王上》

[1] 经始:开始规划营造。灵台:台名,故址在今陕西西安西北。
[2] 攻:建造。

〔3〕不日:不几天。

〔4〕亟:急。

〔5〕囿:古代帝王畜养禽兽的园林。

〔6〕麀(yōu 悠)鹿:母鹿。

〔7〕濯(zhuó 啄)濯:肥胖而光滑的样子。

〔8〕鹤鹤:羽毛洁白的样子。

〔9〕於(wū 乌):赞叹词。牣:满。

〔10〕《汤誓》:《尚书》中的一篇,记载商汤讨伐夏桀时的誓师词。时日害丧:这太阳什么时候毁灭呢?时,这;日,太阳;害,通"曷",何时;丧,毁灭。

推恩于百姓

〔**解题**〕题目据正文拟。齐宣王仁心及于禽兽但是却不能推恩百姓,孟子着重抓住这一矛盾,向齐宣王揭示王之为王应该如何做。在孟子看来,百姓无法安保的原因在于君王未将恩惠推及到他们身上,但这并非是因为君王没有能力,而是君王没有切实地付诸实践所致。尊敬自家老人时也将这种尊敬推及到其他老人,爱养自家幼小时也将这种爱护推及到其他幼小,如此,则天下百姓安乐,不受伤害。孟子当时已感叹古之人善于推恩,这样的理念在当下社会同样具有重要意义,为政为人都应该推恩于人。

王说曰:"《诗》云:'他人有心,予忖度之[1]。'夫子之谓也。夫我乃行之,反而求之,不得吾心。夫子言之,于我心有戚戚焉[2]。此心之所以合于王者,何也?"曰:"有复于王者曰:'吾力足以举百钧[3],而不足以举一羽;明足以察秋毫之末[4],而不见舆薪[5]',则王许之乎[6]?"曰:"否。""今恩足以及禽兽,而功不至于百姓者,独何与?然则一羽之不举,为不用力焉;舆薪之不见,为不用明焉;百姓之不见保,为不用恩焉。故王之不王,不为也,非不能也。"曰:"不为者与不能者之形何以异[7]?"曰:"挟太山以超北海[8],语人曰'我不能',是诚不能也。为长者折枝,语人曰'我不能',是不为也,非不能也。故王之不王,非挟太山以超北海之类也;王之不王,是折枝之类也。老吾老,以及人之老;幼吾幼,以及人之幼[9]。天下可运于掌。《诗》云:'刑于寡妻,至于兄弟,以御于家邦[10]。'言举斯心加诸彼而已。故推恩足以保四海,不推恩无以保妻子。古之人所以大过人者无他焉,善推其所为而已矣。今恩足以及禽兽,而功不至于百姓者,独何与?权[11],然后知轻重;度,然后知长短。物皆然,心为甚。王请度之!抑王兴甲兵[12],危士臣,构怨于诸侯[13],然后快于心与?"王曰:"否。吾何快于是?将以求吾所大欲也。"

——《孟子·梁惠王上》

[1] 他人有心,予忖度之:引自《诗经·小雅·巧言》。说:同"悦"。忖度:猜想,揣度。

[2] 戚戚:心有所动的感觉。

[3] 钧:古代重量单位,三十斤为一钧。

[4] 秋毫之末:指细微难见的东西。

[5] 舆:车子。薪:木柴。

[6] 许:赞许,同意。

[7] 形:情况,状况。

[8] 太山:泰山。北海:渤海。

[9] 老吾老、幼吾幼:第一个"老"和"幼"都作动词用,分别是"尊敬"与"爱护"之意。

[10] "刑于寡妻"句:引自《诗经·大雅·思齐》。刑,同"型",指树立榜样,做示范。寡妻,国君的正妻。

[11] 权:本指秤锤,这里用作动词,指称物。

[12] 抑:选择连词,相当于现代汉语的"还是"。

[13] 构怨:结怨。

与人为善

〔**解题**〕题目据正文拟。人与人相处应该是互相鼓励一起行善,相亲相爱,才能够造就和谐的社会秩序。如何"与人为善",孟子列举了子路、禹、舜等人的事例,表明了具体做法:善于接受自己的缺点、善于发现他人的优点是首要,随后要与别人一起推行善举,舍弃自己的短处、汲取他人的长处。如此,则会出现友爱相处、守善出新的环境与氛围。

孟子曰:"子路,人告之以有过则喜。禹闻善言则拜[1]。大舜有大焉,善与人同[2]。舍己从人,乐取于人以为善。自耕稼、陶、渔以至为帝,无非取于人者。取诸人以为善,是与人为善者也。故君子莫大乎与人为善。"

——《孟子·公孙丑上》

[1] 拜:拜谢。
[2] 善与人同:与人共同做善事。

身正则天下归

[解题] 题目据正文拟。爱护他人却不被亲近、管理民众却无法治平、礼待他人却得不到回应,面对这些结果时不应怨天尤人,而应当反省自我,从自己身上找原因,反思所行是否真正符合仁、智、敬。古代人十分讲求端正己身,从个人品质说,要严以律己,宽以待人,凡事多作自我批评;从治理国家政治层面来说,则应该正己以正人,以身作则,树立榜样,则天下民众都自动归顺,所谓正己立身以正天下。

孟子曰:"爱人不亲反其仁[1],治人不治反其智[2],礼人不答反其敬。行有不得者,皆反求诸己,其身正而天下归之。《诗》云:'永言配命,自求多福。'[3]"

——《孟子·离娄上》

[1] 亲:亲近。
[2] 治人不治:前一个"治"为动词,治理;第二个"治"为形容词,安定。
[3] "永言配命"二句:出自《诗经·大雅·文王》,意在说要常思虑自己的行为是否合乎天理,以求美好的幸福生活。

亲亲长长

〔解题〕题目据正文拟。和平与发展是当今时代的主题,中国古人"平天下"的理想与此有相通之处。使家国天下安定和平看似与我们相距甚远,但在孟子看来却与每个人息息相关,即每个人亲近亲人、尊重长辈,如果人人都能遵行此种日常伦理,则推之天下就会形成良好的社会秩序。安定天下的大道往往就在人伦日用中,实行简易,人们不应舍近求远、舍易求难。

孟子曰:"道在迩而求诸远[1],事在易而求之难。人人亲其亲、长其长,而天下平[2]。"

——《孟子·离娄上》

[1] 迩:近处,与"远"相对。
[2] 亲其亲、长其长:第一个"亲"和"长"为动词,第二个"亲"和"长"为名词。

至诚而动

〔解题〕题目据正文拟。至诚之道是沟通天人的法则,心诚则灵。选段中孟子系统地论述了至诚的重要性,一步步推进、深化,指出人必须使自己心诚,则光明善良、亲人愉悦、友朋信任、上司认同,最终达到治平百姓的效果。无论是当官还是做人,时刻反思自我是否做到了"至诚",诚心而行,感化他人。

孟子曰:"居下位而不获于上[1],民不可得而治也。获于上有道:不信于友,弗获于上矣;信于友有道:事亲弗悦,弗信于友矣;悦亲有道:反身不诚[2],不悦于亲矣;诚身有道:不明乎善,不诚其身矣。是故诚者,天之道也;思诚者,人之道也。至诚而不动者[3],未之有也;不诚,未有能动者也。"

——《孟子·离娄上》

[1] 获:获得(信任、赞许等)。
[2] 诚:诚心诚意。
[3] 动:使起作用或变化,使感情起变化。

君正而国定

[**解题**] 题目据正文拟。君王对一个国家的发展起着至关重要的作用,在君主制时期的古代中国,此种作用更为显著,所以君王的德才十分被看重。孟子重视个人修行,君王因着其广泛影响力,所以个人素养变得尤为关键,只有君王自身做到仁爱待人、公正合宜、正直正义,那么天下人才会效仿他,跟着他一起行仁居义,国家才会安定。尽管我们不能夸大统治者个人力量的作用,但是提倡统治者树立好榜样,带头建立人与人之间的良好关系、推行公正合宜的方针政策等,对于治国安邦的益处是毋庸置疑的。

孟子曰:"人不足与适也[1],政不足间也[2]。惟大人为能格君心之非[3]。君仁莫不仁,君义莫不义,君正莫不正。一正君而国定矣[4]。"

——《孟子·离娄上》

[1] 适:切合,相合。
[2] 间:批评、挑剔。
[3] 格:变革,纠正。
[4] 正:动词,使……正。

君臣相处之道

[**解题**] 题目据正文拟。国家、社会的治理离不开君臣的合作，放之当下社会，则需要领导者和下属的协作。作为君主，应该以礼对待臣属才能获取尊重，逝世时，臣子甘愿为之服丧以表敬意。在孟子看来，君臣相处有道，君主应以手足之情对待臣子，臣子才会视君如腹心。具体表现为，君主听取臣子谏言，使恩惠达于百姓；臣子因故要出境，应该为他做好引导和事前打探，以确保其人身安全；如果臣子离境三年没有返回，才没收他的田产。君臣和谐才能更好地治理国家。

孟子告齐宣王曰："君之视臣如手足，则臣视君如腹心；君之视臣如犬马，则臣视君如国人[1]；君之视臣如土芥[2]，则臣视君如寇雠[3]。"

王曰："礼，为旧君有服[4]，何如斯可为服矣？"

曰："谏行言听，膏泽下于民；有故而去[5]，则君使人导之出疆，又先于其所往；去三年不反，然后收其田里。此之谓三有礼焉。如此，则为之服矣。今也为臣，谏则不行，言则不听，膏泽不下于民；有故而去，则君搏执之[6]，又极之于其所往[7]；去之日，遂收其田里。此之谓寇雠。寇雠何服之有？"

——《孟子·离娄下》

[1] 国人：平民。

[2]土芥:泥土与草芥,比喻不足爱惜的物品。

[3]寇:盗匪,侵略者;雠:同"仇",仇敌。

[4]服:此处指服丧之礼。

[5]故:缘故,变故。

[6]搏执:拘捕。

[7]极:《说文》:"穷,极也。"这里是使动用法,使困穷。

君子存心

〔解题〕 题目据正文拟。君子在古代有自己特属的含义,自孔子以后,君子多指有德有道之人,与普通人存在差别。选段中孟子围绕君子与常人最大的区别,即善于"存心"论述了君子之道。君子将建立人与人之间仁爱的关系、遵守礼仪规范的自我要求,随时存于心中,并予以践履。如果遇到蛮横无理的人,君子会反思自我是否真正做到了仁、礼、忠,由自我反省进一步从行动上提升自我;如果此人依旧蛮横,那么也就不用再过多责难他。人人以"君子"的品格来要求自己,"爱人者人恒爱之,敬人者人恒敬之"的美好景象将成为现实。

孟子曰:"君子所以异于人者,以其存心也[1]。君子以仁存心,以礼存心。仁者爱人,有礼者敬人。爱人者人恒爱之,敬人者人恒敬之。

有人于此,其待我以横逆[2],则君子必自反也[3]:我必不仁也,必无礼也,此物奚宜至哉?其自反而仁矣,自反而有礼矣,其横逆由是也[4],君子必自反也:我必不忠。自反而忠矣,其横逆由是也,君子曰:'此亦妄人也已矣。如此则与禽兽奚择哉[5]?于禽兽又何难焉[6]?'

是故,君子有终身之忧,无一朝之患也。乃若所忧则有之:舜,人也;我,亦人也。舜为法于天下,可传于后世,我由未免为乡人也,是则可忧也。忧之如何?如舜而已矣。

若夫君子所患则亡矣。非仁无为也,非礼无行也。如有一朝之患,则君子不患矣。"

——《孟子·离娄下》

[1] 存:怀着,怀有。
[2] 横逆:横暴抵触。
[3] 反:回过头来,反思。
[4] 由:同"犹",尚且,还。
[5] 择:挑选,辨别。
[6] 难:诘责,质问。

友 其 德

〔解题〕 题目据正文拟。子贡曾经向孔子"问友",孔子答道:"忠告而善道之,不可则止,毋自辱焉。"即对朋友要懂得忠诚劝告,但要拿捏得度。此章再次涉及"问友"主题,孟子针对弟子万章的疑问进行了细致解答,其核心思想凝结在"友也者,友其德也,不可以有挟也"这一句话中。小到普通人,大到士大夫、卿大夫、诸侯国君,直至天子,在与友相处之际都应该重视对方的德性品行,而不是对方的地位、家室,更不要带有胁迫的成分。以德为根基,平等协助,才能建立长久的朋友关系。

万章问曰:"敢问友[1]。"孟子曰:"不挟长[2],不挟贵,不挟兄弟而友。友也者,友其德也,不可以有挟也。孟献子[3],百乘之家也[4],有友五人焉:乐正裘、牧仲,其三人,则予忘之矣。献子之与此五人者友也,无献子之家者也。此五人者,亦有献子之家,则不与之友矣。非惟百乘之家为然也,虽小国之君亦有之。费惠公曰:'吾于子思,则师之矣;吾于颜般,则友之矣;王顺、长息则事我者也[5]。'非惟小国之君为然也,虽大国之君亦有之。晋平公之于亥唐也[6],入云则入,坐云则坐,食云则食。虽蔬食菜羹,未尝不饱,盖不敢不饱也,然终于此而已矣。弗与共天位也[7],弗与治天职也,弗与食天禄也,士之尊贤者也,非王公之尊贤也。舜尚见帝,帝馆甥于贰室[8],亦飨舜[9],迭为宾主[10],是天子而友匹夫也[11]。用下敬上,谓之贵贵;用上敬下,谓之尊贤。贵贵、尊贤,其义一也。"

——《孟子·万章下》

[1] 万章:孔子弟子,对整理、编注《孟子》一书有重要贡献。
[2] 挟:强迫人服从。
[3] 孟献子:姬姓,鲁国孟孙氏第五代宗主,名蔑,世称仲孙蔑,谥号献。春秋中期鲁国政治家。
[4] 百乘(shèng 圣):一百辆兵车。乘,古代称兵车,四马一车为一乘。
[5] 费惠公:费国为春秋时期的一个小国。费惠公为其中一个时期的国君。孟子称许费惠公善于尊师亲友。
[6] 晋平公:姬姓,名彪,晋悼公之子,春秋时期晋国国君,公元前557年—前532年在位。亥唐:晋平公时期的贤人,不愿为官,隐居穷巷,平公曾对他致礼以请事。
[7] 弗:不。
[8] 馆:招待宾客食宿的房舍,此处用作动词。甥:女婿。贰室:女婿在女家的居室。
[9] 飨:用酒食招待客人。
[10] 迭:轮流,交换。宾主:宾客和主人。
[11] 匹夫:古代平民中的男子,泛指普通老百姓。

友 善 士

〔解题〕题目据正文拟。前文孟子针对万章的疑问就朋友交往的实质进行了解答,此段选文是师徒之间又进一步谈及了交友的范围。在孟子看来,交友没有空间限制,小到乡里,大到一国甚至是天下都可以交友,最终达到朋友遍天下。此外,孟子提出交友无时间限制,我们可以与同时代人交友,也可以与古代人交友,遍世皆友。归根结底,若对方为"善士",即有德之人,我们都可以与之相交,四海之内皆朋友。

孟子谓万章曰:"一乡之善士[1],斯友一乡之善士;一国之善士,斯友一国之善士;天下之善士,斯友天下之善士。以友天下之善士为未足,又尚论古之人[2]。颂其诗,读其书,不知其人,可乎?是以论其世也。是尚友也[3]。"

——《孟子·万章下》

[1] 善士:有德之人。
[2] 尚:还,犹。
[3] 尚:尊崇,注重。

修天爵，而人爵从之

〔解题〕题目据正文拟。孟子将爵位分为"天爵"和"人爵"，前者由上天赋予，人只要不断修行就会获得，逐步提高精神层次。"人爵"则多指人类社会自身构建的官禄爵位等级。如果我们能够加强仁爱、正义、忠诚、诚信的品德修为，乐于帮助他人而不厌倦，那么官禄爵位就会自然获取。但当下许多为官者却一心以不法手段谋取职位晋升，完全抛弃道德修为，如此下去，只会导致"天爵""人爵"双双丢失。学做人，学为官，二者缺一不可。

孟子曰："有天爵者[1]，有人爵者[2]。仁义忠信，乐善不倦，此天爵也[3]；公卿大夫，此人爵也。古之人修其天爵，而人爵从之。今之人修其天爵，以要人爵[4]；既得人爵，而弃其天爵，则惑之甚者也，终亦必亡而已矣。"

——《孟子·告子上》

[1] 天爵：天然的爵位，指高尚的道德修养。
[2] 人爵：与天爵相对应，指人类社会人为构建的等级爵位。
[3] 倦：厌烦，厌倦。
[4] 要：有所倚仗而强求。

仁之胜不仁

〔解题〕题目据正文拟。孟子关于"仁"的思想主要以"人性本善"为根基,在他看来,每个人的内心都有仁、义、礼、智四德,所以我们应该以此四德去感化或者教化迷失四德之人。以下选段重在以"仁"为例,将"仁"与"不仁"比作"水"与"火",以仁教不仁犹如以水灭火,如果无法达到理想效果,则应该反思自我,仁德修养是否充分?是否已经倾尽全力?直接推诿声称自己无能为力,在孟子看来,与不仁之人没有差别。与人相处,要全力襄助他人,共同成仁。

孟子曰:"仁之胜不仁也,犹水胜火。今之为仁者,犹以一杯水,救一车薪之火也[1];不熄,则谓之水不胜火,此又与于不仁之甚者也[2],亦终必亡而已矣。"

——《孟子·告子上》

[1]薪:柴火。
[2]"不熄"三句:是说如果火没熄,就说水不能胜火,这样人与那些很不仁的人一样了。

穷则独善其身,达则兼善天下

〔解题〕题目据正文拟。春秋战国时期,谋士群兴,他们四处奔走,发表见解,游说诸侯国等,有的人才华受到赏识,被重用,有的人却一生无名,落落寡欢。此章文字孟子集中说明了作为士应该如何对待游说之事,不管他人接受与否都能够做到泰然自若,其秘诀在于要做到"尊德乐义",困窘时不失去仁义,显达时不背离道德。无论外界环境,泰然自若应对,守德行义,一方面可以独善其身,另一方面又可善养天下民众,得民心。

孟子谓宋句践曰:"子好游乎[1]?吾语子游。人知之,亦嚣嚣[2];人不知,亦嚣嚣。"

曰:"何如斯可以嚣嚣矣?"

曰:"尊德乐义,则可以嚣嚣矣。故士穷不失义[3],达不离道。穷不失义,故士得己焉;达不离道,故民不失望焉。古之人,得志,泽加于民;不得志,修身见于世。穷则独善其身,达则兼善天下。"

——《孟子·尽心上》

[1] 游:游说、宣扬。
[2] 嚣嚣:闲然自得、自得无欲的样子。
[3] 穷:困窘。

仁 义

〔**解题**〕题目据正文拟。孟子认为人性本善,幼童虽小,但无不懂得爱戴亲人,长大之后,无不知道敬爱兄长。懂得亲亲敬长,就是仁义的具体表现,这是人生下来不用刻意学习、思考就有的能力和良知。仁义之道,通行天下,为天下人共有。如果家庭中的每位成员都怀揣着这样的善念对待他人,那么一定是家和万事兴之象,推之国家、社会一样成立。

孟子曰:"人之所不学而能者,其良能也[1];所不虑而知者,其良知也。孩提之童,无不知爱其亲者;及其长也,无不知敬其兄也。亲亲,仁也;敬长,义也。无他,达之天下也[2]。"

——《孟子·尽心上》

[1] 良能:天赋之能。
[2] 达:通达、通行。

君子所性

〔**解题**〕 题目据正文拟。君子想要拥有广阔的土地、众多的人民,乐于居天下而安抚百姓,但这都不是他们的本性所在。由孟子看来,君子的本性即仁义礼智根植于心,它表露于面庞、充盈于背脊、推及于四体,这样的本性与生俱来,不言而喻。如果能够发扬内心里的善性,那么天下安定、百姓和乐的局面势必更容易达到。尽管本性不加不损,却能影响他人,改变周遭。

孟子曰:"广土众民,君子欲之,所乐不存焉[1]。中天下而立,定四海之民,君子乐之,所性不存焉。君子所性,虽大行不加焉[2],虽穷居不损焉,分定故也[3]。君子所性,仁义礼智根于心。其生色也,睟然见于面[4],盎于背[5],施于四体[6],四体不言而喻。"

——《孟子·尽心上》

[1] 君子欲之,所乐不存焉:虽然是君子希望的,但乐趣不在于此。

[2] 大行:通行。

[3] 分定:本分所定,命定。

[4] 睟(suì 碎)然:外表或面色润泽的样子。

[5] 盎:本意是指腹大口小的盛物洗物的瓦盆,这里用作动词,表示充满。

[6] 施:推行,遍布。

亲亲而仁民，仁民而爱物

〔解题〕题目据正文拟。君子与万物、民众和亲人有着不同的相处之道，在孟子看来，对待万物应该爱护之，但却无法建立互相仁爱的关系；对待民众，应该与之建立互相仁爱的关系，但不能过于亲近。亲近亲人，仁爱待民，那么爱护万物也就是自然而然的事情。

孟子曰："君子之于物也，爱之而弗仁；于民也，仁之而弗亲。亲亲而仁民，仁民而爱物。"

——《孟子·尽心上》

仁义不可胜用

[解题] 题目据正文拟。孟子思想中的"仁""义"二字内涵丰富,包含着众多层面的意义,其中前文选段中,已有"亲亲,仁也;敬长,义也"的说法;此选段,孟子又从另一角度阐释了"仁""义"的具体内容。综观,不怀害人之心,则"仁"取之不尽;如果一直遵规守纪不逾界,则"义"用之不竭。人应当有所不忍、有所不为,如此方能以仁义之心交友行道。

孟子曰:"人皆有所不忍,达之于其所忍,仁也;人皆有所不为,达之于其所为,义也。人能充无欲害人之心[1],而仁不可胜用也[2];人能充无穿踰之心[3],而义不可胜用也。人能充无受尔汝之实[4],无所往而不为义也。士未可以言而言,是以言餂之也[5];可以言而不言,是以不言餂之也,是皆穿踰之类也。"

——《孟子·尽心下》

[1] 充:装满,怀着。
[2] 胜:完尽。
[3] 穿踰:挖墙洞和爬墙头进行偷窃,泛指破坏规矩和规范的行为。
[4] 尔汝:轻贱之称。此句是说人能把不被人轻贱的实践言行扩充,让所有的言行都不受人轻贱。
[5] 餂(tiǎn 舔):诱取、探取之意

乡原,德之贼

[**解题**] 题目据正文拟。孔子、孟子都希望众人能够成为"中道"之人,也希望人人能够与"中道"之人交往,但现实中难以做到,只能退而求其次求狂者、狷者。狂者一心进取,狷者坚守原则有所不为,这两类人尽管各有缺点,但容易辨别。而"乡原"在孔孟看来则是"德之贼",他们与世俗同流合污,表面看起来忠信、廉洁,人人乐于与之交往,但实则这种人似是而非,谄媚附势,不可与其言大道。不管是为人还是交友,我们都应该趋避"乡原",应当成为真正的有德之人,正身而立于社会。

万章问曰:"孔子在陈曰:'盍归乎来!吾党之士狂简[1],进取,不忘其初。'孔子在陈,何思鲁之狂士?"

孟子曰:"孔子'不得中道而与之,必也狂狷乎[2]!狂者进取,狷者有所不为也'。孔子岂不欲中道哉?不可必得,故思其次也。"

"敢问何如斯可谓狂矣?"曰:"如琴张、曾皙、牧皮者[3],孔子之所谓狂矣。"

"何以谓之狂也?"曰:"其志嘐嘐然[4],曰'古之人,古之人'。夷考其行而不掩焉者也[5]。狂者又不可得,欲得不屑不洁之士而与之[6],是狷也,是又其次也。孔子曰:'过我门而不入我室,我不憾焉者,其惟乡原乎[7]!乡原,德之贼也[8]。'"

253

曰:"何如斯可谓之乡原矣?"

曰:"'何以是嘐嘐也?言不顾行,行不顾言,则曰:古之人,古之人。行何为踽踽凉凉[9]?生斯世也,为斯世也,善斯可矣。'阉然媚于世也者[10],是乡原也。"

万子曰:"一乡皆称原人焉[11],无所往而不为原人,孔子以为德之贼,何哉?"

曰:"非之无举也[12],刺之无刺也[13];同乎流俗,合乎污世;居之似忠信,行之似廉洁;众皆悦之,自以为是,而不可与入尧舜之道,故曰德之贼也。孔子曰:'恶似而非者:恶莠[14],恐其乱苗也;恶佞[15],恐其乱义也;恶利口[16],恐其乱信也;恶郑声[17],恐其乱乐也;恶紫,恐其乱朱也[18];恶乡原,恐其乱德也。'君子反经而已矣[19]。经正,则庶民兴;庶民兴,斯无邪慝矣[20]。"

——《孟子·尽心下》

[1] 党:古代地方组织,以五百家为一党。狂简:志向高远而处事疏阔。

[2] 狂獧:狂,锐意进取;獧,同"狷",洁身自好,拘谨无为,与"狂"相对。

[3] 琴张、曾皙、牧皮:皆为人名。

[4] 嘐嘐(jiāo 椒):形容志大而言夸。

[5] 夷考:考察。

[6] 不屑:认为不值得,轻视。

[7] 乡原:即"乡愿",指乡里中言行不一,伪善欺世的伪善者。

[8] 德之贼:指败坏道德。

[9] 踽(jǔ 举)踽凉凉:形容孤独寡合。踽踽,孤独的样子。凉凉,冷冷清清的样子。

[10] 阉(yān 嫣)然:曲意逢迎貌。

[11]原人:指前文所提乡原之人。

[12]非之无举:无法举证他的不是。

[13]刺:指责。

[14]莠(yǒu有):杂草,此处指品质坏,不好的人。

[15]佞:巧言谄媚。

[16]利口:能言善辩,这里带贬义。

[17]郑声:春秋战国时郑国音乐,《论语·卫灵公》:"放郑声,远佞人。郑声淫,佞人殆。"刘宝楠《正义》说:"《五经异义》:《鲁论》说,郑国之俗,有溱、洧之水,男女聚会,讴歌相感,故云'郑声淫'。"

[18]紫:间色,在中国古代为卑贱之色。朱:红色,在中国古代为止色。

[19]反经:一说为恢复常道,一说为恢复治理。

[20]慝(tè特):奸邪,邪恶。

上下相和

司马迁

[**解题**] 题目据正文拟。选文讲述了秦缪公如何争取到邻国贤臣由余的经过,一方面展现了由余的贤能之处,在他看来,一个国家必须上下交和,方能成就治世,若上下互相怨怼,则必致国乱。另一方面凸显了秦缪公的智慧,他认识到由余的能力,并且巧妙争取到由余为自身所用。最终,利用由余的计划灭掉诸多西戎国家,为秦朝的最后统一奠定了基础。秦缪公、戎王两位君王与由余之间,一个能做到君臣和乐,一人却是渐生嫌隙,正反对比,更直接地揭示了君臣交泰、上下同心的重要性。

戎王使由余于秦[1]。由余,其先晋人也,亡入戎[2],能晋言。闻缪公贤,故使由余观秦。秦缪公示以宫室、积聚。由余曰:"使鬼为之,则劳神矣。使人为之,亦苦民矣。"缪公怪之,问曰:"中国以诗书礼乐法度为政,然尚时乱;今戎夷无此,何以为治,不亦难乎?"由余笑曰:"此乃中国所以乱也。夫自上圣黄帝作为礼乐法度,身以先之[3],仅以小治[4]。及其后世,日以骄淫。阻法度之威,以责督于下[5],下罢极则以仁义怨望于上[6],上下交争怨而相篡弑[7],至于灭宗,皆以此类也。夫戎夷不然。上含淳德以遇其下[8],下怀忠信以事其上,一国之政犹一身之治,不知所以治,此真圣人之治也。"

于是缪公退而问内史廖曰:"孤闻邻国有圣人,敌国之忧也。今由余贤,寡人之害,将奈之何?"内史廖曰:"戎王处辟匿[9],未闻中国之声。君试遗其女乐[10],以夺其志[11];为由余请,以疏其间;留而莫遣,以失其期。戎王怪之,必疑由余。君臣有间[12],乃可虏也。且戎王好乐,必怠于政。"缪公曰:"善。"因与由余曲席而坐[13],传器而食,问其地形与其兵势尽察,而后令内史廖以女乐二八遗戎王。戎王受而说之[14],终年不还。于是秦乃归由余。由余数谏不听,缪公又数使人间要由余,由余遂去降秦。缪公以客礼礼之,问伐戎之形。

——《史记·秦本纪》

[1] 由余:周携王的子孙,因周携王被周平王一方的晋文侯杀害,逃亡于西戎。

[2] 亡:逃亡。

[3] 身以先之:以身作则。

[4] 小治:略有政绩。

[5] 责督:责罚督察。

[6] 罢极:疲乏至极。

[7] 篡弑:弑君篡位。

[8] 淳德:淳厚的德行。

[9] 辟匿:偏远闭塞的地方。

[10] 遗:赠送。

[11] 夺其志:改变他的志向。

[12] 间:间隙。

[13] 曲席:连席,座席相连接。

[14] 说:通"悦",高兴。

魏公子列传

司马迁

〔解题〕此篇传记详细叙述了信陵君屈尊求贤、不耻下交的一系列活动，如驾车虚左亲自迎接门役侯赢于大庭广众之中，多次卑身拜访屠夫朱亥以及秘密结交隐没于社会角落的毛公、薛公等，展现了其广交贤人的品质，以致"士以此方数千里争往归之，致食客三千人"。这些"岩穴隐者"襄助信陵君完成"窃符救赵""却秦存魏"的历史大业，歌颂了信陵君心系魏国、礼贤下士、救人于危难的品质。

魏公子无忌者，魏昭王少子而魏安釐王异母弟也。昭王薨，安釐王即位，封公子为信陵君。是时范雎亡魏相秦[1]，以怨魏齐故[2]，秦兵围大梁，破魏华阳下军[3]，走芒卯[4]。魏王及公子患之。公子为人仁而下士，士无贤不肖皆谦而礼交之，不敢以其富贵骄士。士以此方数千里争往归之，致食客三千人[5]。当是时，诸侯以公子贤，多客，不敢加兵谋魏十余年。

公子与魏王博[6]，而北境传举烽[7]，言"赵寇至，且入界"。魏王释博，欲召大臣谋。公子止王曰："赵王田猎耳，非为寇也。"复博如故。王恐，心不在博。居顷，复从北方来传言曰："赵王猎耳，非为寇也。"魏王大惊，曰："公子何以知之?"公子曰:"臣之客有能深得赵王阴事者,赵王所为,客辄以报臣,臣以此知之。"是后魏王畏公子之贤能,不敢任公子以国政。

魏有隐士曰侯嬴,年七十,家贫,为大梁夷门监者[8]。公子闻之,往请,欲厚遗之[9],不肯受,曰:"臣修身洁行数十年,终不以监门困故而受公子财。"公子于是乃置酒大会宾客。坐定,公子从车骑,虚左[10],自迎夷门侯生。侯生摄敝衣冠[11],直上载公子上坐,不让,欲以观公子。公子执辔愈恭[12]。侯生又谓公子曰:"臣有客在市屠中,愿枉车骑过之[13]。"公子引车入市,侯生下见其客朱亥,俾倪[14],故久立与其客语,微察公子。公子颜色愈和。当是时,魏将相宗室宾客满堂,待公子举酒。市人皆观公子执辔。从骑皆窃骂侯生[15]。侯生视公子色终不变,乃谢客就车[16]。至家,公子引侯生坐上坐,遍赞宾客,宾客皆惊。酒酣,公子起,为寿侯生前。

侯生因谓公子曰:"今日嬴之为公子亦足矣。嬴乃夷门抱关者也,而公子亲枉车骑,自迎嬴于众人广坐之中,不宜有所过,今公子故过之。然嬴欲就公子之名[17],故久立公子车骑市中,过客以观公子,公子愈恭。市人皆以嬴为小人,而以公子为长者能下士也。"于是罢酒,侯生遂为上客[18]。侯生谓公子曰:"臣所过屠者朱亥,此子贤者,世莫能知,故隐屠间耳。"公子往数请之,朱亥故不复谢,公子怪之。

魏安釐王二十年,秦昭王已破赵长平军,又进兵围邯郸。公子姊为赵惠文王弟平原君夫人[19],数遗魏王及公子书,请救于魏。魏王使将军晋鄙将十万众救赵[20]。秦王使使者告魏王曰:"吾攻赵旦暮且下,而诸侯敢救者,已拔赵,必移兵先击之。"魏王恐,使人止晋鄙,留军壁邺,名为救赵,实持两端以观望。平原君使者冠盖相属于魏[21],让魏公子曰[22]:"胜所以自附为婚姻者,以公子之高义,为能急人之困。今邯郸旦暮降秦而魏救不至,安在公子能急人之困也!且公子纵轻胜,弃之降秦,独不怜公子姊邪?"公子患之,数请魏王,及宾客辩士说王万端。魏王畏秦,终不听公子。公子自度终不能得之于王,计不独生而令赵亡,乃请宾客,约车骑百余乘,欲以客往赴秦军,与赵俱死。

行过夷门,见侯生,具告所以欲死秦军状。辞决而行,侯生曰:"公子勉之矣,老臣不能从。"公子行数里,心不快,曰:"吾所以待侯生者备矣[23],天下莫不闻,今吾且死而侯生曾无一言半辞送我,我岂有所失哉?"复引车还,问侯生。侯生笑曰:"臣固知公子之还也。"曰:"公子喜士,名闻天下。今有难,无他端而欲赴秦军,譬若以肉投馁虎[24],何功之有哉?尚安事客?然公子遇臣厚,公子往而臣不送,以是知公子恨之复返也。"公子再拜,因问。侯生乃屏人间语[25],曰:"嬴闻晋鄙之兵符常在王卧内,而如姬最幸[26],出入王卧内,力能窃之。嬴闻如姬父为人所杀,如姬资之三年[27],自王以下欲求报其父仇,莫能得。如姬为公子泣,公子使客斩其仇头,敬进如姬。如姬之欲为公子死,无所辞,顾未有路耳。公子诚一开口请如姬,如姬必许诺,则得虎符夺晋鄙军,北救赵而西却秦,此五霸之伐也。"公子从其计,请如姬。如姬果盗晋鄙兵符与公子。

公子行,侯生曰:"将在外,主令有所不受,以便国家。公子即合符[28],而晋鄙不授公子兵而复请之,事必危矣。臣客屠者朱亥可与俱,此人力士。晋鄙听,大善;不听,可使击之。"于是公子泣。侯生曰:"公子畏死邪?何泣也?"公子曰:"晋鄙嚄唶宿将[29],往恐不听,必当杀之,是以泣耳,岂畏死哉？"于是公子请朱亥。朱亥笑曰："臣乃市井鼓刀屠者[30]，而公子亲数存之，所以不报谢者，以为小礼无所用。今公子有急，此乃臣效命之秋也。"遂与公子俱。公子过谢侯生。侯生曰："臣宜从，老不能。请数公子行日[31]，以至晋鄙军之日，北乡自刭[32]，以送公子。"公子遂行。

至邺，矫魏王令代晋鄙[33]。晋鄙合符，疑之，举手视公子曰："今吾拥十万之众，屯于境上，国之重任，今单车来代之，何如哉？"欲无听。朱亥袖四十斤铁椎，椎杀晋鄙，公子遂将晋鄙军。勒兵下令军中曰："父子俱在军中，父归；兄弟俱在军中，兄归；独子无兄弟，归养。"得选兵八万人，进兵击秦军。秦军解去，遂救邯郸，存赵。赵王及平原君自迎公子于界，平原君负韊矢为公子先引[34]。赵王再拜曰："自古贤人未有及公子者也。"当此之时，平原君不敢自比于人。公子与侯生决，至军，侯生果北乡自刭。

魏王怒公子之盗其兵符，矫杀晋鄙，公子亦自知也。已却秦存赵，使将将其军归魏，而公子独与客留赵。赵孝成王德公子之矫夺晋鄙兵而存赵[35]，乃与平原君计，以五城封公子。公子闻之，意骄矜而有自功之色。客有说公子曰："物有不可忘，或有不可不忘。夫人有德于公子，公子不可忘也；公子有德于人，愿公子忘之也。且矫魏王令，夺晋鄙兵以救赵，于赵则有功矣，于魏则未为忠臣也。公子乃自骄而功之，窃为公子不取也[36]。"于是公子立自责，似若无所容者[37]。赵王扫除自迎，执主人之礼，引公子就西阶[38]。公子侧行辞让[39]，从东阶上。自言罪过，以负于魏，无功于赵。赵王侍酒至暮，口不忍献五城，以公子退让也。公子竟留赵。赵王以鄗为公子汤沐邑[40]，魏亦复以信陵奉公子。公子留赵。

公子闻赵有处士毛公藏于博徒[41]，薛公藏于卖浆家，公子欲见两人,两人自匿不肯见公子。公子闻所在,乃间步往从此两人游,甚欢。平原君闻之,谓其夫人曰:"始吾闻夫人弟公子天下无双,今吾闻之,乃妄从博徒卖浆者游,公子妄人耳[42]。"夫人以告公子。公子乃谢夫人去,曰:"始吾闻平原君贤,故负魏王而救赵,以称平原君。平原君之游,徒豪举耳[43],不求士也。无忌自在大梁时,常闻此两人贤,至赵,恐不得见。以无忌从之游,尚恐其不我欲也[44],今平原君乃以为羞,其不足从游。"乃装为去[45]。夫人具以语平原君。平原君乃免冠谢[46],固留公子。平原君门下闻之,半去平原君归公子,天下士复往归公子,公子倾平原君客。公子留赵十年不归。秦闻公子在赵,日夜出兵东伐魏。魏王患之,使使往请公子。公子恐其怒之,乃诫门下:"有敢为魏王使通者,死。"宾客皆背魏之赵,莫敢劝公子归。毛公、薛公两人往见公子曰:"公子所以重于赵,名闻诸侯者,徒以有魏也。今秦攻魏,魏急而公子不恤,使秦破大梁而夷先王之宗庙,公子当何面目立天下乎?"语未及卒,公子立变色,告车趣驾归救魏[47]。魏王见公子,相与泣,而以上将军印授公子,公子遂将。魏安釐王三十年,公子使使遍告诸侯。诸侯闻公子将,各遣将将兵救魏。公子率五国之兵破秦军于河外,走蒙骜[48]。遂乘胜逐秦军至函谷关,抑秦兵,秦兵不敢出。当是时,公子威振天下,诸侯之客进兵法,公子皆名之,故世俗称《魏公子兵法》。秦王患之,乃行金万斤于魏,求晋鄙客,令毁公子于魏王曰:"公子亡在外十年矣,今为魏将,诸侯将皆属,诸侯徒闻魏公子,不闻魏王。公子亦欲因此时定南面而王,诸侯畏公子之威,方欲共立之。"秦数使反间,伪贺公子得立为魏王未也。魏王日闻其毁,不能不信,后果使人代公子将。公子自知再以毁废[49],乃谢病不朝,与宾客为长夜饮,饮醇酒,多近妇女。日夜为乐饮者四岁,竟病酒而卒。其岁,魏安釐王亦薨。秦闻公子死,使蒙骜攻魏,拔二十城,初置东郡。其后秦稍蚕食魏[50],十八岁而虏魏王,屠大梁。

高祖始微少时,数闻公子贤。及即天子位,每过大梁,常祠公子。高祖十二年[51],从击黥布还[52],为公子置守冢五家[53],世世岁以四时奉祠公子。

太史公曰:吾过大梁之墟,求问其所谓夷门。夷门者,城之东门也。天下诸公子亦有喜士者矣,然信陵君之接岩穴隐者[54],不耻下交,有以也。名冠诸侯,不虚耳。高祖每过之而令民奉祠不绝也。

——《史记·魏公子列传第十七》

[1] 范雎(？—前255):字叔,战国时期魏国人,著名政治家、军事谋略家,秦国宰相,因封地在应城,所以又称为"应侯"。

[2] 魏齐:战国时魏国相国,门客魏人范雎随魏中大夫须贾使齐得到齐襄王的欣赏,须贾怀疑范雎与齐国有染,将情况告诉魏齐。魏齐盛怒之下使舍人鞭笞范雎,后者奄奄一息,最终诈死之下由他人帮助潜逃入秦。

[3] 下军:古代军事编制称谓。大国分上军、中军、下军三军。次国分上、下二军。

[4] 芒卯:战国时期魏国将领。

[5] 食客:即门客,春秋战国时期诸侯国的公族子弟养客之风盛行。

[6] 博:古代的一种棋戏。

[7] 举烽:燃点警报烽火。

[8] 夷门:战国魏都城的东门,后泛指城门。

[9] 厚遗:送一份厚礼。

[10] 虚左:古代座次以左为尊,空着左边的位置以待宾客称"虚左"。

[11] 摄敝衣冠:整理破旧的衣帽。

[12] 执辔:手持马缰驾车。

[13] 枉:绕道。

[14] 俾倪(bǐ ní 彼泥):斜目侧视。

[15] 从骑:骑马的随从。

[16] 就车:上车。

[17] 就:成就。

[18] 上客:尊客、贵宾。

[19] 平原君:赵胜(？—前251),赵武灵王之子,赵惠文王的弟弟,战国时期赵国宗室大臣,在赵惠文王和赵孝成王时任宰相,著名政治家,以善于养士而闻名。

[20] 晋鄙(？—前257):战国时期魏国将领。

[21] 冠盖相属:指使节或官员往来不绝。

[22] 让:责备,谴责。

[23] 备:周到。

[24] 馁虎:饿虎。

[25] 屏(bǐng 饼):支使离开。

[26] 幸:受宠爱。

[27] 资:为之准备。

[28] 合符:符信相合。古代以竹木、金石为符,上书文字,剖为二,各执其一,合之为证。

[29] 嚄唶(huò zè 获仄)宿将:刚健、勇悍的将领。

[30] 鼓刀:摆弄刀子发出响声。宰杀牲畜时敲击其刀,使之发声,故曰鼓刀。

[31] 数:计算。

[32] 自刭(jǐng 井):自杀。

[33] 矫:假传。

[34] 韊(lán 兰):用皮革制的盛弩箭的袋子。

[35] 德:以……为德。

[36] 窃:私自。不取:不足取,不应该这样做。

[37] 无所容者:无地自容的样子。

[38] 西阶:指堂西台阶。示尊礼之位。

[39] 侧行:侧身而行,表示恭敬。

［40］汤沐邑:源于周代的制度,是指诸侯朝见天子,天子赐以王畿以内的、供住宿和斋戒沐浴的封邑。后指国君、皇后、公主等受封者收取赋税的私邑。而贵族受封的汤沐邑,则是一种食邑制度。鄗:地名。

［41］博徒:赌徒。

［42］妄人:无知妄为的人。

［43］豪举:豪侠之人互相称举,以自炫耀。

［44］不我欲:不想与我交友。

［45］装:整理行装。

［46］免冠谢:脱帽致歉。

［47］趣:通"趋"。趋向、奔向。

［48］蒙骜:战国末期秦国著名将领。

［49］毁废:因毁谤而被黜退。

［50］蚕食:比喻逐步侵占。

［51］高祖十二年:公元前195年。

［52］黥布:即英布(?—前196),秦末汉初名将。六县(今安徽六安)人,因受秦律被黥,又称黥布。

［53］守冢:守墓者。

［54］接岩穴隐者:结交隐没在社会各个角落的人物。

高帝求贤[1]

刘 邦

〔解题〕 题目据正文拟，该篇小文是汉高祖刘邦称帝十一年（前196）二月发布的诏书，选文虽小，但清楚交代了刘邦发布诏令以求贤的原因、目的和方法。诏书中刘邦以周文王、齐桓公自许，希望自己也能如古之圣君获取贤德之士的辅佐，流露了汉高祖渴求贤才的迫切愿望。要使得天下长治久安，君臣必须和谐相处，在上位者要懂得亲贤人远奸佞，方可与臣属共同安养天下万民。

盖闻王者莫高于周文[2]，伯者莫高于齐桓[3]，皆待贤人而成名。今天下贤者智能[4]，岂特古之人乎？患在人主不交故也[5]，士奚由进[6]？今吾以天之灵、贤士大夫定有天下，以为一家，欲其长久，世世奉宗庙亡绝也[7]。贤人已与我共平之矣，而不与吾共安利之[8]，可乎？贤士大夫有肯从我游者，吾能尊显之。布告天下，使明知朕意。

御史大夫昌下相国[9]，相国酇侯下诸侯王[10]，御史中执法下郡守[11]，其有意称明德者，必身劝[12]，为之驾，遣诣相国府[13]，署行、义、年[14]，有而弗言，觉，免[15]。年老癃病[16]，勿遣。

——《汉书·高帝纪》

〔1〕高帝:即汉高祖刘邦,西汉王朝建立者,公元前206年至前195年在位。是一位能知人善任,任人唯贤的君主。

〔2〕周文:即周文王,姓姬,名昌,商纣时为西伯。其在位期间使得周逐渐强大。

〔3〕齐桓:即齐桓公。姓姜,名小白。他任用管仲,富国强兵,九合诸侯,成为春秋时第一个霸主。伯:古同"霸",古代诸侯联盟的首领。

〔4〕智能:智谋与才能。

〔5〕不交:不肯结交。故:……的缘故。

〔6〕奚由:倒装,即由奚,经由什么途径。

〔7〕亡绝:无穷。亡,通"无"。

〔8〕安利:安养。

〔9〕御史大夫:官名。秦代始置,负责监察百官,代表皇帝接受百官奏事,管理国家重要图册、典籍,代朝廷起草诏命文书等。西汉沿置,御史大夫与丞相、太尉合称三公,秩中二千石。昌:周昌(?—前192),沛郡人,西汉初期名臣。

〔10〕相国:即丞相,秉承皇帝旨意处理国家政事的最高行政长官。鄼侯:指萧何,汉高祖刘邦赐给萧何的诸侯封号。刘邦平定天下后,论功行赏,分封诸侯,因萧何在"镇国家、抚百姓、供军需、给粮饷"方面功绩卓著,定其为首功,封其为鄼侯。

〔11〕御史中执法:御史中丞的别称,官名,秦始置,汉朝为御史大夫的次官,或称御史中执法,秩千石。郡守:郡的最高行政长官,即太守。

〔12〕身劝:亲自说服。

〔13〕遣诣:派送到。

〔14〕署行、义、年:题写事迹、状貌、年龄。义,通"仪"。

〔15〕觉,免:发现了,就免职。

〔16〕癃(lóng龙):腰部弯曲、背部隆起。这里泛指残疾。

景帝戒官以安民

刘 启

〔解题〕 文景之治在中国历史上为人称道,此份诏书即是汉景帝在位期间"与民休息"之德政的具体体现。景帝以身作则,带头从事农耕,减少徭役赋税,并要求俸禄二千石的官员忠于职守,以使老百姓专心养蚕,防备灾害。汉景帝认识到官吏凭法作奸、助盗为盗是百姓饥寒并至的原因,因而下诏整顿吏治,要求二千石的官员"各修其职"。

雕文刻镂[1],伤农事者也;锦绣纂组[2],害女红者也[3]。农事伤,则饥之本也;女红害,则寒之原也。夫饥寒并至,而能亡为非者寡矣[4]。朕亲耕,后亲桑,以奉宗庙粢盛祭服[5],为天下先。不受献,减太官[6],省繇赋[7],欲天下务农蚕,素有畜积[8],以备灾害;强毋攘弱,众毋暴寡,老耆以寿终[9],幼孤得遂长[10]。今岁或不登,民食颇寡,其咎安在?或诈伪为吏,吏以货赂为市,渔夺百姓,侵牟万民[11]。县丞,长吏也,奸法与盗盗[12],甚无谓也[13]。其令二千石各修其职[14]。不事官职耗乱者[15],丞相以闻,请其罪。布告天下,使明知朕意。

——《汉书·景帝纪》

[1] 雕文刻镂:指在器物上雕刻文采。镂,雕刻。
[2] 纂组:赤色绶带,泛指编织精美。
[3] 女红:即女工,指采桑、养蚕、织衣等。
[4] 亡为非者:亡,通"无",不做坏事的人。
[5] 粢盛(zī chéng 资成):古时盛在祭器内以供祭祀的谷物。
[6] 太官:管理皇帝饮食的官。
[7] 繇赋:徭役和赋税。
[8] 畜积:即蓄积。
[9] 耆:古称六十岁。
[10] 遂长:成长。
[11] 侵牟:剥削、侵蚀。
[12] 奸法:因法作奸。与盗盗:和强盗一同抢夺。
[13] 无谓:没有道理。
[14] 二千石:汉官秩,又为郡守(太守)的通称。
[15] 耗乱:昏乱不明。

短　歌　行

曹　操

〔**解题**〕曹操(155—220)，字孟德，小字阿瞒，沛国谯县(今安徽亳州)人。东汉末年杰出的政治家、军事家、文学家、书法家，三国中曹魏政权的奠基人。曹操是中国历史上著名的枭雄，其文学造诣极高，政治才能与文学创作两者相得益彰，这首《短歌行》即是其中代表之一。曹操在其政治活动中，为了扩大在庶族地主中的影响力，打击世袭豪强势力，所以大力推行"唯才是举"的原则。为此而先后发布了"求贤令""举士令""求逸才令"等。《短歌行》实则是一首"求贤歌"，诗歌中展现出他求贤不得的悲苦之情及励志求贤的决心，表达了作者求贤若渴的强烈愿望。唯有乐于求贤，与能人共事，方可获天下人心。

对酒当歌[1]，人生几何[2]！譬如朝露，去日苦多[3]。
慨当以慷[4]，忧思难忘。何以解忧？唯有杜康[5]。
青青子衿，悠悠我心[6]。但为君故，沉吟至今[7]。
呦呦鹿鸣，食野之苹。我有嘉宾，鼓瑟吹笙[8]。
明明如月，何时可掇[9]？忧从中来，不可断绝。
越陌度阡[10]，枉用相存[11]。契阔谈䜩[12]，心念旧恩。
月明星稀，乌鹊南飞。绕树三匝[13]，何枝可依？

山不厌高,海不厌深[14]。周公吐哺,天下归心。

——《曹操集·短歌行》

[1] 对酒当歌:一边喝着酒,一边唱着歌。当,与"对"的意思一样,对着。

[2] 几何:多少。

[3] 譬如朝露,去日苦多:人生如同早上的露水(一样短暂),逝去的时光已经太多了。

[4] 慨当以慷:指宴会上的歌声激昂慷慨。

[5] 杜康:中国古代传说中最早造酒的人,这里代指酒。

[6] 青青子衿,悠悠我心:出自《诗经·郑风·子衿》。原写姑娘思念情人,这里用来比喻求贤若渴。子,古代对他人的尊称。衿,古式的衣领。青衿,是周代读书人的服装,这里指代有学识的人。悠悠,长久的样子,形容思虑连绵不断。

[7] 沉吟:原指小声叨念和思索,这里指对贤人的思念和倾慕。

[8] 呦(yōu 悠)呦鹿鸣,食野之苹。我有嘉宾,鼓瑟吹笙:此四句出自《诗经·小雅·鹿鸣》。呦呦,鹿叫的声音。苹,艾蒿。原意是指在空旷的原野上,一群悠闲吃野草的麋鹿,以此比兴,代表和谐、热烈的宴会氛围。这里代指曹操希望求得贤乐之人共治天下。

[9] 掇:拾取,摘取。

[10] 越陌度阡:穿过纵横交错的小路。陌,东西向田间小路。阡,南北向的小路。

[11] 枉用相存:屈驾来访问候。

[12] 契阔谈䜩:久别重逢相聚,畅谈甚欢。䜩(yùn 燕),相聚叙谈。

[13] 三匝(zā 咂):三周。匝,周、圈。

[14] 海不厌深:《管子·形势解》中有"海不辞水,故能成其大;山不辞土,故能成其高;明主不厌人,故能成其众",代指曹操期望尽可能多地接纳人才,永远不会嫌人才过多。

蒿 里 行[1]

曹 操

〔解题〕 东汉末年群雄割据,连年混战使百姓陷入凄惨境地。东汉中平六年(189),汉灵帝死,少帝刘辩即位,何进等谋诛宦官不成,被宦官所杀;袁绍、袁术攻杀宦官,朝廷大乱;董卓带兵进京,驱逐袁绍、袁术,废除刘辩,另立刘协为帝(献帝),自己把持政权。初平元年(190),袁术、韩馥、孔伷等各路军阀同时起兵,推袁绍为盟主,曹操为奋威将军,联兵西向讨董卓。《蒿里行》主要记录了这一历史事件,并着重描写了西向讨董卓的联军众将各怀私心、四分五裂、互相残杀,其最终结果是造成民众的大量死亡和社会经济极大破坏。曹操在诗作中披露了军阀的恶劣,坦率表明了对现实的不满和对人民的同情,展现了其忧国忧民的情怀,作为三国纷争时期的重要一员,他心系百姓,专注于政治人业,值得肯定。

关东有义士[2],兴兵讨群凶[3]。
初期会盟津[4],乃心在咸阳[5]。
军合力不齐[6],踌躇而雁行[7]。
势利使人争,嗣还自相戕[8]。
淮南弟称号[9],刻玺于北方[10]。
铠甲生虮虱[11],万姓以死亡[12]。

白骨露于野,千里无鸡鸣。

生民百遗一[13],念之断人肠。

——《曹操集·蒿里行》

[1] 蒿里行:汉乐府旧题,本为当时人们送葬所唱的挽歌,曹操借以写时事。蒿里,指死人所处之地。

[2] 关东:函谷关(今河南灵宝)以东。义士:指起兵讨伐董卓的诸州郡将领。

[3] 讨群凶:指讨伐董卓及其党羽。

[4] 初期:本来期望。盟津:即孟津(今河南孟州市南)。相传周武王伐纣时曾在此大会八百诸侯,此处借指本来期望关东诸将也能像武王伐纣会合的八百诸侯那样同心协力。

[5] 乃心:其心,指上文"义士"之心。咸阳:秦时的都城,此借指长安,当时献帝被挟持到长安。

[6] 力不齐:指讨伐董卓的诸州郡将领各有打算,力量不集中。

[7] 踌躇:犹豫不前。雁行:飞雁的行列,形容诸军列阵后观望不前的样子。

[8] 嗣:后来。自相戕(qiāng枪):自相残杀。当时盟军中的袁绍、公孙瓒等发生内部攻杀。

[9] 淮南弟称号:指袁绍的异母弟袁术于建安二年(197)在淮南寿春(今安徽寿县)自立为帝。

[10] 刻玺于北方:指初平二年(191)袁绍谋废献帝,试图立幽州牧刘虞为皇帝,并刻制印玺。

[11] 铠甲生虮虱:由于长年战争,战士们不脱战服,铠甲上都生了虱子。铠甲,古代的护身战服,金属制成的叫铠,皮革制成的叫甲。虮,虱卵。

[12] 万姓:百姓。以:因此。

[13] 生民:百姓。遗:剩下。

怨 歌 行

曹 植

〔**解题**〕这首诗为曹植后期的作品,主要反映了曹魏统治集团内部的矛盾和曹植一心想要为国效力的火热之心。曹植(192—232),字子建,沛国谯(今安徽亳州)人,是曹操之子,生前曾为陈王,去世后谥号"思",因此又称陈思王。曹植是三国时期著名文学家,是建安文学的代表人物之一。他自幼聪颖,深受父亲曹操喜欢,但因文气过重,生性放任,最终世子之位由曹丕所得,兄弟之间猜忌生疑。《怨歌行》中作者即借周公辅佐成王却被兄弟管叔、蔡叔流言中伤来反映其自身处境,表达了有志不得伸的抑郁与悲愤,从侧面反映出作者忠于曹魏的赤诚之心,希冀能够君臣和乐,共造天下大业。

为君既不易,为臣良独难[1]。
忠信事不显,乃有见疑患。
周公佐成王[2],金縢功不刊[3]。
推心辅王室,二叔反流言[4]。
待罪居东国[5],泣涕常流连。
皇灵大动变[6],震雷风且寒。
拔树偃秋稼[7],天威不可干[8]。
素服开金縢[9],感悟求其端。

公旦事既显,成王乃哀叹。
吾欲竟此曲,此曲悲且长。
今日乐相乐,别后莫相忘。

——《曹子建集·怨歌行》

［1］良:很,的确。

［2］周公佐成王:周公,即周公旦,周武王的弟弟。在武王建立周王朝两年病死后,辅佐周成王,从成王十三岁到二十岁,代理天子职权,一心朝政,忠心不二。排内忧,征外患,巩固了周王朝的统治,并为"成康之治"奠定了基础。

［3］金縢:金属封缄的柜子。这里是运用典故。《尚书》记载,周武王病危,周公曾祭告太王、王季、文王,要求代武王死,其祭祷之文,藏在金縢。功不刊:功绩不可埋没。刊,消除、更改。

［4］二叔:指管叔和蔡叔。他们制造流言,说周公将不利于周成王。并最终酿成管蔡之乱。

［5］待罪居东国:周成王听信管叔、蔡叔谗言后,周公曾到东都洛邑避祸三年。

［6］皇灵:皇天的神灵,指天帝。

［7］偃:使倒下。秋稼:秋季的庄稼。

［8］干:触犯。

［9］素服:主要指居丧或遭到其他凶事时所穿的白色衣服。这里是说周成王穿戴素服以探求天变的原因,并以此悔过希望求得天帝的原宥。

兰亭集序

王羲之

[解题]《兰亭集序》为王羲之(303—361)作，流传千古，此名篇的文采、思想、书法等方面都引来盛誉。王羲之，字逸少，原籍琅琊临沂(今属山东临沂)，后迁居会稽山阴(今浙江绍兴)，曾任右将军，世称"王右军"。后人多关注这篇文章中王羲之感慨人生"修短随化，终期于尽"之处，但不能忽略的是其首段所描绘的众友人在兰亭集会的欢快场景，春风和睦，长幼齐集，大家一起饮酒赋诗，其乐融融。尽管人与他人的交往没有不散的宴席，但是我们应该珍惜当下，享受良朋益友聚会之时相互唱和的美好生活。

永和九年[1]，岁在癸丑[2]，暮春之初[3]，会于会稽山阴之兰亭[4]，修禊事也[5]。群贤毕至，少长咸集。此地有崇山峻岭，茂林修竹[6]；又有清流激湍[7]，映带左右[8]，引以为流觞曲水[9]，列坐其次[10]。虽无丝竹管弦之盛[11]，一觞一咏[12]，亦足以畅叙幽情[13]。是日也，天朗气清，惠风和畅[14]，仰观宇宙之大，俯察品类之盛[15]，所以游目骋怀[16]，足以极视听之娱，信可乐也。

夫人之相与，俯仰一世[17]，或取诸怀抱，悟言一室之内[18]；或因寄所托，放浪形骸之外[19]。虽趣舍万殊[20]，静躁不同[21],当其欣于所遇,暂得于己,快然自足[22],不知老之将至。及其所之既倦,情随事迁,感慨系之矣。向之所欣,俯仰之间,已为陈迹,犹不能不以之兴怀。况修短随化[23],终期于尽。古人云:"死生亦大矣。"岂不痛哉!

每览昔人兴感之由,若合一契[24],未尝不临文嗟悼[25],不能喻之于怀。固知一死生为虚诞,齐彭殇为妄作[26]。后之视今,亦犹今之视昔。悲夫!故列叙时人[27],录其所述,虽世殊事异[28],所以兴怀,其致一也。后之览者,亦将有感于斯文。

——《兰亭集序》

[1] 永和九年:公元353年。永和,东晋皇帝司马聃(晋穆帝)的年号,345—356年共12年。

[2] 癸丑:永和九年用天干地支纪年为癸丑年。

[3] 暮春:阴历三月。暮,晚。

[4] 会稽(kuài jī 快机)山阴:今浙江绍兴。

[5] 修禊(xì 细):古代习俗,春秋两季人们群聚于水滨嬉戏洗濯,以祓除不祥和求福。

[6] 修竹:高高的竹子。修,高高的样子。

[7] 激湍:流势很急的水。

[8] 映带左右:辉映点缀在亭子的周围。映带,映衬、围绕。

[9] 流觞曲水:是古人一种劝酒取乐的方式,于环曲的水流旁宴集,在水的上流放置酒杯,任其顺流而下,杯停在谁的面前,谁就取饮。

[10] 列坐其次:列坐在曲水之旁。

[11] 丝竹管弦之盛:演奏音乐的盛况。盛,盛大。

[12] 一觞一咏:喝酒赋诗。

[13] 幽情:幽深的情思。

[14] 惠风和畅:春风柔和舒缓。

[15] 品类之盛:万物的繁多。品类,指自然界的万物。

［16］游目骋怀：纵目四望，开阔心胸。

［17］夫人之相与，俯仰一世：人与人相交往，很快便度过一生。夫，句首发语词。相与，相处、相交往。俯仰，表示时间的短暂。

［18］悟言：对谈。

［19］因寄所托，放浪形骸之外：寄托情怀于自己所爱好的事物，不受约束，放纵无羁地生活。

［20］趣舍万殊：各有各的爱好。

［21］静躁：安静与躁动。

［22］快然自足：感到高兴和满足。

［23］修短随化：寿命长短听凭造化。化，自然。

［24］若合一契：指与古人心生感慨的缘由极为相合。

［25］临文嗟（jiē 揭）悼：读古人文章时叹息哀伤。

［26］固知一死生为虚诞，齐彭殇为妄作：本来就知道把生与死、长寿与短命等同的说法是虚假、妄造的。一，把……看作是一样的。齐，把……看作是等同的。

［27］列叙时人：一个一个记下当时会聚的人。

［28］世殊事异：时代不同，事情也不相同。

群乐而安

陶渊明

[**解题**] 这首诗为陶渊明《杂诗》十二首中的第一首,现题目据诗歌内容拟。这首诗是陶渊明归隐多年后所作,尽管依然有漂泊无根蒂之感,但是能够强烈感受到作者的豁达、洒脱,认为人人落地出生就是兄弟,不必只拘泥于血肉之亲;美好的青春年华都不再复返,应该与周围邻里之人和乐相处,及时享受,珍惜身边的人与物。诗作中所描绘的邻里饮酒畅谈之景象,幸福祥和,其乐融融,群乐而安。

人生无根蒂,飘如陌上尘。
分散逐风转,此已非常身。
落地为兄弟,何必骨肉亲!
得欢当作乐,斗酒聚比邻[1]。
盛年不重来[2],一日难再晨。
及时当勉励[3],岁月不待人。

——《陶渊明集·杂诗》

[1] 斗:酒器。
[2] 盛年:指大好青春年华。
[3] 及时:趁盛年之时。

慕　贤

颜之推

〔解题〕《颜氏家训》为南北朝时期文学家、教育家颜之推所作,此书主要记述其个人经历、思想、学识以告诫子孙,共七卷,二十篇。这部作品是我国古代家庭教育、道德修养等方面的珍贵遗产,对后世影响深远,时至今日依然有着很高的借鉴价值。《慕贤》宗旨在于说明交友一定要慎重,"是以与善人居,如入芝兰之室,久而自芳也;与恶人居,如入鲍鱼之肆,久而自臭也"。颜之推以历史上几位著名的贤德人士如宫之奇、丁觇、羊侃、杨遵彦等人的事例,从正反两方面说明了慕贤与否的利害所在,并借以告诫世人:贤哲不一定都在远处,我们应该善于发现近在身边的人的优点,与他们交往,向他们学习,并珍惜彼此的友谊。

古人云:"千载一圣,犹旦暮也;五百年一贤,犹比髆也[1]。"言圣贤之难得,疏阔如此[2]。傥遭不世明达君子,安可不攀附景仰之乎!吾生于乱世,长于戎马,流离播越[3],闻见已多,所值名贤,未尝不心醉魂迷向慕之也。人在年少,神情未定,所与款狎[4],熏渍陶染,言笑举动,无心于学,潜移暗化,自然似之,何况操履艺能[5],较明易习者也!是以与善人居,如入芝兰之室,久而自芳也;与恶人居,如入鲍鱼之肆[6],久而自臭也。墨子悲于染丝,是之谓矣,君子必慎交游焉。孔子曰:"无友不如己者。"颜、闵之徒,何可世得,但优于我[7],便足贵之。

世人多蔽,贵耳贱目[8],重遥轻近[9]。少长周旋[10],如有贤哲,每相狎侮[11],不加礼敬;他乡异县,微藉风声,延颈企踵[12],甚于饥渴。校其长短,核其精粗,或彼不能如此矣,所以鲁人谓孔子为东家丘[13]。昔虞国宫之奇少长于君[14],君狎之,不纳其谏,以至亡国,不可不留心也!

用其言,弃其身,古人所耻。凡有一言一行,取于人者,皆显称之,不可窃人之美,以为己力;虽轻虽贱者,必归功焉。窃人之财,刑辟之所处;窃人之美,鬼神之所责。

梁孝元前在荆州[15],有丁觇者[16],洪亭民耳,颇善属文,殊工草、隶,孝元书记,一皆使之。军府轻贱,多未之重[17],耻令子弟以为楷法。时云:"丁君十纸,不敌王褒数字。"吾雅爱其手迹[18],常所宝持。孝元尝遣典签惠编送文章示萧祭酒[19],祭酒问云:"君王比赐书翰,及写诗笔,殊为佳手,姓名为谁,那得都无声问?"编以实答,子云叹曰:"此人后生无比,遂不为世所称,亦是奇事!"于是闻者稍复刮目。稍仕至尚仪曹郎,末为晋安王侍读,随王东下。及西台陷殁,简牍湮散[20],丁亦寻卒于扬州。前所轻者,后思一纸不可得矣。

侯景初入建业[21],台门虽闭,公私草扰[22],各不自全。太子左卫率羊侃坐东掖门[23],部分经略,一宿皆办,遂得百余日抗拒凶逆。于时,城内四万许人,王公朝士,不下一百,便是恃侃一人安之,其相去如此。古人云:"巢父、许由让于天下,市道小人争一钱之利。"亦已悬矣!

齐文宣帝即位数年,便沉湎纵恣[24],略无纲纪。尚能委政尚书令杨遵彦[25],内外清谧,朝野晏如,各得其所,物无异议,终天保之朝。遵彦后为孝昭所戮,刑政于是衰矣。斛律明月[26],齐朝折冲之臣[27],无罪被诛,将士解体,周人始有吞齐之志,关中至今誉之。此人用兵,岂止万夫之望而已也!国之存亡,系其生死。

——《颜氏家训·慕贤》

[1] 比:靠近,挨着。膊:上肢,近肩的部分。

[2] 疏阔:久隔,久别。

[3] 播越:逃亡,流离失所。

[4] 款狎:亲近,亲昵。

[5] 操履艺能:操行技能。

[6] 鲍鱼之肆:鲍鱼在古代有腌过的咸鱼之意。这里即指卖腌咸鱼的店。

[7] 但:只要。

[8] 贵耳贱目:重视耳朵听来的,轻视眼睛看到的。

[9] 重遥轻近:重视远处的,忽视近处的。

[10] 少长:指从小到大。周旋:此指交往。即从小一起长大。

[11] 狎:亲近而态度不庄重。侮:欺负、轻慢。狎侮,轻慢、戏弄。

[12] 延颈企踵:伸长脖子,抬起脚后跟,形容对远处有名声的人非常渴望的样子。

[13] 东家丘:指孔子。孔子的西邻不知孔子的学问,称孔子为"东家丘"。指对近在咫尺的人缺乏认识,缺乏了解。

[14] 宫之奇:春秋时虞国辛宫里人,他明于料事,具有远见卓识,忠心耿耿辅佐虞君,并推荐百里奚,共同参与朝政,对外采取了联虢拒晋的策略,使国家虽小而强盛。后虞国国君未听从宫之奇的劝告,答应了晋国使者借路的要求,最终虞国被晋国消灭。

[15] 梁孝元:梁孝元帝萧绎。

[16] 丁觇:人名,南北朝时期南梁人。

[17] 多未之重:倒装,多未重之,大多都不重视他(的书法)。

[18] 雅:素来,平素。

［19］典签：南朝地方长官之下典掌机要的官。祭酒：用于官职称谓，指主要负责人员。这里的萧祭酒指萧子云，他工书法。

［20］湮（yān烟）散：湮没散佚。

［21］侯景（503—552）：字万景，北魏怀朔镇鲜卑化羯人。梁武帝太清元年（547）率部投降梁朝，驻守寿阳。公元548年9月，侯景叛乱起兵进攻梁，史称"侯景之乱"。建业：今日南京。

［22］草扰：形容十分混乱。

［23］太子左卫率：官名，主门卫。太子卫率分太子左卫率七人和太子右卫率二人，二率职如二卫。羊侃（496—549）：字祖忻，泰山梁父（今山东泰安东南）人，南北朝时期南梁名将，太清二年（548），侯景之乱爆发，羊侃奉命坚守建康，多次击退叛军进攻。同年十二月（549年1月），羊侃在建康台城病逝。时年五十四岁。羊侃死后，侯景叛军攻入建康。掖门：宫殿正门两旁的边门。

［24］纵恣：肆意放纵。

［25］尚书令：官名，负责管理少府文书和传达命令。南北朝时，尚书令日益尊贵。杨遵彦：杨愔（yīn音）（511—560），字遵彦，小名秦王，南北朝时期北齐宰相，弘农华阴（今陕西华阴）人。辅佐文宣帝高洋建立北齐，历任尚书右仆射、左仆射、尚书令，进爵开封王。文宣帝去世后，杨愔辅佐少帝高殷，执掌朝政。乾明元年（560），高演发动政变，将杨愔诛杀，时年五十岁。

［26］斛律明月：斛律光（515—572），字明月，朔州（今山西朔县）人，高车族，北齐名将。祖父斛律大那瓌，为北魏光禄大夫，第一领民酋长，父亲斛律金，曾为北魏武卫大将军、左丞相。初任都督，善于骑射，号称"落雕都督"。后拜大将军、太傅、右丞相、左丞相，封咸阳王。他骁勇善战，在与北周近20年的争战中，多次指挥作战，均获胜利。他治军严明，身先士卒，不营私利，为部下所敬重。

［27］折冲：指军事能臣。折冲是指使敌军战车后撤。

原 毁

韩 愈

〔解题〕《原毁》是唐代文学家韩愈创作的一篇古文。韩愈,字退之,南阳(今河南省孟州市)人,唐代思想家和文学家,位居唐宋八大家之首,与柳宗元共同携手倡导古文运动,并称"韩柳"。韩愈的诗歌强健有力、纵横磅礴,其议论文结构严谨、说理透辟、逻辑严密,此篇《原毁》也不例外。文章的宗旨在于探索毁谤之根源,从古今君子的对比入手,先古后今,由正到反,环环相扣,最后揭示根源。韩愈认为古代君子严于律己、宽以待人,能够与人为善,推行德道,而当时社会之人由于怠惰、嫉妒,导致风气浇薄,毁谤滋多。总之,韩愈认为如果想要有所作为,要做到责己重、待人宽,所谓择善而从,见不善而改,人人才会乐于与之交往。

古之君子,其责己也重以周[1],其待人也轻以约[2]。重以周,故不怠;轻以约,故人乐为善。

闻古之人有舜者[3],其为人也,仁义人也。求其所以为舜者,责于己曰:"彼,人也;予,人也。彼能是,而我乃不能是!"早夜以思,去其不如舜者[4],就其如舜者[5]。闻古之人有周公者[6],其为人也,多才与艺人也。求其所以为周公者,责于己曰:"彼,人也;予,人也。彼能是,而我乃不能是!"早夜以思,去其不如周公者,就其如周公者。舜,大圣人也,后世无及焉;周公,大圣人也,后世无及焉。是人也[7],乃曰:"不如舜,不如周公,吾之病也[8]。"是不亦责于身者重以周乎!其于人也,曰:"彼人也,能有是,是足为良人矣[9];能善是,是足为艺人矣[10]。"取其一,不责其二;即其新,不究其旧:恐恐然惟惧其人之不得为善之利[11]。一善易修也,一艺易能也,其于人也,乃曰:"能有是,是亦足矣。"曰:"能善是,是亦足矣。"不亦待于人者轻以约乎?

今之君子则不然。其责人也详[12],其待己也廉[13]。详,故人难于为善;廉,故自取也少。己未有善,曰:"我善是,是亦足矣。"己未有能,曰:"我能是,是亦足矣。"外以欺于人,内以欺于心,未少有得而止矣,不亦待其身者已廉乎?

其于人也,曰:"彼虽能是,其人不足称也;彼虽善是,其用不足称也。"举其一,不计其十;究其旧,不图其新:恐恐然惟惧其人之有闻也。是不亦责于人者已详乎?

夫是之谓不以众人待其身[14],而以圣人望于人[15],吾未见其尊己也[16]。

虽然,为是者,有本有原[17],怠与忌之谓也[18]。怠者不能修,而忌者畏人修。吾尝试之矣[19],尝试语于众曰:"某良士[20],某良士。"其应者,必其人之与也[21];不然,则其所疏远不与同其利者也[22];不然,则其畏也。不若是,强者必怒于言,懦者必怒于色矣。又尝语于众曰:"某非良士,某非良士。"其不应者,必其人之与也;不然,则其所疏远不与同其利者也;不然,则其畏也。不若是,强者必说于言[23],懦者必说于色矣。

是故事修而谤兴[24],德高而毁来[25]。呜呼!士之处此世,而望名誉之光[26],道德之行,难已!

将有作于上者,得吾说而存之,其国家可几而理欤!

——《昌黎先生集·原毁》

[1] 责己也重以周:要求自己严格而全面。责,要求。重,严格。周,周密,全面。

[2] 轻以约:宽容而简约。

[3] 舜:中国上古时代部落联盟首领,被后世尊为帝,列入"五帝",是著名的贤明之君。

[4] 去:除掉。

[5] 就:从事,做。

[6] 周公:姓姬名旦,是周文王姬昌第四子,周武王姬发的弟弟,曾两次辅佐周武王东伐纣王,并制作礼乐。因其采邑在周,爵为上公,故称周公。周公是西周初期杰出的政治家、军事家、思想家、教育家,被尊为"元圣"。

[7] 是:这个。

[8] 病:缺点。

[9] 良人:贤良之人。

[10] 艺人:有才艺的人。

[11] 恐恐然:忐忑不安的样子。不得:得不到。

[12] 详:详尽,全面。

[13] 廉:此处指对待自己宽松。

[14] 不以众人待其身:不用一般人的标准来对待自己。

[15] 以圣人望于人:用圣人的高标准来要求别人。

[16] 尊己:尊重自己。

[17] 有本有原:有根源。

[18] 怠与忌:懒惰和嫉妒。

[19] 尝试:曾经试探。

[20] 某良士:某人是个贤能之人。

[21] 与:结交。

[22] 不与同其利者:利害不相关的人。

[23] 说:通"悦",高兴。

［24］事修而谤兴：事业成功而诽谤兴起。

［25］德高而毁来：德高望重时恶言随之而来。

［26］望名誉之光：期望名誉的光大。

利 剑

韩 愈

〔解题〕这首诗作于贞元十九年(803),当时韩愈任监察御史,奸臣李实骄纵无忌,诬陷迫害忠臣良人,有感于此,韩愈愤然作此诗。韩愈的诗歌强健有力、纵横磅礴,这首诗歌中他将自己的心比作利剑,意象生动具体,直观可感,展现了自己刚正不阿、忠贞不渝,表达了与奸佞谗夫势不两立的决心与勇气,但也因为不能消灭邪恶而心生不满、激愤。

利剑光耿耿[1],佩之使我无邪心。故人念我寡徒侣[2],持用赠我比知音[3]。我心如冰剑如雪,不能刺谗夫[4],使我心腐剑锋折[5]。决云中断开青天[6],噫!剑与我俱变化归黄泉[7]。

——《韩愈集·利剑》

[1] 耿耿:形容利剑发出明亮的光芒,寒光闪烁。
[2] 寡徒侣:缺少同伴。寡,缺少。徒侣,朋辈、同伴。
[3] 比知音:当做自己的知心好友。
[4] 谗夫:诬陷毒害他人的人。
[5] 心腐:内心愤恨到极点。折:折断。
[6] 决云中断开青天:从中冲破乌云再见青天。
[7] 黄泉:指人死后埋葬的地方。此处指功成身退。

朋 党 论

欧阳修

〔解题〕《朋党论》是北宋欧阳修上呈给宋仁宗的一份奏章。欧阳修(1007—1072),字永叔,号醉翁、六一居士,吉州永丰(今江西吉安永丰)人,北宋政治家、文学家,谥号文忠,世称欧阳文忠公。后人将其与韩愈、柳宗元和苏轼合称"千古文章四大家",与韩愈、柳宗元、苏轼、苏洵、苏辙、王安石、曾巩合称"唐宋散文八大家"。此篇政论文以朋党为主题,论述了君子之朋和小人之朋的差别,指出君子所结交之友是真正的、真诚的,而小人之间的友情则是虚伪的、易破裂的,作为执政者尤其是领导者应该远小人近君子,并以历史上尧、舜、周武王的贤能与纣、汉献帝、唐昭宗的昏庸进行对比,进一步突出"为人君者,但当退小人之伪朋,用君子之真朋,则天下治矣"的道理。欧阳修曾为拯救范仲淹而身陷朋党之论,再次被起用后,作为言官上奏《朋党论》,期望宋仁宗能够以史为鉴,君主应该懂得团结群臣,使天下一心,凝聚成群,共治天下。所谓"众人拾柴火焰高",使大家团聚一体,奉献力量以成事。

臣闻朋党之说,自古有之,惟幸人君辨其君子小人而已[1]。大凡君子与君子以同道为朋[2],小人与小人以同利为朋,此自然之理也。

然臣谓小人无朋,惟君子则有之。其故何哉?小人所好者禄利也,所贪者财货也。当其同利之时,暂相党引以为朋者[3],伪也;及其见利而争先,或利尽而交疏,则反相贼害[4],虽其兄弟亲戚,不能自保。故臣谓小人无朋,其暂为朋者,伪也。君子则不然。所守者道义,所行者忠信,所惜者名节。以之修身,则同道而相益[5];以之事国,则同心而共济;终始如一,此君子之朋也。故为人君者,但当退小人之伪朋,用君子之真朋,则天下治矣。

尧之时,小人共工、谨兜等四人为一朋[6],君子八元、八恺十六人为一朋[7]。舜佐尧,退四凶小人之朋,而进元、恺君子之朋,尧之天下大治。及舜自为天子,而皋、夔、稷、契等二十二人并列于朝[8],更相称美,更相推让,凡二十二人为一朋,而舜皆用之,天下亦大治。《书》曰:"纣有臣亿万,惟亿万心;周有臣三千,惟一心。"纣之时,亿万人各异心,可谓不为朋矣,然纣以亡国。周武王之臣,三千人为一大朋,而周用以兴。后汉献帝时[9],尽取天下名士囚禁之,目为党人。及黄巾贼起,汉室大乱,后方悔悟,尽解党人而释之,然已无救矣。唐之晚年,渐起朋党之论。及昭宗时,尽杀朝之名士,或投之黄河,曰:"此辈清流,可投浊流。"而唐遂亡矣。

夫前世之主,能使人人异心不为朋,莫如纣;能禁绝善人为朋,莫如汉献帝;能诛戮清流之朋,莫如唐昭宗之世[10];然皆乱亡其国。更相称美、推让而不自疑,莫如舜之二十二臣,舜亦不疑而皆用之;然而后世不诮舜为二十二人朋党所欺[11],而称舜为聪明之圣者,以辨君子与小人也。周武之世,举其国之臣三千人共为一朋,自古为朋之多且大,莫如周;然周用此以兴者,善人虽多而不厌也。

夫兴亡治乱之迹,为人君者,可以鉴矣[12]。

——《欧阳文忠公文集·朋党论》

［1］惟幸:只是希望。

［2］同道:志同道合。

［3］相党:相互勾结结党。

［4］贼害:残害,伤害。

［5］相益:相互裨益。

［6］共工、讙(huān 欢)兜:中国上古时代神话传说中由舜帝流放到四方的四个凶神,包括共工、讙兜、三苗、鲧。

［7］八元:传说中上古高辛氏的八个才子。八恺:传说中上古高阳氏的八个才子。

［8］皋、夔、稷、契:传说他们都是舜时的贤臣,皋掌管刑法,夔掌管音乐,稷掌管农业,契掌管教育。

［9］汉献帝:东汉最后一任皇帝刘协(181—234),汉灵帝刘宏次子,汉少帝刘辩异母弟。

［10］唐昭宗:唐昭宗李晔(867—904),初名李杰,即位后改名李敏,后又改名李晔。唐懿宗李漼第七子,888—904 年在位,谥号为圣穆景文孝皇帝,葬于和陵。

［11］诮(qiào 俏):责备。

［12］鉴:借鉴。

远小人近忠臣

欧阳修

〔**解题**〕题目据正文拟。选段是《宦者传》的总评,是欧阳修著名史论之一。东汉末年与晚唐时期,宦官弄权激烈,最终酿成亡国之祸。欧阳修有鉴于此,特在《新五代史》中为宦官立传,阐明其害之深,告诫当代及后世统治者引以为鉴。宦官往往通过小善、小信而逐步得到君主的信任和支持,如此下去,君主一切生活起居、政务处理都依赖于宦官,将自己陷于孤立的处境之中,使得忠厚、贤能之臣都与之疏远,久积成祸,直到无法再扭转。所以为人君者,应该提高警惕,不能宠信近臣,疏远忠臣,以防止乱起于内而致使身败国亡。于当下社会而言,宦官之祸教会我们应该团结贤能之人,远离人格卑劣之人。

自古宦者乱人之国[1],其源深于女祸[2]。女,色而已;宦者之害,非一端也。盖其用事也近而习[3],其为心也专而忍[4]。能以小善中人之意[5],小信固人之心[6],使人主必信而亲之。待其已信,然后惧以祸福而把持之。虽有忠臣、硕士列于朝廷[7],而人主以为去己疏远,不若起居饮食、前后左右之亲可恃也。故前后左右者日益亲,而忠臣、硕士日益疏,而人主之势日益孤。势孤,则惧祸之心日益切[8],而把持者日益牢。安危出其喜怒,祸患伏于帷闼[9],则向之所谓可恃者,乃所以为患也。患已深而觉之,欲与疏远之臣图左右之亲近,缓之则养祸而益深,急之则挟人主以为质。虽有圣智,不能与谋。谋之而不可为,为之而不可成,至其甚,则俱伤而两败。故其大者亡国,其次亡身,而使奸豪得借以为资而起[10],至抉其种类[11],尽杀以快天下之心而后已。此前史所载宦者之祸常如此者,非一世也。夫为人主者,非欲养祸于内而疏忠臣、硕士于外,盖其渐积而势使之然也。夫女色之惑,不幸而不悟,而祸斯及矣。使其一悟,捽而去之可也[12]。宦者之为祸,虽欲悔悟,而势有不得而去也,唐昭宗之事是已[13]。故曰"深于女祸者",谓此也。可不戒哉?

——《新五代史·宦者传》

[1] 宦者:即宦官,也叫太监,是一些被阉割后失去性能力的男人,在宫廷内侍奉皇帝及其家族。宦官本为内廷官,不能干预政事,但其上层分子是皇帝最亲近的奴才,所以往往能窃取大权。

[2] 女祸:古代史书中称宠信女子或女主执政败坏国事为女祸,此处指代前者。

[3] 近而习:亲近熟悉。

[4] 专而忍:专一隐忍,不露真情。

[5] 小善:指争得人君喜欢的一些雕虫小技,带贬义。

[6] 小信:小事情上的诚信或者在小节上拘泥守信,带贬义。

[7] 硕士:贤能之士,学问渊博的人。

[8] 惧祸:害怕祸乱。

[9] 帷闼(tà踏):泛指皇帝居住的后宫。帷,帐幕。闼,宫中小门。

[10] 资:口实,资本。

[11] 抉:剔出,剜出。

[12] 捽(zuó昨):抓,揪住。

[13] 唐昭宗之事:唐昭宗经常狂饮,喜怒无常,密谋尽诛宦官。宦官刘

季述、王仲先等假托皇后的命令,立太子,囚禁昭宗,想尽诛百官后再弑昭宗。后来都将孙德昭等斩王仲先,杖杀刘季述,迎昭宗复位。以后朱全忠利用诛宦官的机会,弑昭宗,灭了唐朝。

义 田 记

钱公辅

[**解题**] 钱公辅,字君倚,一字纯者,武进(今江苏常州)人,北宋仁宗皇祐元年(1049)己丑科进士,后历任越州通判、集贤校理、开封府推官、户部判官、知明州等。这篇文章主要记述了范仲淹置买义田以养贫者、贤者的功德之行。范仲淹生平好施舍,年少时,身份卑微不显达,只能心存助人之志但力不能及,后来位高俸厚,并不像社会上其他人一样满足自我私欲,而是自奉俭约、购置义田、广施仁爱、施贫养族,死后子孙亦秉承其高风义行。全文以记事为主,记人为辅,文中既赞扬了范公的义举,又批判了世风日下,自养丰厚,而无视族人饥苦的自私之士。乐善好施、与众偕乐的价值观在任何时代都值得提倡与学习。

　　范文正公[1],苏人也,平生好施与,择其亲而贫,疏而贤者,咸施之。

　　方贵显时,置负郭常稔之田千亩[2],号曰义田[3],以养济群族之人。日有食,岁有衣,嫁娶凶葬,皆有赡[4]。择族之长而贤者主其计,而时共出纳焉。日食人一升,岁衣人一缣[5],嫁女者五十千,再嫁者三十千,娶妇者三十千,再娶者十五千,葬者如再嫁之数,葬幼者十千。族之聚者九十口,岁入给稻八百斛[6]。以其所入,给其所聚,沛然有余而无穷。

屏而家居俟代者与焉；仕而居官者罢其给。此其大较也。

初，公之未贵显也，尝有志于是矣，而力未逮者二十年。既而为西帅[7]，及参大政，于是始有禄赐之入[8]，而终其志。公既殁，后世子孙修其业，承其志，如公之存也。公虽位充禄厚[9]，而贫终其身。殁之日，身无以为敛，子无以为丧，唯以施贫活族之义，遗其子而已。

昔晏平仲敝车羸马[10]，桓子曰："是隐君之赐也。"晏子曰："自臣之贵，父之族，无不乘车者；母之族，无不足于衣食者；妻之族，无冻馁者；齐国之士，待臣而举火者[11]，三百余人。以此而为隐君之赐乎？彰君之赐乎？"是齐侯以晏子之觞而觞桓子[12]。予尝爱晏子好仁，齐侯知贤，而桓子服义也。又爱晏子之仁有等级，而言有次第也[13]；先父族，次母族，次妻族，而后及其疏远之贤。孟子曰："亲亲而仁民，仁民而爱物。"晏子为近之。观文正公之义田，贤于平仲，其规模远举又疑过之。

呜呼！世之都三公位[14]，享万钟禄[15]，其邸第之雄，车舆之饰，声色之多，妻孥之富，止乎一己而已，而族之人不得其门而入者，岂少也哉！况于施贤乎！其下为卿，为大夫，为士，廪稍之允，奉养之厚，止乎一己而已，而族之人操壶瓢为沟中瘠者[16]，又岂少哉？况于他人乎！是皆公之罪人也。

公之忠义满朝廷，事业满边隅，功名满天下，后必有史官书之者，予可无录也[17]。独高其义，因以遗于世云。

——《古文观止·义田记》

[1] 范文正公：即范仲淹，字希文，谥文正。

[2] 负郭：靠近城郭。

[3] 义田：为赡养族人或贫困者而置的田产。

[4] 赡：帮助，周济。

[5] 缣(jiān尖)：双丝的细绢。

[6] 斛(hú胡)：中国旧量器名，亦是容量单位。唐朝以前，一斛为十斗；宋朝开始一斛为五斗。

[7] 西帅：西北边防的统帅，这里是指范仲淹担任陕西经略安抚招讨副使。

[8] 禄赐：俸给和奖赏。

[9] 位充禄厚：地位显赫，俸禄丰厚。

[10] 晏平仲：即晏子（前578—前500），名婴，字仲，谥平，习惯上多称平仲。夷维（今山东高密）人，春秋时期著名政治家、思想家、外交家。敝车羸马：驾驶破车，乘坐瘦马。

[11] 举火：生火做饭，引申为生活、维持生计。

[12] 觞：前一个觞为名词，表示盛酒器具。后一个觞为动词，此处表示罚酒。

[13] 次：次序。

[14] 都：位列。

[15] 钟：古代的一种计量器具和计量单位。

[16] 壶瓢：可用来盛水的容器，葫芦与瓢勺，指行乞器具。沟中瘠：指因贫穷而困厄或死于沟壑的人。

[17] 无录：不用赘述。

安贫乐道

苏 轼

〔**解题**〕 此选段为《苏轼文集·上梅直讲书》的一部分,现题目据正文拟,以突出文章主题。梅直讲,即梅尧臣,字圣俞,曾任国子监直讲。宋仁宋嘉祐二年(1057)苏轼进士及第,当时的主考官为欧阳修,参评官为梅尧臣。苏轼考中后,写了这封信表示自己对欧阳修、梅尧臣的感激之情。编注者所选此段文字主要是苏轼将周公与孔子两人进行了对比,感慨周公未遇知己,兄弟叛乱,无人与其共享富贵,而孔子与弟子虽然被困游说途中,但依然能够安贫乐道,师徒之间和洽相处、谈说论道。苏轼借此抒发了"士遇知己之乐"的心情,反映出作者内心的抱负,希冀与天下贤才共乐于道,即使身处贫贱。

某官执事。轼每读《诗》至《鸱鸮》[1],读《书》至《君奭》[2],常窃悲周公之不遇[3]。及观《史》[4],见孔子厄于陈、蔡之间[5],而弦歌之声不绝,颜渊、仲由之徒相与问答。夫子曰:"'匪兕匪虎,率彼旷野[6]',吾道非邪,吾何为于此?"颜渊曰:"夫子之道至大,故天下莫能容。虽然,不容何病[7]?不容然后见君子。"夫子油然而笑曰:"回,使尔多财,吾为尔宰[8]。"夫天下虽不能容,而其徒自足以相乐如此。乃今知周公之富贵,有不如夫子之贫贱。夫以召公之贤[9],

以管、蔡之亲而不知其心[10],则周公谁与乐其富贵?而夫子之所与共贫贱者,皆天下之贤才,则亦足与乐乎此矣!

——《苏轼文集》

[1]《鸱鸮(chī xiāo 吃销)》:为《诗经·豳风》中的一篇。鸱鸮,猫头鹰。传说这首诗是成公怀疑周公有不臣之志,周公的表明心志之作。

[2]《君奭(shì 是)》:为《尚书·周书》篇名。君,尊称。奭,召公之名。《君奭》也记载召公怀疑周公。

[3] 不遇:没有遇到知己。

[4]《史》:《史记》的省称。

[5] 孔子厄于陈、蔡之间:孔子为了推行他的思想,带领弟子周游春秋列国。在楚国受到冷落后,就去陈国及蔡国游说,从陈国到蔡国的途中被围困,粮食断绝,但他们懂得苦中作乐,后来坚持前行。

[6] 匪兕匪虎,率彼旷野:出自《诗经·小雅·何草不黄》。意思指我不是犀牛老虎那样的野兽,为什么要沦落到在野外游荡的境地。

[7] 病:担忧。

[8] 宰:主管,管家。

[9] 召公:又作"邵公""召康公""太保召公",姓姬名奭,周武王的同姓宗室。曾辅助周武王灭商,被封于燕。周成王时,他出任太保,与周公旦分陕而治,陕原以东的地方归周公旦管理,陕原以西的地方归他管理。他支持周公旦摄政当国,支持周公平定叛乱。

[10] 管、蔡:管叔、蔡叔。太姒与周文王生有十子,三子管叔鲜、四子周公旦、五子蔡叔度。管叔和蔡叔后来谋变叛乱,周公团结召公奭,帅军征讨,杀了管叔放逐了蔡叔。

陈谏议偿直取马[1]

〔解题〕本文讲述了拥有古仁之风的谏议大夫陈省华的事迹。其家中有一匹顽劣、不可驾驭的马被儿子陈尧咨卖给商人，陈省华得知后立马招来儿子进行教育，认为把这咬人伤人的马卖给他人是将灾祸转嫁予他人，并立马派人换回劣马。故事旨在告诉世人为人处事要像陈谏议一样仁爱、淳朴，懂得换位思考，为他人着想，若人人能习此仁德品行，则天下相安于居。

太尉陈尧咨为翰林学士日，有恶马不可驭[2]，蹄啮伤人多矣。一旦[3]，父谏议入厩，不见是马，因诘圉人[4]，乃曰："内翰卖之商人矣。"谏议遽谓翰林曰[5]："汝为贵臣，左右尚不能制，旅人安能畜此！是移祸于人也。"亟命取马而偿其直[6]，戒终老养焉。其长厚远类古人[7]。

——《能改斋漫录·陈谏议偿直取马》

[1] 陈谏议：指北宋陈省华（939—1006），字善则，北宋阆州阆中人，官至谏议大夫，故称之。卒赠太子少师、秦国公。长子陈尧叟是宋太宗端拱二年（989）状元、次子陈尧佐进士出身、三子陈尧咨是宋真宗咸平三年（1000）状元，世称"三陈"，父子四人皆进士，故称一门四进士，陈省华的孙女婿傅尧俞是状元，又称陈门四状元。

[2] 恶：此处指顽劣。

[3] 一旦：一日。

[4] 圉人：养马的人。

［5］遽:急忙。

［6］亟:赶快。偿:偿还。直:通"值",价值,这里指钱。

［7］长厚:恭谨宽厚。

爱之民，民爱之

陈 亮

〔解题〕 题目据正文拟。陈亮（1143—1194），原名汝能，后改名亮，字同甫，号龙川，婺州永康（今属浙江金华）人，谥号文毅，南宋思想家、文学家。著有《龙川文集》《龙川词》，《宋史》有传。此篇文章写得极为巧妙，第一部分寥寥数字简练概括韩子师离去的时间、地点、缘由，第二部分用大量篇幅描绘韩子师被弹劾离去时三天时间内的场景，着重凸显当地民众对韩公的爱敬之情，以种种细节展现官民想尽各种办法挽留好官的情怀，与第一段韩公因"恣行酷政，民冤无告"被弹劾离去形成鲜明对比，揭露了当时黑暗腐朽的政治环境。民众之所以苦苦相留韩公，正在于他待民以善、施行仁政，官民之间如鱼水之乐。陈亮巧妙地歌颂了这样一位为人民所热爱的好官并揭露了朝政的腐败。

秘阁修撰韩公知婺之明年[1]，以"恣行酷政，民冤无告"劾去[2]。

去之日，百姓遮府门愿留者，顷刻合数千人，手持牒以告摄郡事[3]。摄郡事振手止之，辄直前不顾；则受其牒，不敢以闻。

明日出府，相与拥车下，道中至不可顿足[4]。则冒禁行城上[5]，累累不绝[6]。拜且泣下，至有锁其喉自誓于公之前者[7]。里巷小儿数十百辈罗马前,且泣下。君为之抆泪[8],告以君命决不应留;辄柴其关如不闻。

日且暮,度不可止,则夺刺史车置道旁,以民间小舆舁至梵严精舍[9],燃火风雪中围守之。其挟舟走行阙,告丞相、御史者,盖千数百人而未止。

又明日,回泊通波亭,乘间欲以舟去,百姓又相与拥之不置,溪流亦复堰断不可通。乡士大夫惧蝼蚁之微不足以回天听[10],委曲谕之,且却且前。久乃曰:"愿公徐行,天子且有诏矣。"公首肯之。道稍并,公疾驰徉去。后来者咎其徒之不合舍去,责诮怒骂,不啻仇敌。

呜呼!大官,所尊也;民,所信也。所尊之劾如彼,而所信之情如此,吾亦不知公之政何如也,将从智者而问之。

——《陈亮集·送韩子师侍郎序》

[1]秘阁修撰:宋官名。北宋徽宗政和六年(1116)置为贴职(兼职),用来安置馆阁中资深官员,多由直龙图阁迁任。婺:婺州,今浙江金华的古称。

[2]劾:被检举揭发罪状。

[3]牒:古代的一种文书。摄:代理。

[4]顿足:安放双脚或者跺脚,这里指人多。

[5]冒禁:违犯禁令。

[6]累累:众多的样子。

[7]自誓:自我发誓表明决心。

[8]抆(wěn稳):揩拭、擦去。

[9]舁(yú鱼):轿子。精舍:最初是指儒家讲学的学社,后来也指出家人修炼的场所。这里指佛教场所。

[10]蝼蚁:此处指微贱的民众。

过零丁洋[1]

文天祥

〔解题〕1279年,宋元崖山海战,宋军大败。宋丞相陆秀夫负末帝赵昺投海身亡,南宋正式灭亡,元朝统一中国。《过零丁洋》是宋代名臣文天祥在此年经过零丁洋时所作的诗作。文天祥(1236—1283),初名云孙,字宋瑞,一字履善。自号文山、浮休道人。江西吉州(今江西吉安)人,宋末爱国诗人、抗元名臣,与陆秀夫、张世杰并称为"宋末三杰"。《过零丁洋》是其爱国诗篇的代表作之一,此诗前两句,诗人回顾平生;中间四句紧承"干戈寥落",明确表达了作者对当前局势的认识;最后两句直接明了地展现了自己愿意为国家和民族付出生命的决心。诗人以诗明志,表现出视死如归的高风亮节和大义凛然的英雄气概,为国为民不惜牺牲自我。

辛苦遭逢起一经[2],干戈落落四周星[3]。
山河破碎风抛絮,身世飘摇雨打萍[4]。
惶恐滩头说惶恐[5],零丁洋里叹零丁[6]。
人生自古谁无死,留取丹心照汗青[7]。

——《四库全书·文山集·过零丁洋》

[1] 零丁洋:即"伶丁洋"。现在广东省珠江口外。1278年底,文天祥

率军在广东五坡岭与元军激战,兵败被俘,因禁船上曾经过零丁洋。

〔2〕遭逢:遭遇。起一经:因为精通一种经书而被朝廷起用做官。文天祥二十岁考中状元。

〔3〕干戈:指宋朝对抗元朝的战争。落落:荒凉冷落。一作"寥落"。四周星:四周年。文天祥从1275年起兵抗元,到1278年被俘,一共四年。

〔4〕萍:浮萍。

〔5〕惶恐滩:在今江西省万安县,是赣江中的险滩。1277年,文天祥在江西被元军打败,所率军队死伤惨重,妻子儿女也被元军俘虏。他经惶恐滩撤到福建。

〔6〕零丁:孤苦无依的样子。

〔7〕丹心:红心,比喻忠心。汗青:史册。古代用竹简写字,先用火烤干其中的水分,会有水汽冒出,故称汗青。

石 灰 吟[1]

于 谦

〔解题〕 于谦(1398—1457),字廷益,号节庵,浙江杭州府钱塘县人,明朝名臣。于谦年少有为,明宣宗时期,先后巡抚江西、山西、河南等地,平反冤狱、革除弊政,百姓受益,颂声满道。后又保卫京师、铲除奸党、辅佐朝政。明英宗复辟后,由于石亨、曹吉祥等人的陷害,于谦因"谋逆"罪被冤杀。于谦一生忧国忘身,口不言功,自奉俭约,但性固刚直,《石灰吟》正展现了他为维护高尚节操粉身碎骨也不怕的情怀。诗歌文字铿锵有力、简练易懂,诗人托物言志,通过赞美石灰,表达了自己以天下为己任,为了社稷苍生不惜牺牲自我的坚强意志和决心。中国梦的实现,需要千千万万的人抱持这样的勇气和责任感,为万众谋。

千锤万凿出深山[2],烈火焚烧若等闲[3]。
粉身碎骨全不怕,要留清白在人间[4]。

——《于谦集·石灰吟》

[1] 石灰吟:赞颂石灰。吟,吟颂。指古代诗歌的一种体裁。
[2] 千锤万凿:无数次的锤击开凿,形容开采石灰非常艰难。
[3] 若等闲:好像很平常的事情。
[4] 清白:指石灰洁白的本色,又比喻高尚的节操。

立春日感怀

于　谦

〔解题〕明英宗正统十四年(1449)，瓦剌首领也先大举进兵明境，明英宗朱祁镇在宦官王振的怂恿下，不顾群臣劝阻，令皇弟朱祁钰留守，亲率大军出征。由于组织不当，一切军政事务皆由王振专断，大军退至土木堡时王振下令移营就水，饥渴难忍的军士一哄而起奔向河边，人马失序，瓦剌军趁机发动攻势。明军只得仓促应战，军队死伤惨重，王振被杀，英宗被也先俘去，史称"土木堡之变"。在此过程中于谦等人肩负起都城北京保卫战，并成功解除京师重围。《立春日感怀》是于谦在击退瓦剌入侵后第二年的立春日所写，遇此佳节，引起了作者思亲之念，但身处前线，为了国事，又不得不羁留在边地，诗中表达了作者的矛盾痛苦心情，同时也展现了作者为国建功立业舍小家以成大家的优秀品质。

年去年来白发新，匆匆马上又逢春[1]。
关河底事空留客[2]？岁月无情不贷人[3]。
一寸丹心图报国，两行清泪为思亲。
孤怀激烈难消遣，漫把金盘簇五辛[4]。

——《于谦集·立春日感怀》

[1] 马上:指在征途或在军队里。

[2] 关河:关山、河川,这里指边塞上。

[3] 贷:饶恕、宽恕。

[4] 簇五辛:在盘中盛上五种带有辛辣味的蔬菜。"五辛盘"(亦称"春盘"),是古人在立春之日的习俗。《本草纲目》:"元旦、立春,以葱、蒜、韭、蓼蒿、芥辛嫩之叶杂和食之,取迎新之意,谓之五辛盘。"

上下相交

王　鏊

[**解题**]　题目据正文拟,以突出文章宗旨。王鏊(1450—1524)字济之,号守溪,江苏吴县(今苏州)人,明代名臣、文学家,世称震泽先生。历任侍讲学士、吏部右侍郎、户部尚书、文渊阁大学士。明中叶,明武宗昏庸无道,只知淫乐嬉游,不问政事,国家大事皆由宦官刘瑾等决定。针对此情况,王鏊写本文上奏武宗,尖锐指出上下阻塞不通的危害,并针对当朝弊病提出了解决方案,认为应当恢复前朝旧例,实施三朝法,即正朝、外朝、内朝,明武宗时内朝缺失,臣子无法与君主共商国是,上下不通。王鏊一片忠心为国,期望皇帝亲自执政,使得上闻下达,君臣一体。遗憾的是,他提出的办法并没有被采纳,明武宗以后,皇帝更加亲信宦官,政治愈加腐败,明朝终于走向灭亡。古人言:"以铜为镜,可以正衣冠;以古为镜,可以知兴替;以人为镜,可以明得失。"居上位与处下位的人必须有效沟通,为国为民谋利。

《易》之《泰》:"上下交而其志同[1]。"其《否》曰:"上下不交而天下无邦[2]。"盖上之情达于下,下之情达于上,上下一体,所以为"泰"。下之情壅阏而不得上闻[3],上下间隔,虽有国而无国矣,所以为"否"也。

交则泰,不交则否,自古皆然,而不交之弊,未有如近世甚者。君臣相见,止于视朝数刻[4];上下之间,章奏批答相关接,刑名法度相维持而已。非独沿袭故事[5],亦其地势使然。何也? 国家常朝于奉天门[6],未尝一日废,可谓勤矣。然堂陛悬绝[7],威仪赫奕[8],御史纠仪[9],鸿胪举不如法[10],通政司引奏[11],上特视之,谢恩见辞,惴惴而退[12],上何尝治一事,下何尝进一言哉? 此无他,地势悬绝,所谓堂上远于万里,虽欲言无由言也[13]。

愚以为欲上下之交,莫若复古内朝之法[14]。盖周之时有三朝:库门之外为正朝[15],询谋大臣在焉[16];路门之外为治朝[17],日视朝在焉;路门之内为内朝,亦曰燕朝。《玉藻》云:"君日出而视朝,退适路寝听政[18]。"盖视朝而见群臣,所以正上下之分;听政而适路寝,所以通远近之情。汉制:大司马、左右前后将军、侍中、散骑诸吏为中朝[19],丞相以下至六百石为外朝[20]。唐皇城之北南三门曰承天,元正、冬至受万国之朝贡,则御焉,盖古之外朝也。其北曰太极门,其西曰太极殿,朔、望则坐而视朝[21],盖古之正朝也。又北曰两仪殿,常日听朝而视事,盖古之内朝也。宋时常朝则文德殿,五日一起居则垂拱殿[22],正旦、冬至、圣节称贺则大庆殿,赐宴则紫宸殿或集英殿,试进士则崇政殿。侍从以下,五日一员上殿,谓之轮对,则必入陈时政利害。内殿引见,亦或赐坐,或免穿靴,盖亦有三朝之遗意焉。盖天有三垣[23],天子象之。正朝,象太极也;外朝,象天市也;内朝,象紫微也。自古然矣。

国朝圣节、正旦、冬至,大朝则会奉天殿[24],即古之正朝也。常日则奉天门,即古之外朝也。而内朝独缺。然非缺也,华盖、谨身、武英等殿,岂非内朝之遗制乎? 洪武中如宋濂、刘基[25],永乐以来如杨士奇、杨荣等[26],日侍左右,大臣蹇义、夏元吉等,常奏对便殿。于斯时也,岂有壅隔之患哉[27]?

今内朝未复,临御常朝之后,人臣无复进见,三殿高閟[28],鲜或窥焉。故上下之情,壅而不通;天下之弊,由是而积。孝宗晚年,深有慨于斯,屡召大臣于便殿,讲论天下事。方将有为,而民之无禄[29],不及睹至治之美,天下至今以为恨矣[30]。

惟陛下远法圣祖,近法孝宗,尽划近世壅隔之弊。常朝之外,即文华、武英二殿,仿古内朝之意,大臣三日或五日一次起居,侍从、台谏各一员上殿轮对[31];诸司有事咨决,上据所见决之,有难决者,与大臣面议之;不时引见群臣,凡谢恩辞见之类,皆得上殿陈奏。虚心而问之,和颜色而道之,如此,人人得以自尽[32]。陛下虽身居九重[33],而天下之事灿然毕陈于前[34]。外朝所以正上下之分,内朝所以通远近之情。如此,岂有近时壅隔之弊哉?唐、虞之时,明目达聪[35],嘉言罔伏[36],野无遗贤[37],亦不过是而已。

——《古文观止·亲政篇》

[1]"《易》之《泰》"句:此句话出自《易经·泰卦·彖传》。上,居于上位者。下,处于下位者。这是从人事的角度解释泰卦,在上者与下属若能相互交流,则可以志同道合,共谋大业。

[2]"其《否》曰"句:此句话出自《易经·否卦·彖传》。意思是居上位者与下属不相互交流,则国家得不到有效的治理。否,卦名,上坤下乾,象征闭塞不通。

[3]壅阏(è饿):阻塞不畅通。

[4]视朝:临朝听政。数刻:刻,古代计时单位,一昼夜为一百刻,数刻指时间极短。

[5]故事:先例,旧日的典章制度。

[6]奉天门:建成于明永乐十八年(1420),嘉靖四十一年(1562)改称皇极门,清顺治二年(1645)改称太和门。此处在明代是"御门听政"之处,皇帝在此接受臣下的朝拜和上奏,颁发诏令,处理政事。

[7] 堂陛悬绝:皇帝在殿堂上,臣子跪在台阶下,两者地位相差悬殊。堂,殿堂。陛,帝王宫殿的台阶。

[8] 赫奕:形容光辉显赫。

[9] 御史纠仪:封建王朝的御史官,上朝时监督纠举臣子不合礼仪的动作。

[10] 鸿胪:鸿胪寺的官员,负责朝会、祭祀等礼仪工作,相当于宫廷的司仪官。

[11] 通政司:明朝始设的负责收转内外奏章的机构。这里指通政司的官吏通政使。

[12] 惴(zhuì坠)惴:恐惧不安的样子。

[13] 由:机会,办法。

[14] 内朝:古代内朝分路门之外、路门之内两处。路门之外的用于天子、诸侯处理政事,路门之内则用于休息。

[15] 库门:古传天子宫廷有五门,库门是比较靠外的一个门。正朝:朝堂诸臣谋略、办理政事的地方。

[16] 询谋:咨询、谋划。

[17] 路门:古传天子宫廷中最里面的一个门。治朝:古代天子诸侯三朝之一。在路门外,为每日临朝听政之所。

[18] "《玉藻》云"句:此句话出自《礼记·玉藻》,指君主平日到路门之外的朝堂听取臣子奏议,处理政事。退居寝殿后也批阅奏章等,处理政事。

[19] 大司马:汉代官名,主管全国军事。左右前后将军:四种武官。侍中:秦朝始置,两汉沿置,为正规官职外的加官之一,因侍从皇帝左右,出入宫廷,与闻朝政,逐渐变为亲信贵重之职。散骑:官名,为皇帝侍从,属于皇帝近臣。

[20] 六百石:汉代官员的俸禄。汉代二千石以上为高级官员。六百石指一般官员。

[21] 朔望:分别为农历每月初一和十五。

[22] 五日一起居:指每五天向皇上问安,请问起居。

[23] 三垣:古代天文术语,天文学家把天空星辰分为三垣、二十八星宿及其他星座。三垣在北极星周围,依次为太微垣、紫微垣、天市垣。下句的

"太极"应为"太微"。

［24］圣节、冬至、正旦：是明代的三大节。圣节，皇帝生日。正旦，春节。

［25］洪武：明太祖朱元璋年号(1368—1398)。宋濂、刘基：均是明太祖的开国功臣。

［26］永乐：明成祖朱棣年号(1403—1424)。杨士奇、杨荣及后文的蹇义、夏元吉，都是明成祖及以后仁宗、宣宗等朝的高官。

［27］壅隔：阻隔。

［28］高閟(bì 壁)：指宫殿门高大幽深，且常紧闭着。

［29］禄：福运、福气。

［30］恨：遗憾。

［31］轮对：古代皇帝召集臣子进行轮流回答、商讨咨询。

［32］自尽：详尽表述自己的看法、意见。

［33］九重：古人认为天有九层，因泛言天为"九重天"，代指皇帝与臣民相隔甚远。

［34］灿然：清清楚楚。

［35］明目达聪：眼睛明亮，耳朵灵敏，形容透彻明了。

［36］嘉言罔伏：正确的意见从不被埋没。

［37］野无遗贤：民间没有遗漏的贤人。

送江陵薛侯入觐序[1]

袁宏道

[解题] 袁宏道（1568—1610），字中郎，又字无学，号石公，又号六休，湖广公安（今湖北公安县）人，与其兄袁宗道、弟袁中道并有才名，时称"公安三袁"。序言借送别江陵薛侯去朝见皇帝的机会，介绍了薛侯如何良善治理荆州的事迹，展现了薛侯有效协调、化解地方官民矛盾的政治智慧，描绘了荆州之地和乐安居的景象。袁宏道将薛侯的做法与当时社会一些官员为了获取功名而心术不正的丑陋行径进行对比，尤其是揭露了为一己私利荼毒天下百姓的专权宦官，赞扬和鼓励为民尽心的贤良之官，懂得以柔克刚。

当薛侯之初令也[2]，豺而虎者张甚[3]。郡邑之良，泣而就逮。侯少年甫任事[4]，人皆为侯危。侯笑曰："不然。此蒙庄氏所谓养虎者也。猝饥则噬人[5]，而猝饱必且负嵎[6]。吾饥之使不至怒；而饱之使不至骄，政在我矣。"已而果就约。至他郡邑，暴横甚，荆则招之亦不至。

而是时适有播酋之变[7]。部使者檄下如雨，计亩而诛，计丁而夫。耕者哭于田，驿者哭于邮。而荆之去川也迩。沮水之余，被江而下，惴惴若不能一日处[8]。侯谕父老曰："是釜中鱼[9]，何能为？"戒一切勿嚣。且曰，"奈何以一小逆疲吾赤子!"诸征调皆缓其议,未几果平。

余时方使还,闻之叹曰:"今天下为大小吏者皆若此,无忧太平矣。"小民无识,见一二官吏与珰相持而击,则群然誉。故激之名张,而调之功隐[10]。吾务其张而不顾其害,此犹借锋以割耳。自古国家之祸,造于小人,而成于贪功幸名之君子者,十常八九。故自楚、蜀造祸以来,识者之忧,有深于珰与夷者。辟如病人,冀病之速去也,而纯用攻伐之剂[11],其人不死于病而死于攻[12]。今观侯之治荆,激之耶,抑调之耶?使侯一日而秉政,其不以贪功幸名之药毒天下也审矣。

侯为人丰颐广额[13],一见知其巨材。今年秋以试事分校省闱[14],首取余友元善,次余弟宗郢。元善才识卓绝,其为文骨胜其肌,根极幽彻,非具眼如侯,未有能赏识其俊者。余弟质直温文,其文如其人,能不为师门之辱者。以此二士度一房,奚啻得五?[15]侯可谓神于相士者也[16]。侯之徽政[17],不可枚举。略述其大者如此。汉庭第治行[18],讵有能出侯上者[19]?侯行矣。

——《袁中郎全集·送江陵薛侯入觐序》

[1] 入觐:指地方官员入朝进见帝王。

[2] 初令:初任县令。

[3] 珰而虎者:指气焰嚣张的宦官。珰,汉代宦官帽子上的装饰物,借指宦官。汉代宦官充武职者,其冠用珰和貂尾为饰,故后来用其称宦官。张甚:十分嚣张。

[4] 甫:刚刚。

[5] 猝:突然。噬人:咬人。

[6] 负嵎:指依仗某种条件,顽强抵抗。此处指突然间吃饱恣意骄傲。

[7] 播酋之变:指发生于明朝万历二十七至二十八年之间的苗疆土司杨应龙叛变。明初,杨铿内附,明任命其为播州宣慰司使,世袭。万历初,其

后代杨应龙为播州宣慰司使,骄横跋扈,作恶多端,并于万历十七年公开作乱。明廷对杨应龙之乱举棋不定,未采取有力对策。因此应龙本人一面向明朝佯称出人出钱以抵罪赎罪,一面又引苗兵攻入四川、贵州、湖广的数十个屯堡与城镇,搜戮居民,奸淫掳掠。

［8］惴惴若不能一日处:惴惴不安,觉得朝不保夕。

［9］釜中鱼:典故,指锅中已生出鱼来。比喻生活困难,断炊已久。

［10］调之功隐:与前面"激之名张"形成对比,指责当时社会对与宦官激烈抗争的人赞叹有佳,但对如薛侯一样温润调解吏民矛盾的官员却常忽略其功劳。

［11］攻伐之剂:药性猛烈的药剂。

［12］攻:此处指药性过猛。

［13］丰颐广额:下巴丰满,额头宽阔。

［14］试事:考试之事。省闱:各行省主持的科举考试。

［15］"以此"句:以这两个人辅佐一人,哪里异于得到五个人才呢!

［16］相士:观察和鉴别人才。

［17］徽政:美政,善政。

［18］治行:为政的成绩、施政措施。

［19］讵(jù巨):岂,难道,用于表示反问。

朋 友 宾 主

程登吉

〔**解题**〕选段文字介绍了数种不同的朋友相处模式及其称谓,以历史上数位著名人物有关朋友交往的故事展现了相处之道,即朋友之间要想合于道义,必须以真诚的心意对待双方,且应当择善而交,吸取对方的优点来培养自己的仁德,趋避恶人,以免深受其害。

取善辅仁,皆资朋友[1];往来交际,迭为主宾[2]。尔我同心,曰金兰[3];朋友相资,曰丽泽[4]。东家曰东主,师傅曰西宾[5]。父所交游,尊为父执[6];己所共事,谓之同袍[7]。

心志相孚为莫逆[8],老幼相交曰忘年[9]。刎颈交,相如与廉颇[10];总角好,孙策与周瑜[11]。胶漆相投,陈重之与雷义[12];鸡黍之约,元伯之与巨卿[13]。与善人交,如入芝兰之室[14],久而不闻其香;与恶人交,如入鲍鱼之肆[15],久而不闻其臭。肝胆相照[16],斯为腹心之友;意气不孚,谓之口头之交[17]。彼此不合,谓之参商[18];尔我相仇,如同冰炭[19]。民之失德,干糇以愆[20];他山之石,可以攻玉[21]。落月屋梁,相思颜色[22];暮云春树,相望丰仪[23]。王阳在位,贡禹弹冠以待荐[24];杜伯非罪,左儒宁死不徇君[25]。

分首判袂[26],叙别之辞;拥彗扫门,迎迓之敬[27]。陆凯折梅逢驿使,聊寄江南一春枝[28];王维折柳赠行人,遂唱阳关三叠曲[29]。频来无忌,乃云入幕之宾[30];不请自来,谓之不速之客[31]。醴酒不设,楚王戊待士之意怠[32];投辖于井,汉陈遵留客之心诚[33]。蔡邕倒屣以迎宾[34],周公握发而待士[35]。陈蕃器重徐稚,下榻相延[36];孔子道遇程生,倾盖而语[37]。伯牙绝弦失子期,更无知音之辈[38];管宁割席拒华歆,调非同志之人[39]。分金多与,鲍叔独知管仲之贫[40];绨袍垂爱,须贾深怜范叔之窘[41]。要知主宾联以情,须尽东南之美[42];朋友合以义,当展切偲之诚[43]。

——《幼学琼林》卷二

[1] 资:帮助。

[2] 迭:轮流,交换。

[3] 金兰:《易·系辞上》载:"二人同心,其利断金;同心之言,其臭如兰。"形容友情深厚,相交契合。

[4] 丽泽:《周易》兑卦第五十八,《象》曰:"丽泽,兑;君子以朋友讲习。"比喻朋友互相滋养,裨益双方。

[5] 东家、西宾:古人待客,按照礼仪,主人坐在东面向西面,所以称作"东家"或"东主",宾客坐在西面,面向东面。

[6] 父执:父亲的朋友。执,至交,好友。

[7] 同袍:同穿一条战袍的战友,后来多比喻特别有交情,关系十分密切的人。

[8] 孚:信任,相应。莫逆:没有抵触,思想感情一致,比喻情投意合,感情深厚,语出《庄子·大宗师》:"四人相视而笑,莫逆于心,遂相与为友。"

[9] 忘年:就是忘年交。指两个人年纪或辈分相差悬殊,但却可以称为知心的朋友。

[10] 刎颈交:典故名,典出《史记》卷八十一《廉颇蔺相如列传》。廉颇蔺相如"卒相与欢,为刎颈之交"。司马贞索隐引崔浩曰:"要齐生死而刎颈无悔也。"后遂以"刎颈交"谓友谊深挚,可以共生死的朋友。亦省作

"刎颈"。

［11］总角好:用来比喻童年时代就是很好的朋友。总角,古时儿童束发为两结,向上分开,形状如角,故称总角,借指童年时代。孙策与周瑜自幼交好,后周瑜投奔孙策,两人为主仆共建大业,二人又分别迎娶大小乔,成为连襟,感情深厚。

［12］胶漆相投:用来比喻情投意合,如胶似漆,亲密而无间。雷义、陈重:东汉人,两人分别举茂才和孝廉,二人互相谦让,太守和刺史不同意,最后二人同拜尚书郎,故称二人的关系如胶似漆。

［13］鸡黍之约:《后汉书·范式传》记载,山阳金乡范式与汝南张劭是京城洛阳太学同学,关系要好,两人各自归家时范式答应两年后到张劭家拜访,转眼约期至,张劭杀鸡煮黍准备待客,张母认为分别两年且处千里之外不可相信范式的承诺,张劭为范式据理力争,相信友人一定会来到,范式果然如期而至。后遂用"范张鸡黍""鸡黍之约"来表示朋友间的信义与深情。范式,字巨卿。张劭,字元伯。

［14］芝兰之室:芝兰,其味芳香,比喻贤士所居的地方,后一句说与贤达之人相处,自身也会受其品质熏染。

［15］鲍鱼之肆:出自汉刘向《说苑·杂言》,卖渍鱼的店铺。后一句说与恶人长久相处,自身也会滋染恶习。

［16］肝胆相照:谓肝与胆关系密切,互相照应。比喻互相坦诚交往共事。

［17］口头之交:指表面亲密实无厚谊。孟郊《择友》诗:"面结口头交,肚里生荆棘。"

［18］参商:参星与商星,二者在星空中此出彼没,彼出此没,古人以此比喻彼此对立,不和睦。

［19］冰炭:冰块和火炭,互不相容,形容矛盾冲突、关系恶劣。

［20］"民之失德"句:出自《诗经·小雅·伐木》,意思是说人们如果道德沦丧,那么涉及干粮这样的一件小事也会在朋友间引来纠纷。糇,干粮。愆,过失,罪过。

［21］"他山之石"句:出自《诗经·小雅·鹤鸣》,原意是指其他山上的石头可用来做琢磨玉器,此处比喻朋友能帮助自己改正缺点。

319

[22]"落月屋梁"句:唐代李白曾被流放到夜郎,杜甫写《梦李白两首》,其中有"落月满屋梁"的诗句,借指对友人的思念。颜色:面容。

[23]"暮云春树"句:杜甫《春日忆李白》中有这样的诗句:"渭北春天树,江东日暮云。"丰仪:风度仪表。

[24]"王阳在位"句:汉宣帝时,琅琊人王吉(字子阳)和贡禹十分要好,贡禹多次被免职,王吉在官场也很不得志。汉元帝时,王吉被召去当谏议大夫,贡禹听到此消息很高兴,将自己官帽取出,弹去多年布满的灰尘,等待王吉推荐自己。比喻乐意辅佐志向相同的人。

[25]"杜伯非罪"句:杜伯、左儒同为周宣王重臣,一次杜伯因触怒周宣王被杀,左儒力争无效,回家后自杀,展现两人愿意为对方献出生命的深厚友谊。

[26]分首判袂:表示朋友离别。

[27]"拥彗扫门"句:手拿扫帚,清扫门庭,以示对来访者的尊敬。迎迓,迎接。

[28]"陆凯折梅"句:陆凯,字智君,北魏鲜卑族人,与范晔友好。尽管南北朝处于敌对状态,但陆、范常以书信维持情谊。北魏景明二年(501),陆凯将一支梅花装在信袋里,叫驿吏带给范晔,并赋诗一首:"折花逢驿使,寄与陇头人。江南无所有,聊赠一枝春。"以此比喻对远方友人深深的思念之情。

[29]"王维折柳"句:唐代诗人王维送朋友元二去西北边疆,曾作诗歌《送元二使安西》,后有乐人谱曲,名为"阳关三叠",又名"渭城曲",无论是诗歌还是乐曲都表达出作者对即将远行的友人的无限关怀和浓烈的惜别之情。

[30]入幕之宾:《晋书·郗超传》:"谢安与王坦之尝诣温论事,温令超帐中卧听之。风动帐开,安笑曰:'郗生可谓入幕之宾矣。'"幕,帐幕,帐幕之内是居室私密之处,能进入帷幕中的宾客,自然与主人关系非同一般,因此我们习惯以"入幕之宾"指心腹、死党。

[31]速:邀请。

[32]"醴酒不设"句:典出《汉书·楚元王传》:"可以逝矣!醴酒不设,王之意怠,不去,楚人将钳我于市。"西汉楚元王与穆生交情很好,穆生不喜

喝酒,元王每次设宴都为之准备甜酒,后楚王戊继位,渐渐忘了准备甜酒,穆生说可以离去了。后用此来形容对人的敬礼渐渐减少。醴酒,甜酒。

[33]"投辖于井"句:典出《汉书·陈遵传》,汉陈遵嗜酒、好客,留客心诚,每次宴请宾客,总是关上门,取下客人车轴的辖投入井中,使车不能行,不让客人走。辖,固定车轮与车轴位置,插入轴端孔穴的销钉。后来用此表示主人好客,盛情招待。

[34]倒屣以迎宾:汉末蔡邕,字伯喈。《三国志·魏志·王粲传》记载,蔡邕富有才名,在朝廷地位很高,家中常常车马盈门,宾客满座。有一天,突然得知王粲上门求见,蔡邕慌得倒拖着鞋子出来迎接。后来用"伯喈倒屣""倒屣相迎"表示热情迎宾。屣也作履,都是对鞋的称呼。

[35]握发而待士:周公为了招揽天下的贤士,为避免急慢求见的人,曾经多次中途停下洗头、吃饭以迎接待见。后来用此表示礼贤下士,求才殷切。

[36]下榻相延:《后汉书·徐稚传》记载,豫章太守陈蕃很器重隐士徐稚,礼请徐稚担任功曹,专门为他准备一个坐榻,徐稚一走,就把坐榻收起来。形容对人才的尊重。

[37]倾盖而语:《孔子家语·致思》记载,孔子在郯地路上遇到程子,两人停车交谈,车盖互相倾斜,双方意见投合,一谈就是一整天。后来用此形容朋友相遇亲切交谈,也表示志同道合,一见如故。盖,车盖,形状如伞。

[38]伯牙绝弦:《吕氏春秋·本味》记载,俞伯牙善于弹琴,钟子期善于听琴,伯牙琴音志在高山,或志在流水,子期都能心领神会,一听便知。子期死后,伯牙不再弹琴,认为世上再没有这样的知音了。后来用"伯牙绝弦"比喻哀悼亡友或慨叹无有知音之苦。

[39]"管宁割席"句:《世说新语·德行》记载,东汉末年,管宁与华歆同席读书。一次,有人乘坐轩车经过门前,管宁读书如故,而华歆却放下书跑出去看。管宁于是将席子割成两半,从此与华歆分开坐,后用此比喻朋友间的情谊一刀两断,中止交往,或中止与志不同、道不合的人为朋友。

[40]分金多与:鲍叔牙、管仲都为齐国大夫,两人是好朋友,管仲家贫,两人经商时鲍叔牙总是多分钱与管仲,展现出二人深厚的情谊。

[41]绨袍垂爱:《史记·范雎蔡泽列传》记载,战国时范雎曾受须贾陷

321

害,后改名张禄逃到秦国担任相国。须贾出使秦国,范雎破衣去见,须贾送他一件绨袍。后须贾发现真相,于是肉袒谢罪。范雎因须贾赠予绨袍尚显有念旧之情,便宽释了他。后来用此典故表示不忘故旧之情。

[42]"要知主宾联以情"句:主人和宾客靠感情维系,在相处时应该将当地最好的东西拿出来款待对方。

[43] 切偲(sī思)之诚:指朋友间相互切磋、勉励,有感情、有诚意。

张孝基仁爱

[解题] 文章主要讲述了张孝基的岳父有个儿子不成材被赶出家门,岳丈死前将自己所有钱财都交托给孝基。后来,孝基见到岳父的儿子行乞于途,同情之心顿生,于是让他为自己灌溉园林、管理仓库,直到最后觉得岳父的儿子能够在改过自新且能自食其力后,把岳父所给的钱财都全部交还他。张孝基对妻子不成器的兄弟充满信心,可见其宽容与博大的胸怀;见到兄弟处于困窘状态时,尽己之力帮助他;帮助过程中懂得循循善诱,教授兄弟自食其力的能力。一个仁爱、友善的形象跃然纸上,值得今人学习。

许昌士人张孝基[1],娶同里富人女。富人惟一子,不肖[2],斥逐去。富人病且死,尽以家财付孝基。孝基与治后事如礼[3]。久之,其子丐于途,孝基见之,恻然谓曰:"汝能灌园乎[4]?"答曰:"如得灌园以就食,何幸!"孝基使灌园。其子稍自力,孝基怪之,复谓曰:"汝能管库乎[5]?"答曰:"得灌园,已出望外,况管库乎?又何幸也。"孝基使管库。其子颇驯谨[6],无他过。孝基徐察之,知其能自新,不复有故态,遂以其父所委财产归之。

——《山堂肆考》

[1] 许昌:古地名,在今河南境内。

[2]不肖:不成才,没有出息。

[3]如礼:按照礼仪规定。

[4]恻然:哀怜同情的样子。

[5]管库:管理仓库。

[6]驯谨:顺从而谨慎。

金缕曲词(二首)

顾贞观

寄吴汉槎宁古塔[1],以词代书[2],丙辰冬[3],寓京师千佛寺,冰雪中作。

[解题]《金缕曲》是清代文学家顾贞观写给友人吴兆骞的两首词。吴兆骞是江南才子,少有隽才又傲岸自负,于顺治十四年(1657)参加江南乡试中举,涉入丁酉江南乡试科场案,顺治下令将已考中的江南举子押解至北京复试,而吴兆骞愤然拒绝复试,因而下狱。尽管经礼、刑两部严审后确无舞弊行为,但仍被流放宁古塔。顾贞观作为吴的好友曾承诺全力营救,然而二十年过去,始终无用,且自己也抑郁不得志。康熙十五年(1676)顾寓居北京千佛寺,于冰雪中感念良友的惨苦情状,作词二首寄之,以代书信,形式新颖特别。第一首主要从吴谈起,感慨友人的不幸经历,收尾"廿载包胥承一诺,盼乌头马角终相救"一句展现了作者要不惜一切营救友人的决心。第二首顾贞观从自己入手,慨叹与知己离别后受尽折磨,表达出两人深厚的情谊。纳兰性德读到这两首词后泪下数行,当即担保援救吴兆骞,五年后,吴兆骞获赎还乡,两人重聚共话友谊。

季子平安否？便归来[4]，平生万事，那堪回首？行路悠悠谁慰藉[5]？母老家贫子幼。记不起，从前杯酒[6]。魑魅择人应见惯[7]，总输他，覆雨翻云手[8]。冰与雪，周旋久[9]！泪痕莫滴牛衣透[10]，数天涯，依然骨肉[11]，几家能彀[12]？比似红颜多命薄，更不如今还有。只绝塞[13]，苦寒难受。廿载包胥承一诺[14]，盼乌头马角终相救[15]。置此札，兄怀袖[16]。

我亦飘零久[17]，十年来，深恩负尽，死生师友。宿昔齐名非忝窃[18]，试看杜陵消瘦[19]。曾不减，夜郎僝僽[20]。薄命长辞知己别，问人生，到此凄凉否？千万恨，为兄剖[21]。

兄生辛未吾丁丑[22]，共些时，冰霜摧折，早衰蒲柳[23]。词赋从今须少作，留取心魂相守。但愿得，河清人寿[24]。归日急翻行戍稿，把空名料理传身后。言不尽，观顿首[25]。

——《全清词·金缕曲》

[1] 吴汉槎(1631—1684)：名兆骞，号季子，江苏吴江人，工诗文。顺治十四年中举人，以科场事为人所陷，于顺治十六年谪戍宁古塔二十三年，友人顾贞观恳求纳兰性德营救，后经纳兰性德父亲明珠营救，得以赎还。归后三年而卒。他的诗作慷慨悲凉，独奏边音，因有"边塞诗人"之誉，著有《秋笳集》。宁古塔：清代统治东北边疆地区的重镇，清代宁古塔将军治所和驻地，后来宁古塔将军移驻吉林乌拉(今吉林市)，战略重地的地位逐渐消失。从顺治年间开始，宁古塔就是清廷流放人员的接收地。

[2] 书：书信。

[3] 丙辰：康熙十五年(1676)。

[4] 便：如果，假使。

[5] 悠悠：遥远的，距离长的。

[6] 杯酒：杯酒言欢的缩语。

［7］魑（chī吃）魅择人：魑魅，传说能害人的山泽神怪，这里借指吴兆骞为坏人和恶势力所害。据吴兆骞儿子吴振臣在《秋笳集》跋中说，吴兆骞"为仇家所中，遂遣戍宁古"。

［8］覆雨翻云手：指翻手为云，覆手为雨，陷害好人的阴毒小人。

［9］冰与雪，周旋久：一是指吴兆骞身处塞外，天寒地冻，长久生活在冰雪之中；二是代指吴兆骞为人所害，流放宁古塔，个人经历犹如冰雪天之惨淡。

［10］牛衣：乱麻编制的给牛保暖的披盖物，形容贫苦困厄。

［11］骨肉：指亲人团聚。吴兆骞被遣戍，其妻至戍所相陪十余年，生有一子四女，这里是顾贞观觉慰友人之说。

［12］彀：同"够"。

［13］绝塞：极远的边塞地区，苦寒难受。

［14］廿载包胥承一诺：廿载，二十年，从1657年吴兆骞被遣戍宁古塔，到顾贞观1676年写这首词，正好二十年。包胥：春秋时楚国大夫，楚昭王十年（公元前506），吴国用伍子胥计攻破楚国，包胥立誓要保全楚国，他到秦国求救，在秦庭痛哭七日夜，终于使秦国发兵救楚。作者用此典故表明无论多大困难都要救友人。

［15］盼乌头马角终相救：《史记·刺客列传》索隐："丹求归，秦王曰，'乌头白，马生角，乃许耳。'"燕太子丹仰天长叹，上感于天，果然乌头变白，马也生角。作者再次表明了营救吴兆骞的决心。

［16］怀袖：（将书信）放置于怀中保存。

［17］飘零：漂泊。顾贞观康熙五年（1666）中举，掌国史馆典籍，五年后因父病告归，康熙十五年（1676）又入京在纳兰性德家教书，两度客居京师，故有飘零异乡之感。

［18］宿昔齐名非忝窃：宿昔，过去。非忝窃，并非名不副实。《感引集》卷十六引顾震沧语"贞观幼有异才，能诗，尤工乐府。少与吴江吴兆骞齐名"。

［19］杜陵消瘦：杜甫在《丽人行》中自称"杜陵野老""杜陵布衣"，李白戏杜甫诗中有："借问别来太瘦生，总为从前作诗苦。"

［20］夜郎僝僽（chán zhòu 缠皱）：李白曾被流夜郎（今贵州省一带），

受到摧残。这里以杜甫、李白的经历和情谊自况,借以展现作者和吴兆骞的经历和情谊。

［21］剖:倾吐。

［22］兄生辛未吾丁丑:吴兆骞生于1631年,明崇祯四年,农历辛未年。顾贞观生于1637年,明崇祯十年,农历丁丑年。

［23］蒲柳:植物名,即水杨,生长于水边,质性柔弱且又树叶早落,古代常用来比喻自身衰弱。

［24］河清人寿:河,指黄河。黄河水浊,古时认为黄河清则天下太平。古人云:"俟河之清,人寿几何。"认为黄河千年一清,而人寿有限。这里是顾贞观希望一切好转,吴兆骞能归来的美好愿想。

［25］顿首:书信结尾用语,表示致敬,顾贞观自谦之词。

新　竹

郑　燮

[**解题**] 郑板桥（1693—1765），清代官吏、书画家、文学家。名燮，字克柔，号板桥，人称板桥先生，江苏兴化人。一生主要客居扬州，以卖画为生。其诗、书、画均旷世独立，世称"三绝"，擅画兰、竹、石、松、菊等植物，其中画竹成就最为突出。著有《板桥全集》。郑板桥于乾隆元年中进士后曾历任河南范县、山东潍县知县，恩泽百姓，终因请求赈济饥民忤逆官员，乞疾归。《新竹》这首诗以新竹、旧竹为意象说明了后辈、前辈的关系，指出后辈主要依靠前辈的扶持和教导，展现了代际之间帮扶的景象，也提醒青年一辈应当充满感恩、感激之情，并对后代"青出于蓝而胜于蓝"充满十足的期待和信心。

新竹高于旧竹枝，全凭老干为扶持。
下年再有新生者，十丈龙孙绕凤池[1]。

——《郑板桥全集·新竹》

[1] 龙孙：竹笋的别称。凤池：凤凰池，古时指宰相衙门所在地，这里指周围长满竹子的池塘。

潍县署中画竹呈年伯包大中丞括[1]

郑　燮

〔解题〕乾隆十一至十二年（1746—1747）间，郑板桥出任山东潍县知县，这首七言诗即为作者在此任职期间赠予名为包括的长辈。此诗为题画诗，从写竹入手，托物言志，作者由耳闻风吹竹摇之声而联想到百姓生活疾苦，寄予了他对老百姓命运的深切关注和同情，展现了自己的责任感与为官心态。郑板桥从范县调署潍县，遇山东大饥，他奔波主持救灾，充分体现出了作者对百姓疾苦的关怀，这首诗一定程度上如实地反映了当时郑板桥的状态。

衙斋卧听萧萧竹[2]，疑是民间疾苦声。
些小吾曹州县吏[3]，一枝一叶总关情。

——《郑板桥全集·潍县署中画竹呈年伯包大中丞括》

[1]潍县：今山东潍坊市。署：办理公务的机关。年伯：科举时代的一种尊称，古代称同一年考取进士的人为"同年"，后辈称与父辈同一年考上的人为"年伯"，明代中叶后也用以称同年的父亲或伯叔，后泛指父辈。包大丞括：包括，字银河，钱塘（今浙江杭州市）人，康熙四十五年（1706）进士，乾隆年间曾任山东布政使，署理巡抚，故称"中丞"。

[2]衙斋：官衙中的闲居之所。萧萧：指风摇动竹子的声音。

[3]些小：指官职卑微。吾曹：我们。

关　键　词

正道

正道,语出《管子·立政》,"正道捐弃,而邪事日长。"如果将正道抛掷一边,那么坏的方面就会日渐增长,侵蚀好的方面。正道,以今日之话语解释,有正派、正确的道理、正确的途径等多种意涵。在中国文化中,"正道"观念深入人心,一方面是人对自我的约束,正己以立身。《荀子·修身》云"礼者,所以正身也;师者,所以正礼也"。通过前辈先贤的教导,以礼正身。正身的方式很多,西晋文学家和思想家傅玄在其著作《傅子》中较为集中地进行了阐述,《傅子·正心》曰:"立德之本,莫尚乎正心,心正而后身正。"在傅玄看来,正己最为重要的是正心。除个人品性修养以"正"立以外,在交际、处事以至齐家治国等,都需谨记,《史记·货殖列传》"夫纤啬筋力,治生之正道也",勤俭用力是营生正道;"君子爱财,取之有道",有礼有节是致富正道。然而,在传统士人内圣外王的诉求里,以正约己并非其最终目的所在,故"正道"的另一重要内容是以正立人,《礼记·燕义》有言道"上必明正道以道民,民道之而有功",即上正而下达也,梅尧臣《答李晋卿结交篇》中所说之"上交执正道,下交守奇节"与此也相通。由此可以说,自我进行内在的"正道"修养功夫,其最终是落在实际行动中,以"正"齐家、治国、平天下正是前者的延伸,"心正而后身正,身正而后左右正,左右正而后朝廷正,朝廷正而后国家正,国家正而后天下正",是对这一脉络的贴切总结。正己为先,后之以率人率天下,有正心,行正道,则天下之民沐浴其中,天下履正也。

为善

为善,顾名思义,以善处之,是人与人、人与社会、人与自然相处过程中,必须遵守的一条重要理念。东汉许慎在《说文》中解释道,"善,吉也",可见该字的本意即带有美好、吉祥的意象,因其价值与意义,在中国传统典籍中,为善之道成为浓墨重彩阐释的对象。其中,《老子》第八章云:"上善若水,水善利万物而不争。处众人之所恶,故几于道。居善地,心善渊,与善仁,言善信,正善治,事善能,动善时。夫唯不争,故无尤。"此段话以多个"善"字阐明了最高尚品格的人,最善的人在居处、心胸、待人、言语、为政、做事、行动等方面都能够很好把握,不与人争,无过失也无怨尤,这是一种与世相处的善。《论语·颜渊》中孔子有言"子欲善而民善矣。君子之德风,小人之德草,草上之风,必偃",为政者欲使百姓对自己敬重、忠诚,其前提是当政者必须以善待民,如此方能收获百姓之善报,这是一种官民相处之善。孟子曰:"子路,人告之以有过则喜。禹闻善言则拜。大舜有大焉,善与人同。舍己从人,乐取于人以为善。自耕稼、陶、渔以至为帝,无非取于人者。取诸人以为善,是与人为善者也。故君子莫大乎与人为善。"人与人相处应当善于接受自己的缺点、善于发现他人的优点,舍弃自己的短处、汲取他人的长处,互相鼓励一起行善,这是一种人与人相处的一种广义的善。此外,传统的"天人合一"生态世界观中所强调的顺应自然、尊重自然、保护自然,实现人与自然的和谐发展,则是更高层次上人与自然相处之善,即《周易》中所说"与天地合其德,与日月合其明,与四时合其序,与鬼神合其吉凶。先天下而天弗违,后天而奉天时"。只有以善处之,方能使自我身心,使自我与外界,使万事万物之间形成和谐的关系,生生不息,周转运行。

爱民

爱民,是中国传统文化中又一重要思想。《周易·兑卦·象辞》曰:"兑,说也。刚中而柔外,说以利贞,是以顺乎天而应乎人。说以先民,民忘其劳;说以犯难,民忘其死。说之大,民劝矣哉!"此段话中,"说"通"悦",整段话在于表达顺天爱民的思想,只有使民众愉悦,天下方会砥砺前行。《周易》一书中,敬天修德以爱民是其关键内容。诸子百家之学中,有关"爱民"的论述不胜枚举,《尚书》的"民惟邦本,本固邦宁";《孟子》有云:"民为贵,社稷次之,君为轻";《老子》曰:"圣人无常心,以百姓心为心",提倡以谦虚之德待民;墨子主张"兼爱",其实质即是爱利百姓。"爱民"在具体表现层面亦属多元化,作为统治者,君王当修德爱民,如汉文帝远思以佐百姓、景帝戒官以安民、唐太宗吞蝗以救百姓;为官执政者,"在其位,谋其政""官者,民之役",体恤民情,为民服务。"古之人与民偕乐,故能乐也",爱民,君、臣、民和谐共处,众乐乐也。